普通高等教育机电类系列教材

机械制图习题集

第 2 版

主　编　杨小兰

副主编　陈丹红　雷菊珍

参　编　单怡超　王云刚

主　审　王宗荣

机械工业出版社

本习题集与杨铭主编、机械工业出版社出版的《机械制图》第2版教材配套使用，也可作为各类高校相关专业制图教材的配套用书。为便于使用，本习题集内容的编排与主教材相同。

本习题集主要内容有：制图的基本知识，点、直线和平面的投影，立体及其表面交线，组合体，轴测图，机件常用的表达方法，标准件和常用件，零件图，装配图，计算机绘图基础及附录。其习题的编排由浅入深，有一定的伸缩性，以便教师根据不同专业要求灵活选用。

图书在版编目（CIP）数据

机械制图习题集/杨小兰主编. —2 版. —北京：机械工业出版社，2018.12（2025.6 重印）

普通高等教育机电类系列教材

ISBN 978-7-111-61674-0

Ⅰ.①机…　Ⅱ.①杨…　Ⅲ.①机械制图-高等学校-习题集　Ⅳ.①TH126-44

中国版本图书馆 CIP 数据核字（2018）第 297272 号

机械工业出版社（北京市百万庄大街 22 号　邮政编码 100037）

策划编辑：舒　恬　责任编辑：舒　恬　徐鲁融

责任校对：刘雅娜　封面设计：张　静

责任印制：任维东

北京联兴盛业印刷股份有限公司印刷

2025 年 6 月第 2 版第 8 次印刷

370mm×260mm · 16 印张 · 387 千字

标准书号：ISBN 978-7-111-61674-0

定价：49.80 元

电话服务　　　　　　　　网络服务

客服电话：010-88361066　　机　工　官　网：www.cmpbook.com

　　　　　010-88379833　　机　工　官　博：weibo.com/cmp1952

　　　　　010-68326294　　金　书　网：www.golden-book.com

封底无防伪标均为盗版　机工教育服务网：www.cmpedu.com

前　言

本习题集为杨铭主编的《机械制图》第 2 版教材的配套教材，也可作为各类高校相关专业制图教材的配套用书。

本习题集是在 2013 年第 1 版的基础上，根据教育部高等学校工程图学课程教学指导委员会制订的《普通高等院校工程图学课程教学基本要求》和现行的机械制图和技术制图国家标准，结合多年教学实践的经验，吸取兄弟院校教材的优点，并进行适度的创新编写而成的。

为了适应当前科技发展，以及工程教育专业认证的要求，本习题集在继承第 1 版特色和基本构架的基础上，做了一些修改调整，具有以下特点：

1. 在题目的编排上力求由浅入深、由简到繁，与主教材的结构体系保持一致。

2. 贯彻现行技术制图与机械制图国家标准。

3. 为提高学生的工程意识，激发学生的学习兴趣，本习题集题目形式力求多样化，包括补线题、选择题、改错题、分析讨论题等。

4. 加强了装配图和 AutoCAD 绘图的训练。

本习题集结合工程实际，既重视基础理论的学习，又加强学生图形表达能力的培养和训练。

本习题集由杨小兰担任主编，陈丹红和雷菊珍担任副主编，单怡超和王云刚参加编写。全书共十章：雷菊珍编写第一章、第四章第 1~2 题、第五章、第九章；杨小兰编写第二章、第三章、第四章第 3~7 题和第 14 题、第六章、第七章及附录；陈丹红编写第四章第 8~13 题和第八章；单怡超和王云刚编写第十章。全书由杨小兰统稿。

南京工程学院王宗荣教授任本习题集的主审，为习题集的编写提出了宝贵的意见和建议。全体编者在此表示衷心的感谢！

在编写过程中，编者参考了兄弟单位编写的同类教材并将这些教材列入本书参考文献中，在此谨向文献的作者表示衷心的感谢。

由于编者水平有限，习题集中难免会有错误和不妥之处，敬请读者批评指正。

编　者

目　　　录

班级	学号	姓名

1. 字体练习（一）。

机 械 制 图 材 料 数 量　　比 例 序 号 名 称 校 对 审 核　　班 级 零 件 装 配 螺 纹 栓

滚 动 轴 承 齿 轮 蜗 轮　　盘 叉 架 规 格 备 注 粗 糙 度　　技 术 要 求 标 准 深 表 面

班级	学号	姓名

2. 字体练习（二）。

1 2 3 4 5 6 7 8 9 0 φ

a b c d e f g h i j k l m

n o p q r s t u v w x y z

1 2 3 4 5 6 7 8 9 0 φ

A B C D E F G H I J K L M N

O P Q R S T U V W X Y Z

形 状 普 通 平 键 尾 架

密 封 活 塞 挡 圈 定 位 锥 动

调 整 开 口 销 紧 定 热 处 理

3. 抄画图线练习。

（1）在指定位置画出对应的图线。

（2）在指定位置画出左边的图形。

4. 尺寸标注改错：分析图中尺寸标注的错误之处，并在下边空白图上正确标注。

（1）

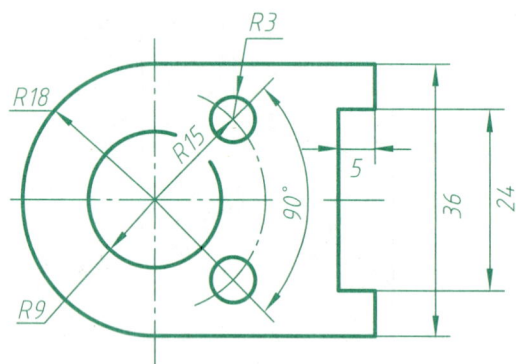

（2）

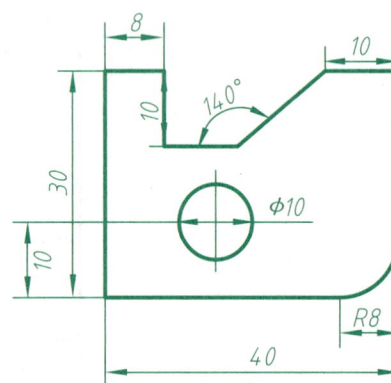

（3）

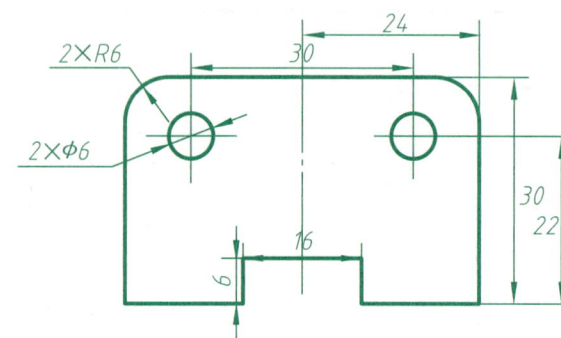

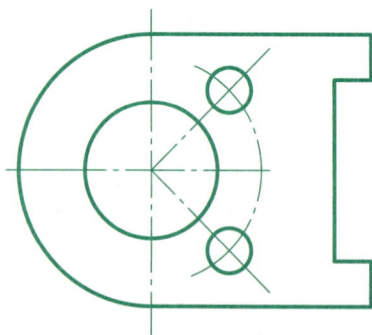

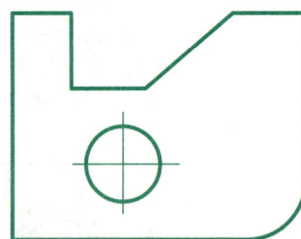

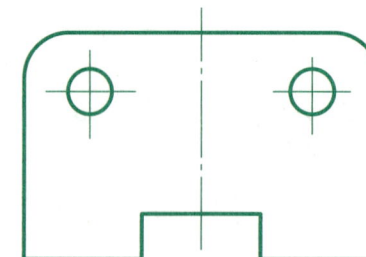

5. 标注平面图形的尺寸，尺寸数值直接从图中量取，并取整数。

（1）

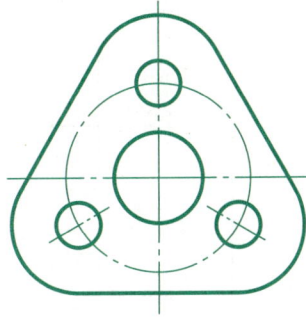

（2）

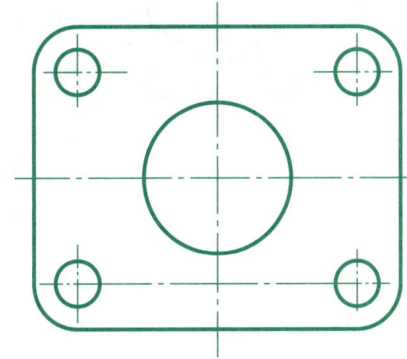

（3）

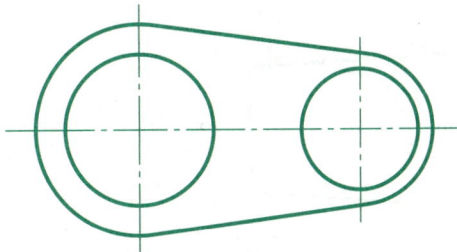

（4）

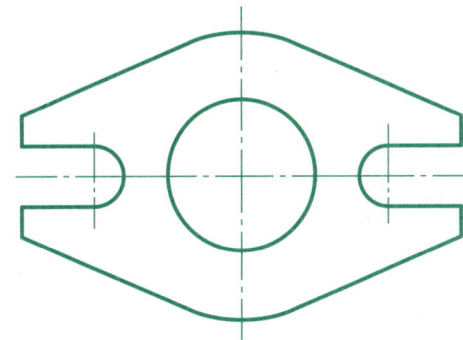

6. 分别按已给定的对角和对边距离在指定位置画正六边形。

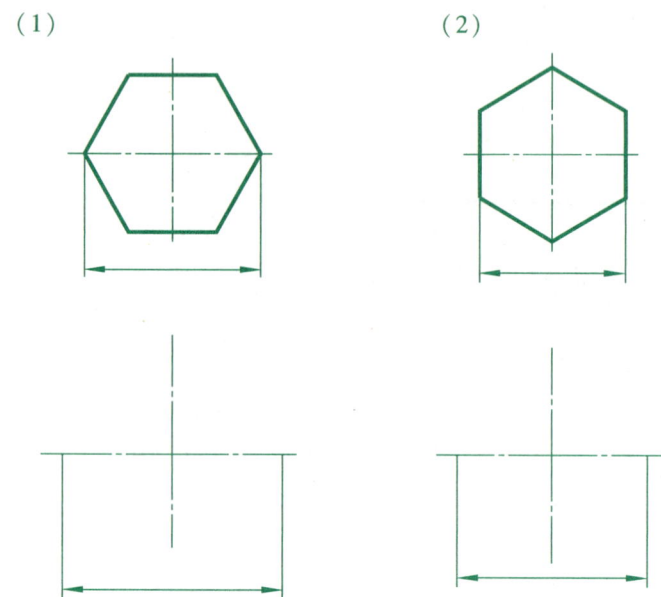

（1）　　　　　　　　　　　　　（2）

7. 分别按给定的椭圆长短轴的长度用四心近似法画椭圆。

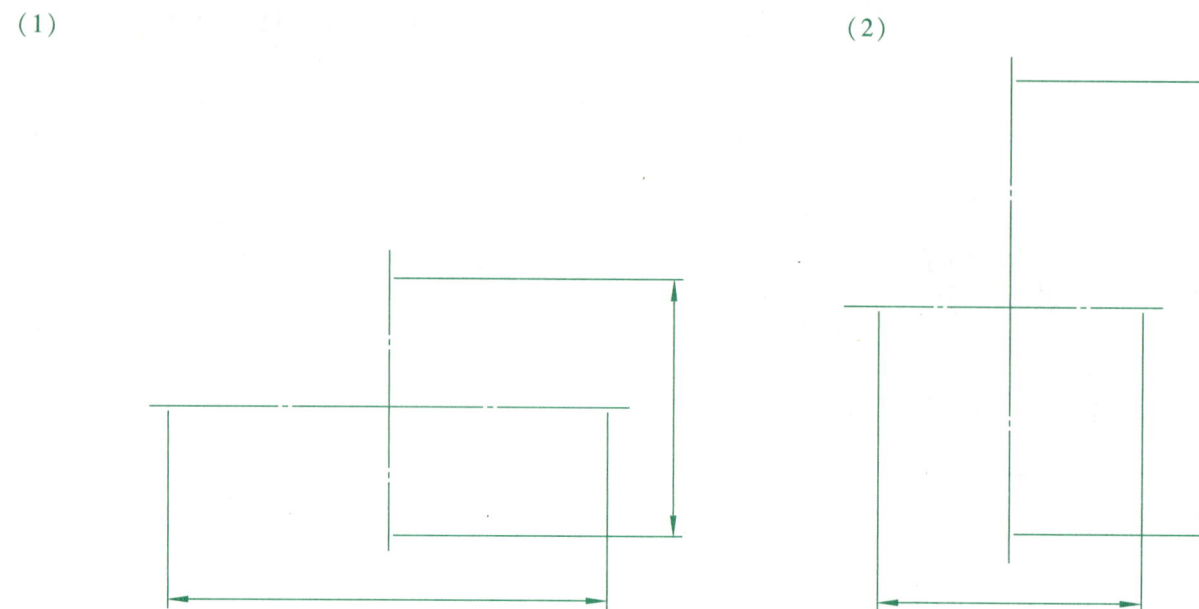

（1）　　　　　　　　　　　　　　　　　　　（2）

8. 已知斜度和锥度，按 1：1 的比例画图，并标注斜度和锥度。

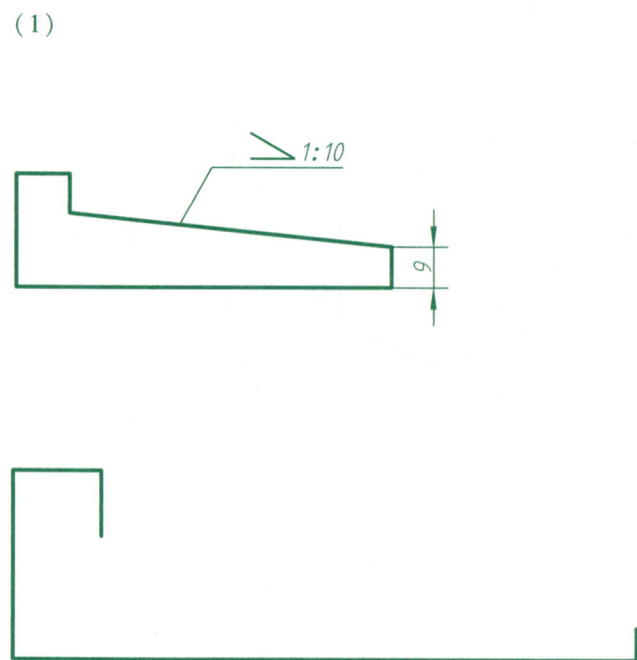

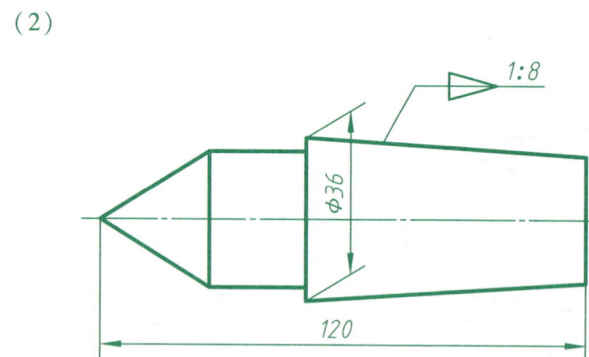

（1）　　　　　　　　　　　　　　　　　　　（2）

1:10

9

1:8

φ36

120

9. 按小图所示图形和尺寸，按 1：1 的比例完成大图（保留作图痕迹）。

（1）

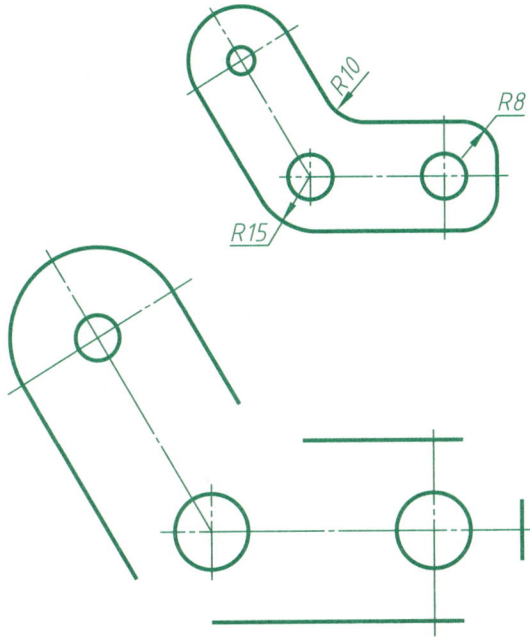

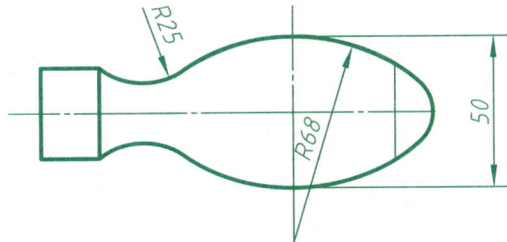

（2）

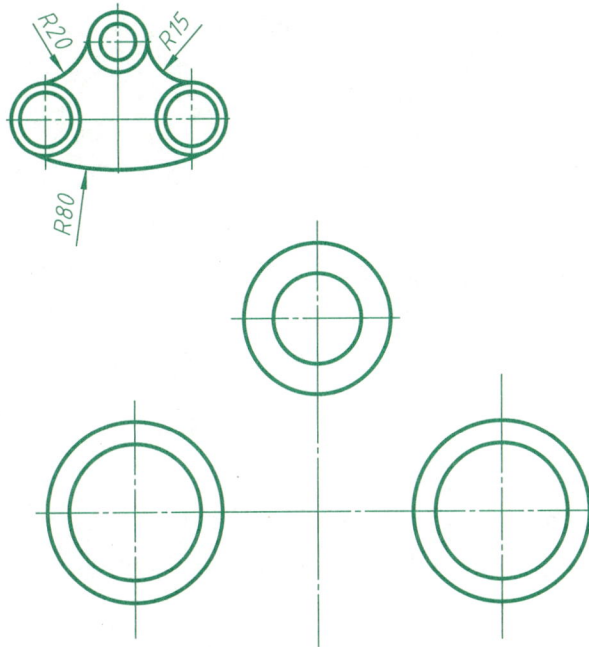

（3）

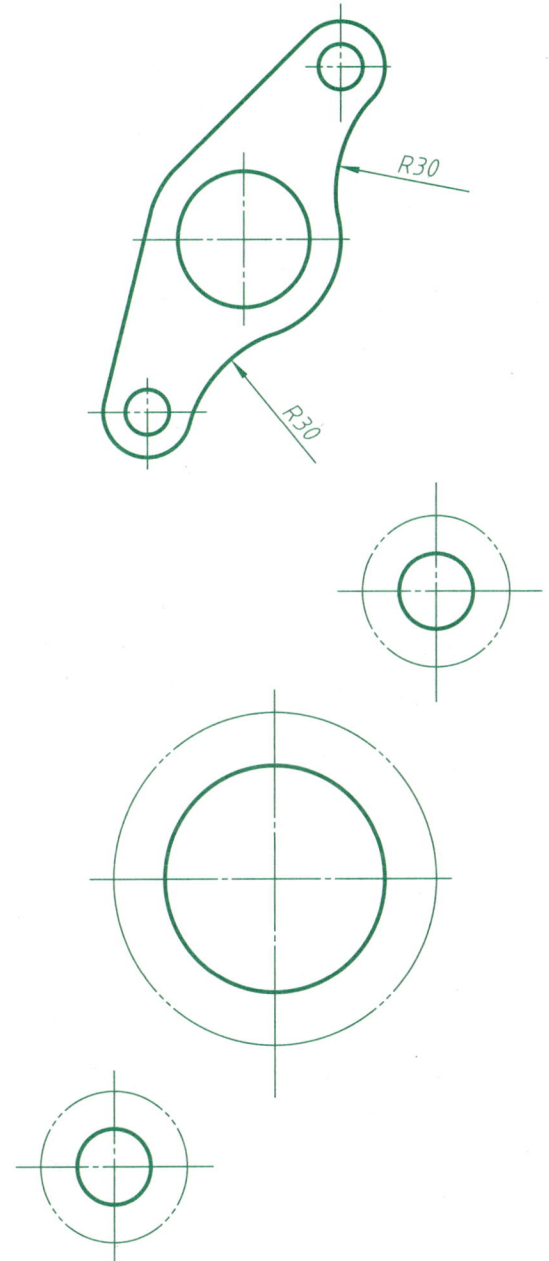

（4）

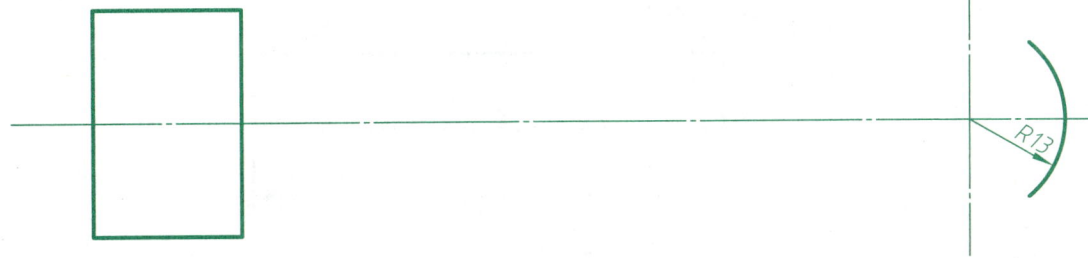

10. 平面图形绘图练习

一、目的、内容与要求

1. 目的：初步掌握国家标准《机械制图》的有关内容，学会绘图仪器和工具的使用方法。

2. 内容：任选一题中的图形，完成抄画。

3. 要求：图形正确，布局均匀，图面整洁；线条清晰，线型正确，粗细分明，连接光滑；字体规范，尺寸标注规范完整。

二、图名、图幅与比例

1. 图名：基本练习

2. 图幅：A3 图纸

3. 比例：1：1

三、绘图步骤

1. 分析对象，布置图纸。绘图前仔细分析要绘制的对象，确定正确的作图步骤；将图纸边线与丁字尺边线靠齐，再用透明胶带将图纸固定在图板上。

2. 布局图形。充分考虑图形占据位置的大小和需预留的边距、使图形布局在图纸的中间。

3. 用细线完成底稿。

4. 仔细检查，擦除不必要的图线，加深粗实线。加深顺序为从上到下，从左到右，先圆弧后直线。

四、注意事项

1. 做好绘图前的准备工作，将绘图工具、仪器擦拭干净，铅笔、圆规按要求修磨好。

2. 全部用铅笔完成。

3. 线形：粗实线宽度为 0.5mm，虚线及细实线、点画线宽度均为粗实线线宽的一半，虚线短画 4mm，间隔约为 1mm，点画线长画长 15～20mm，间隔及作为点的短画共约为 3mm。

（1）

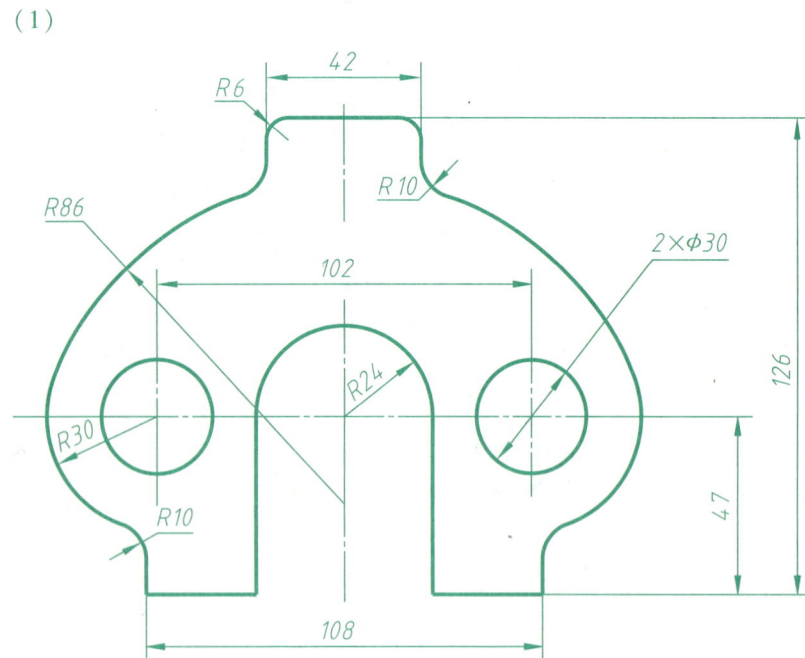

（2）

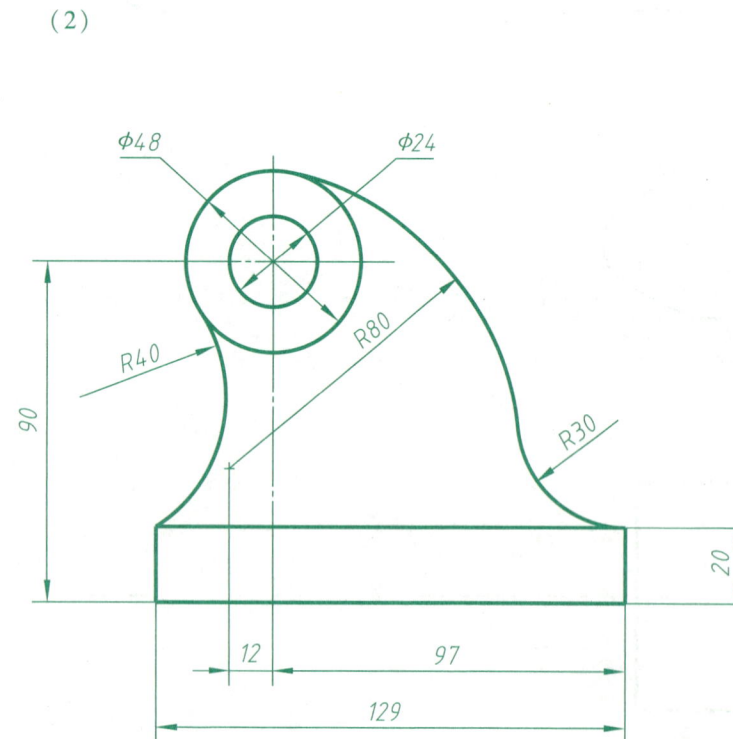

（3）

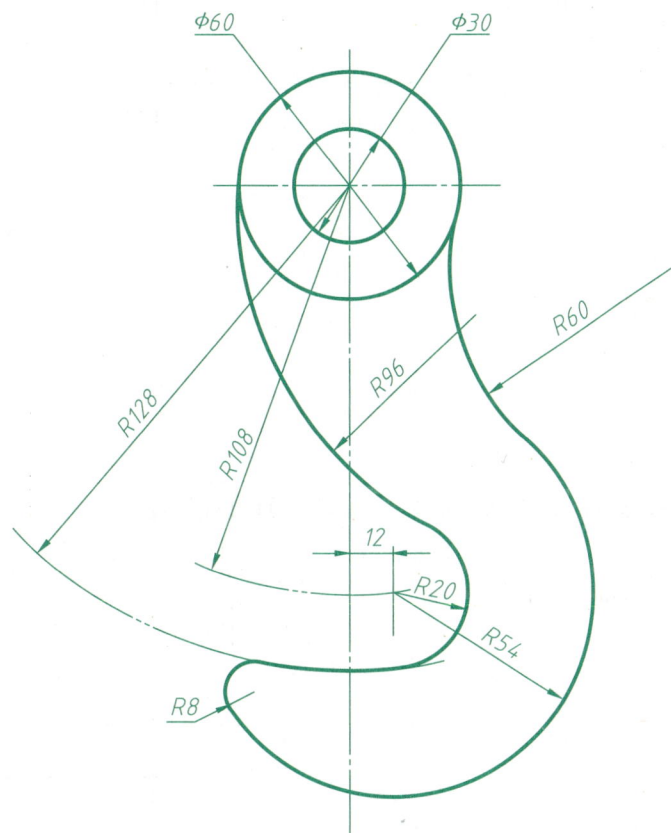

11. 将下图近似按 1:1 的比例徒手抄画在方格纸上，尺寸直接由图上量取，并取整数。

（1）

（2）

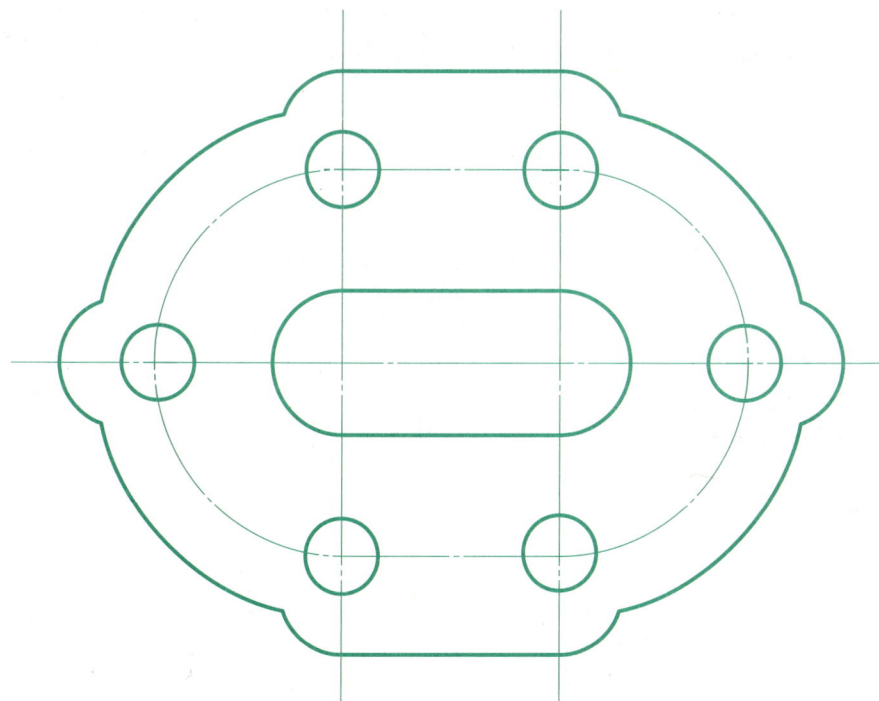

1. 指出下列各点的空间位置。

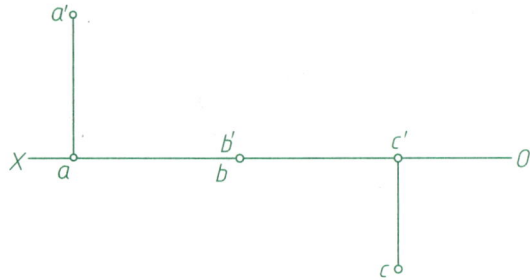

点 A 在 ＿＿＿＿＿＿＿＿

点 B 在 ＿＿＿＿＿＿＿＿

点 C 在 ＿＿＿＿＿＿＿＿

2. 由立体图画 A、B、C 三点的三面投影图，并量出各点到投影面的距离。

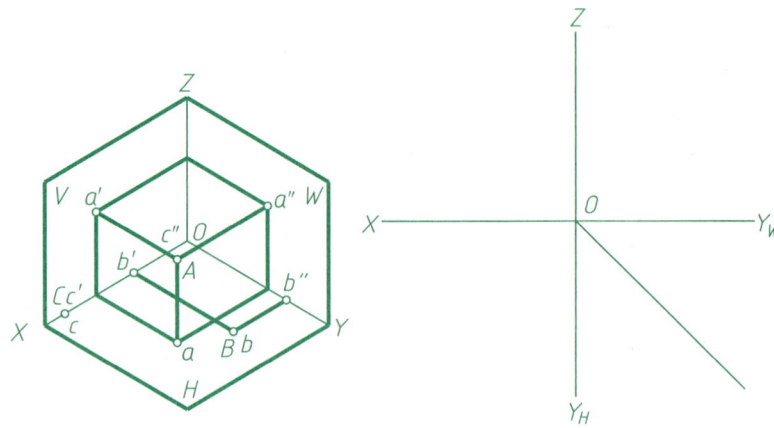

点	A	B	C
到 H 面的距离（mm）			
到 V 面的距离（mm）			
到 W 面的距离（mm）			

3. 求作 A（25，10，20）、B（0，15，25）两点的三面投影图。

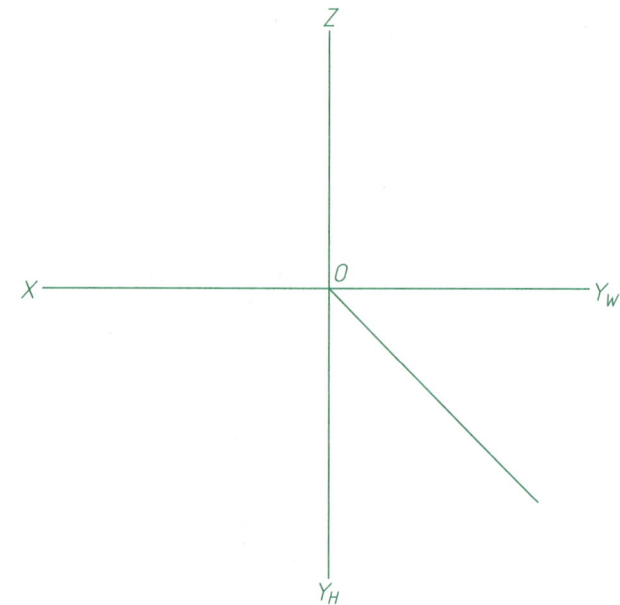

4. 作出各点的三面投影，点 A（35，20，10）；点 B 距离投影面 W、V、H 分别是 20mm、30mm、25mm；点 C 与点 B 同高，并且它的坐标 X＝Y＝Z。

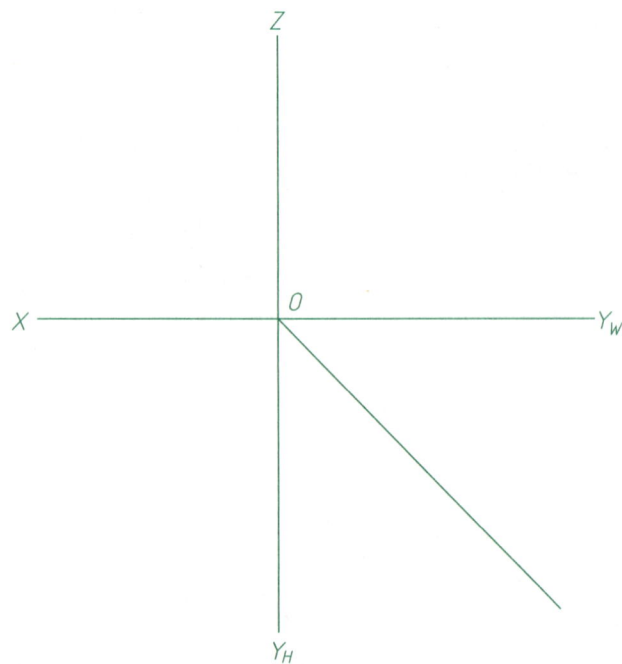

5. 根据点的相对位置作出 B、C 点的投影，并判别重影点的可见性。

（1）点 B 在点 A 之左 16mm、之前 10mm、之下 15mm。

（2）点 C 在点 A 正前方 15mm。

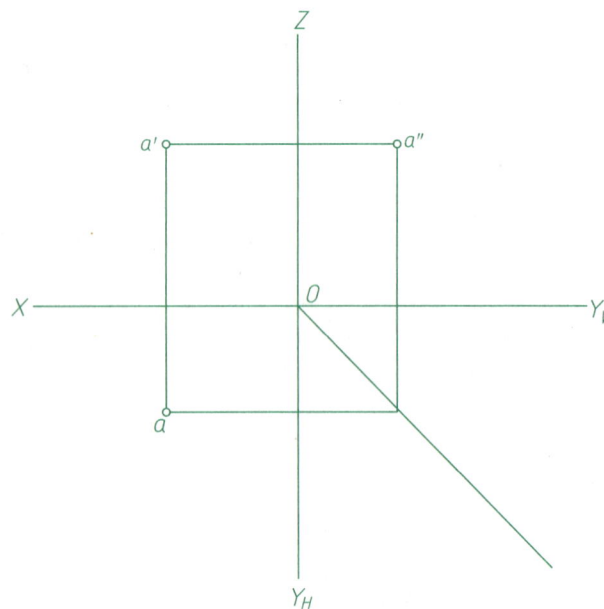

6. 比较 A、B 两点的相对位置。

点 B 在点 A 的（上、下）＿＿、（左、右）＿＿、（前、后）＿＿；

点 C 在点 A 的（上、下）＿＿、且两者是＿＿点。

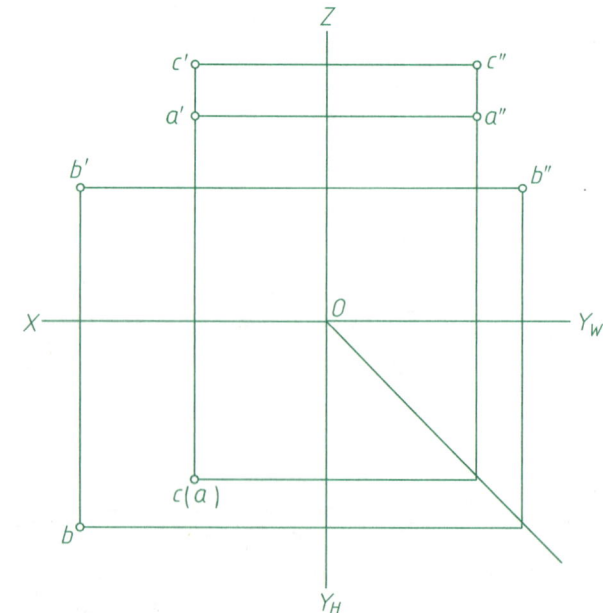

| 第二章　点、直线和平面的投影 | 班级 | 学号 | 姓名 |

7. 根据下列直线的两面投影，判断直线相对于投影面的位置（填空），并作出直线的第三面投影。

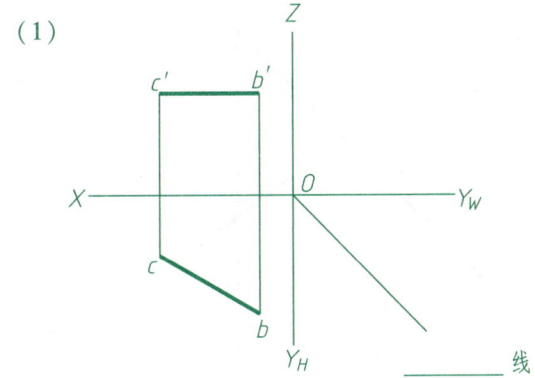

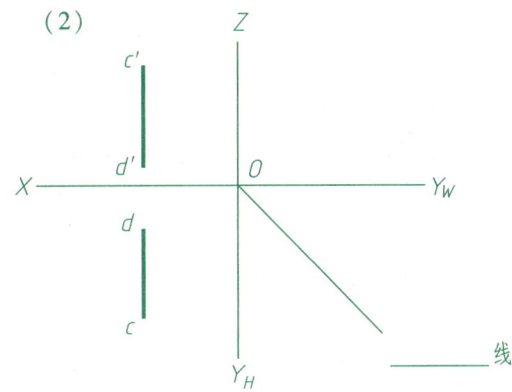

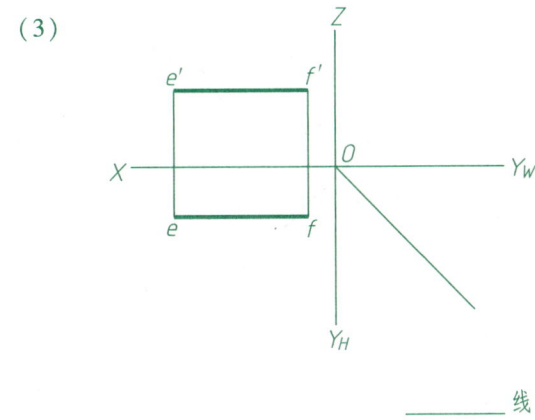

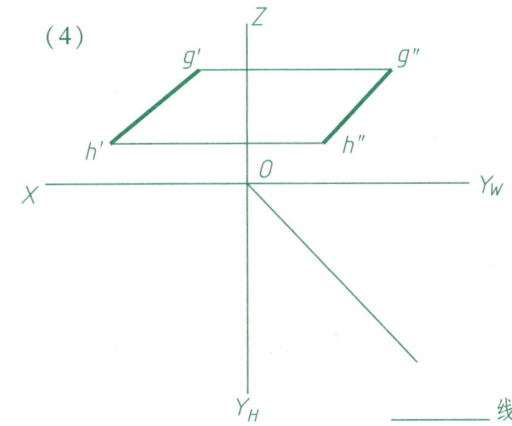

(1)

_____线

(2)

_____线

(3)

_____线

(4)

_____线

8. 已知 CD 为水平线，实长为 30mm，β＝30°，且点 D 在点 C 的右前方，求直线 CD 的投影。

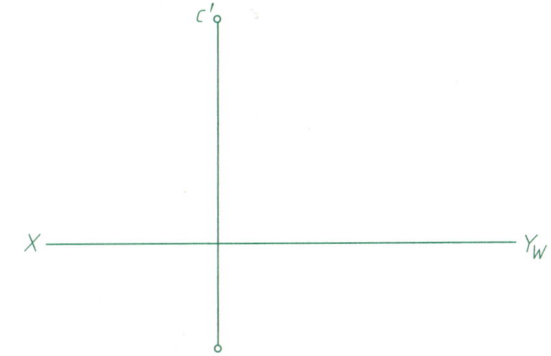

9. 按下列条件，作出直线上点 K 的两面投影。

(1) DK∶KB＝1∶2

(2) 点 K 到 H 面和 V 面的距离相等。

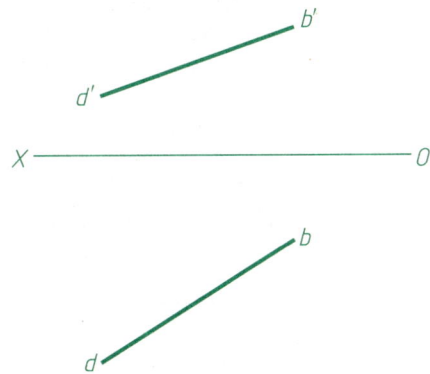

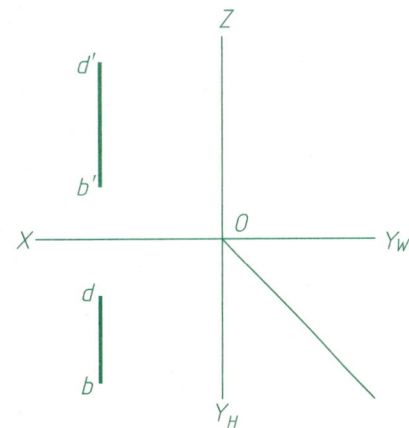

10. 已知 B、C、D 三点在一条直线上，作该直线的两面投影。

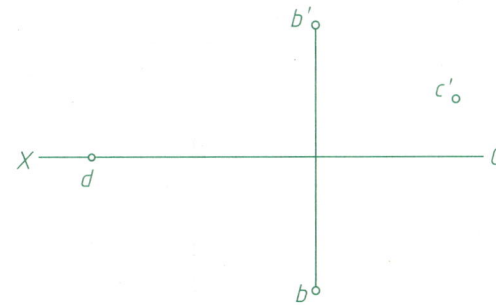

11. 判断点 K 是否在直线 BC 上。

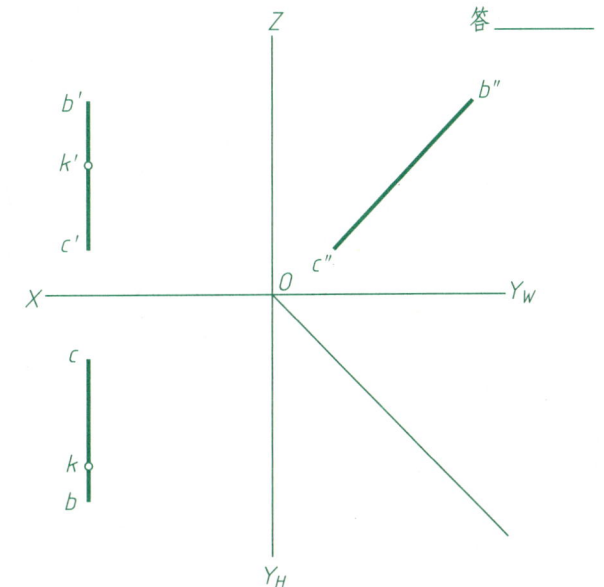

答 _____

12. 判断下列两直线的相对位置。

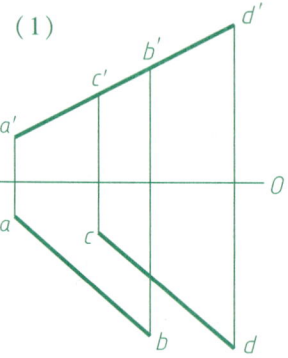

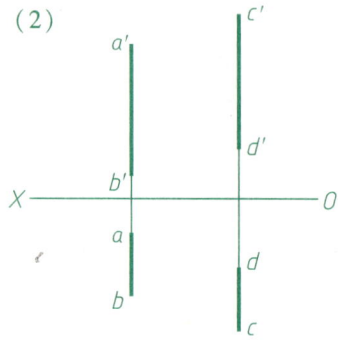

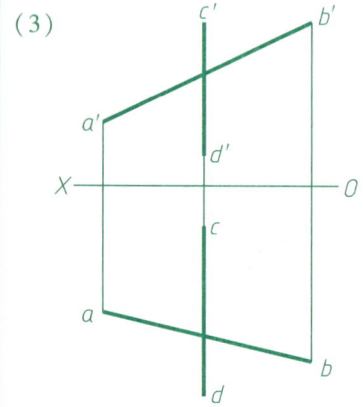

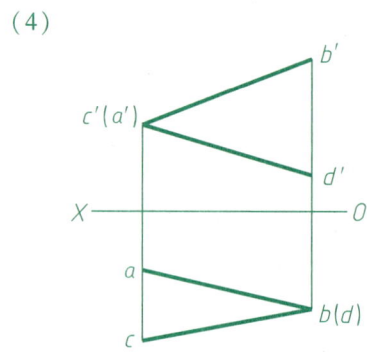

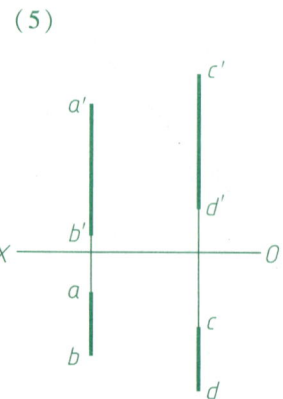

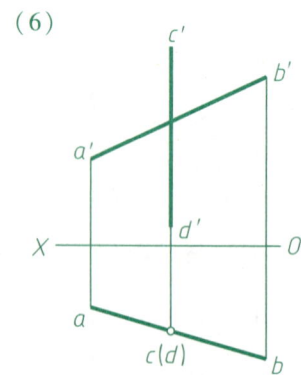

（1）

（2）

（3）

（4）

（5）

（6）

13. 过点 C 作一直线 CD∥AB，完成两平行线的三面投影。

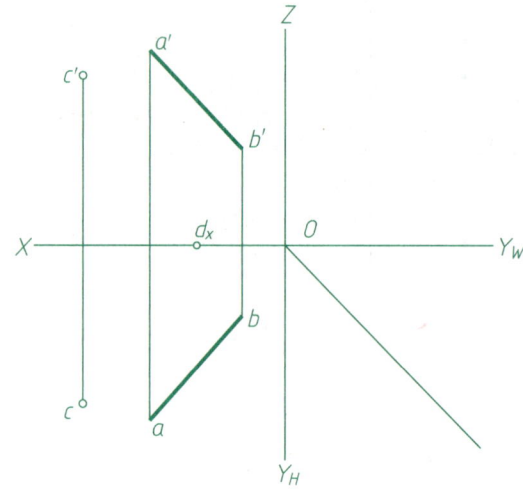

14. 作一直线与 AB、CD 都相交，并与 EF 平行。

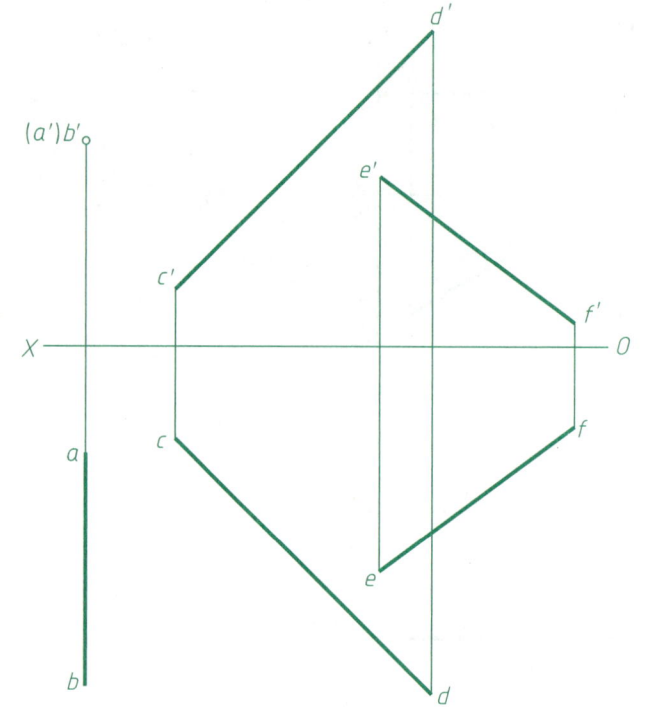

15. 已知直线 AB 与 CD 相交于点 M，完成其三面投影。

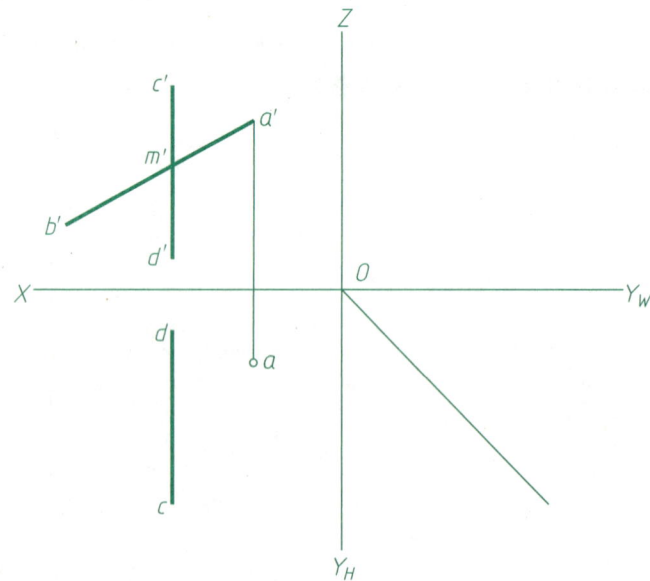

16. 判断两直线是否垂直。

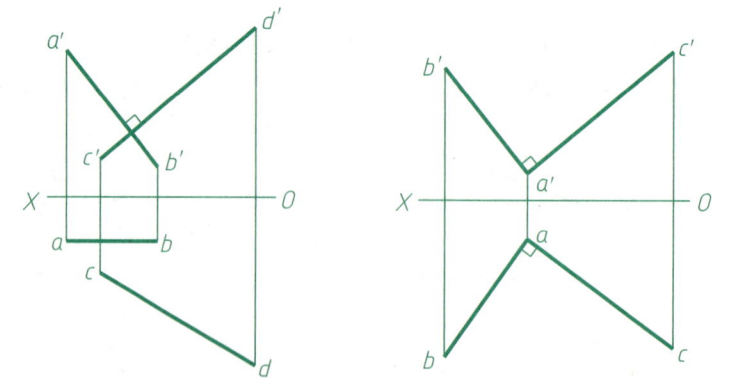

17. 判断下列平面对投影面的相对位置并填空。

(1)

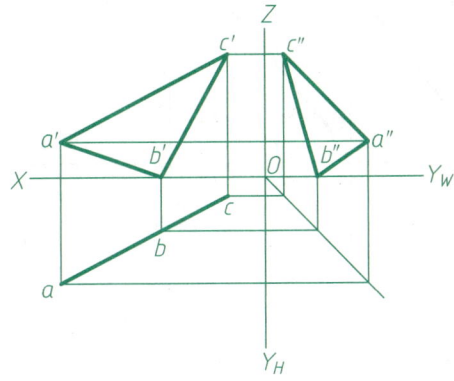

ABC 是＿＿＿＿＿面。

(2)

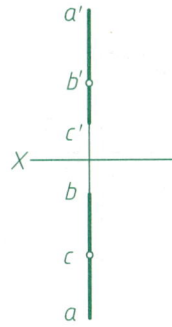

ABC 是＿＿＿＿＿面。

(3)

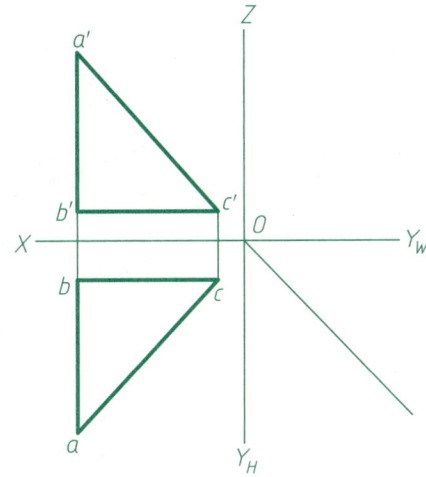

ABC 是＿＿＿＿＿面。

(4)

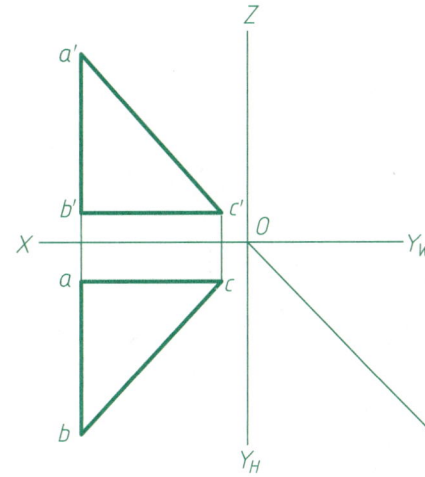

ABC 是＿＿＿＿＿面。

(5)

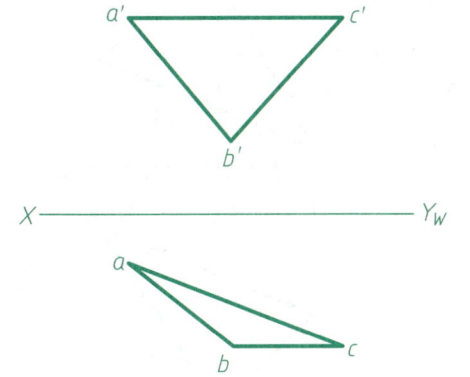

ABC 是＿＿＿＿＿面。

18. 在投影图上标出指定平面的其他投影，在立体图上标出各平面的位置，并填空。

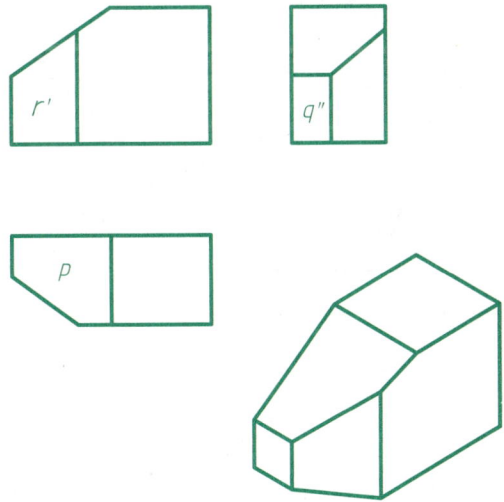

P 是＿＿＿＿＿面，它＿＿＿V，＿＿＿H，＿＿＿W；

Q 是＿＿＿＿＿面，它＿＿＿V，＿＿＿H，＿＿＿W；

R 是＿＿＿＿＿面，它＿＿＿V，＿＿＿H，＿＿＿W。

19. 已知平面的两面投影，完成其第三面投影，并求平面上点 K 的其余投影。

(1)

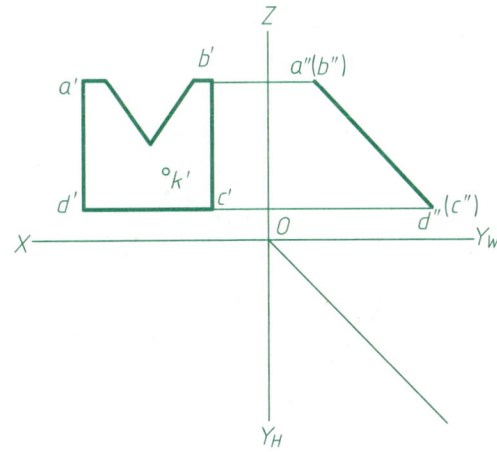

(2)

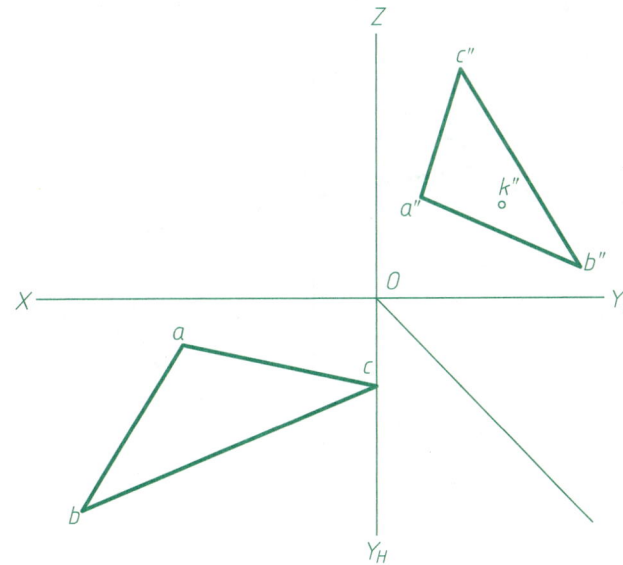

(3)

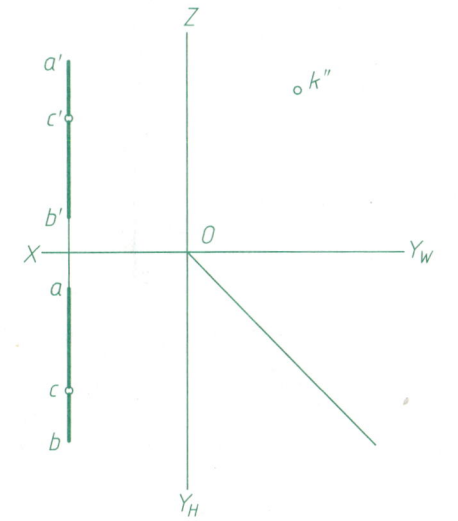

20. 在△ABC中确定点K，使点K距H面11mm，距V面20mm。

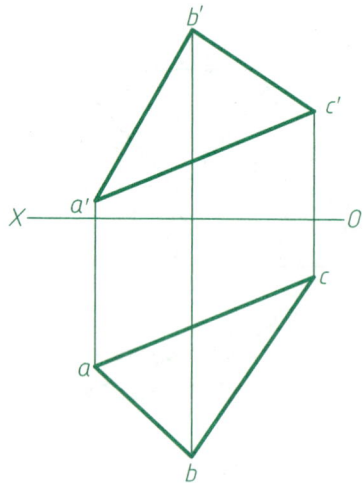

21. 已知△ABC为正垂面，α=30°，点C在V面内且距离H面20mm，求△ABC的投影。

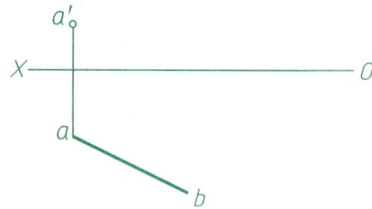

22. 完成平面五边形ABCDE的两投影。

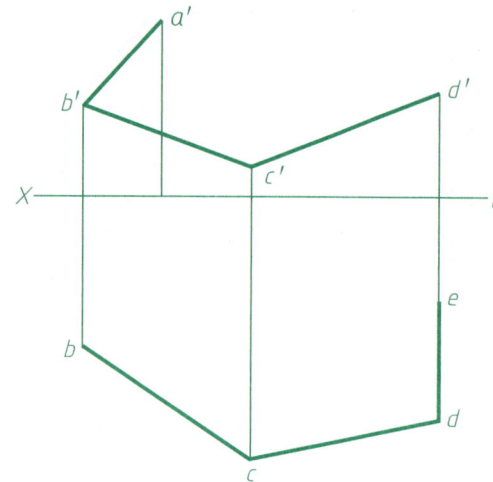

23. 判断三条平行线AB、CD、EF是否共面。

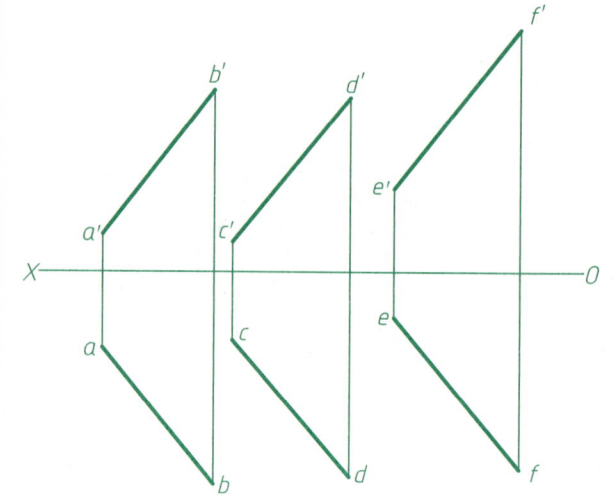

24. 以AB为一边，作垂直于V面的正方形ABCD，使其与H面的倾角为45°。

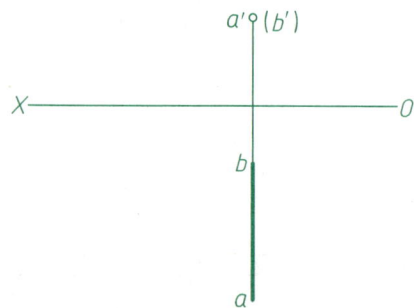

25. 已知△ABC为侧垂面，试完成其水平投影。

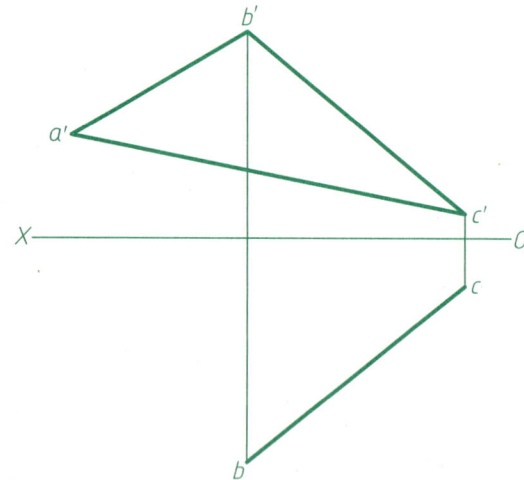

26. 已知平面ABCD的对角线AC为水平线，求作该平面的正面投影

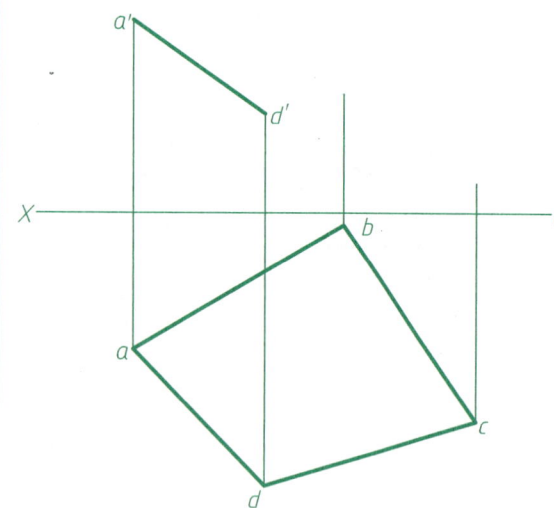

27. 已知四边形ABCD的BC边平行于V面，试完成其水平投影。

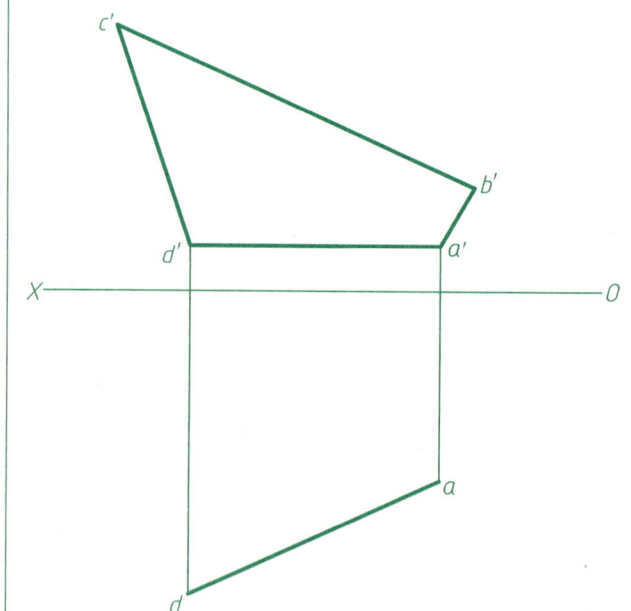

28. 过点 *E* 作直线 *L* 平行于水平投影面和平面 *BCD*。

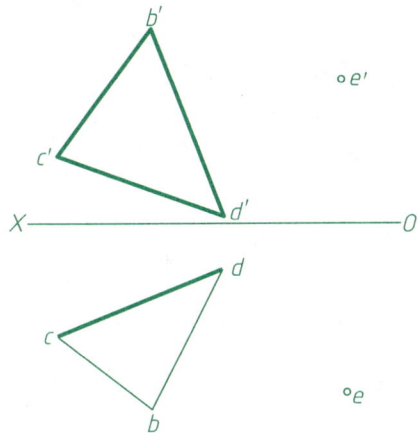

29. 过点 *E* 作铅垂面平行于直线 *AB*。

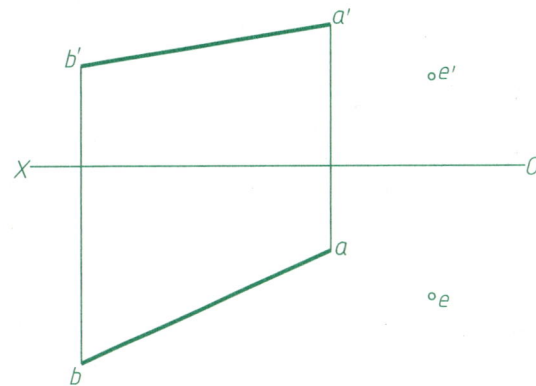

30. 判断直线 *AB* 和平面是否平行。

（1）

（2）

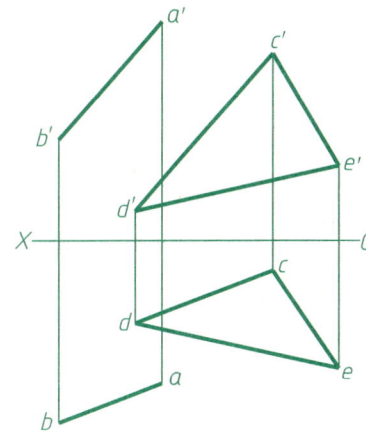

直线 *AB* 与平面 *CDE* （　　　）。

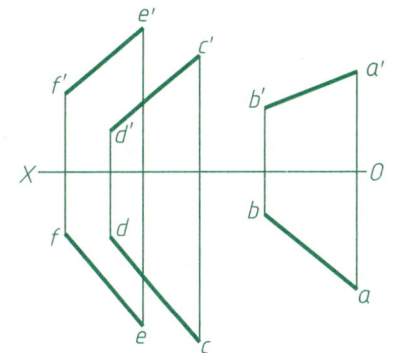

直线 *AB* 与平面 *CDFE* （　　　）。

31. 判断已知平面是否平行。

（1）

（2）

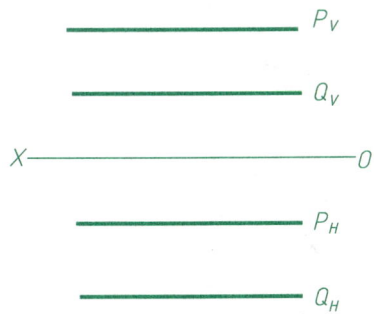

平面 *P* 与平面 *Q* （平行，不平行）。

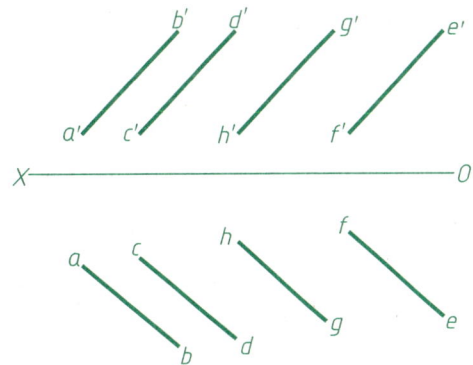

平面 *ABDC* 与平面 *EFHG* （平行，不平行）。

32. 已知直线 *MN* 和平面 *EFG* 均平行于平面 *ABCD*，试补画平面 *EFG* 和直线 *MN* 的投影。

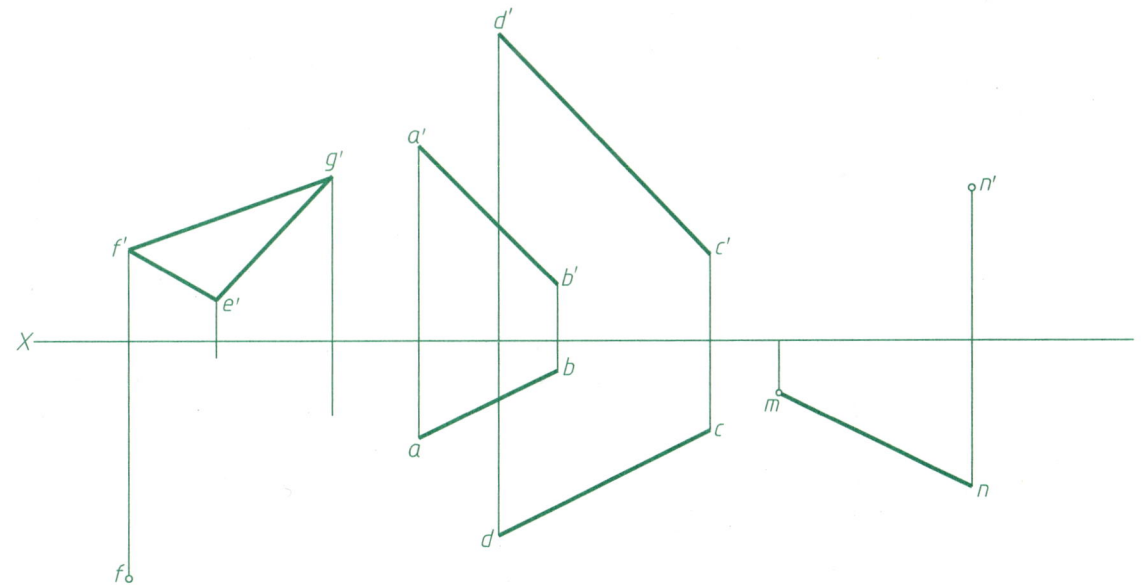

33. 求直线 *EF* 与四边形的交点 *K*，并判断其可见性。

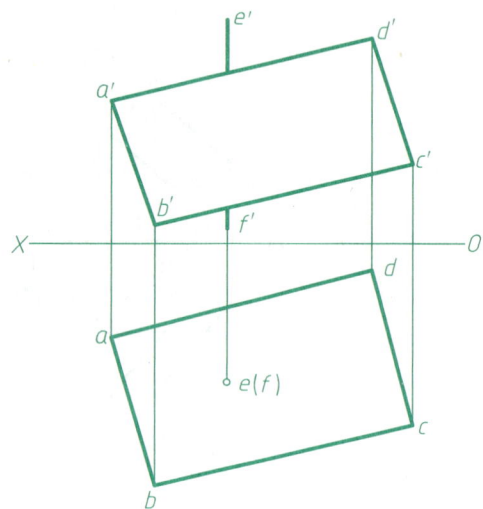

34. 求直线 *DE* 与 △*ABC* 的交点，并判断其可见性。

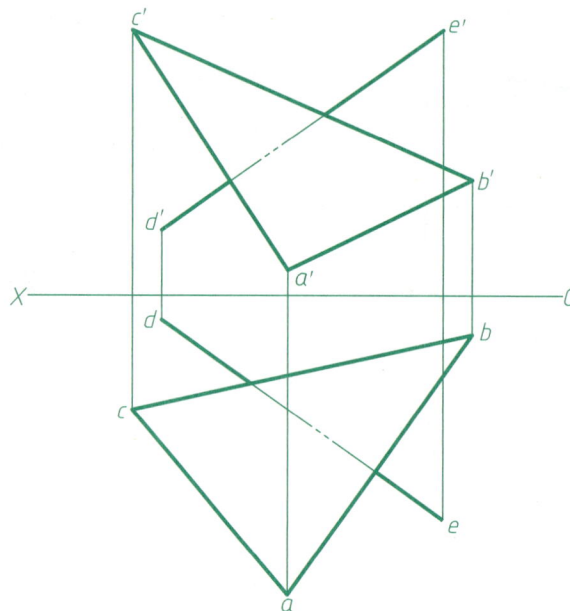

35. 求直线 *EF* 与 △*ABC* 的交点，并判断其可见性。

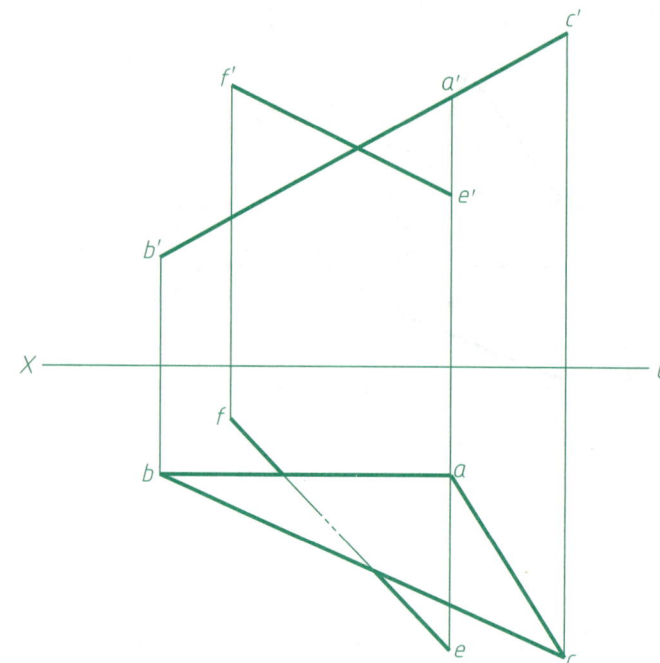

36. 求 △*EFG* 与平面四边形 *ABCD* 的交线，并判断其可见性。

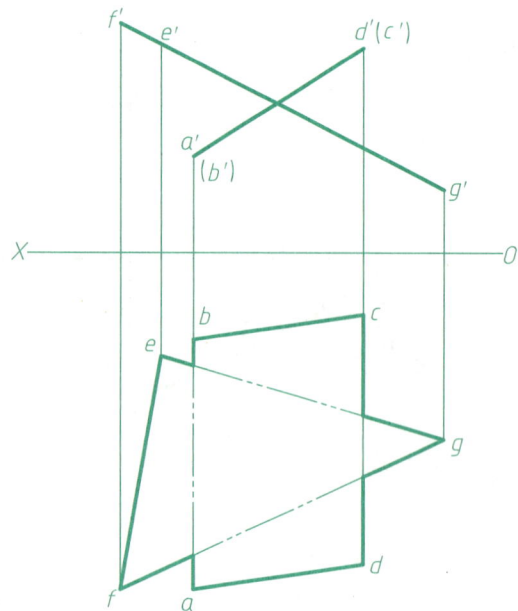

37. 求三角形 *ABC* 与四边形 *DEFG* 的交线，并判断其可见性。

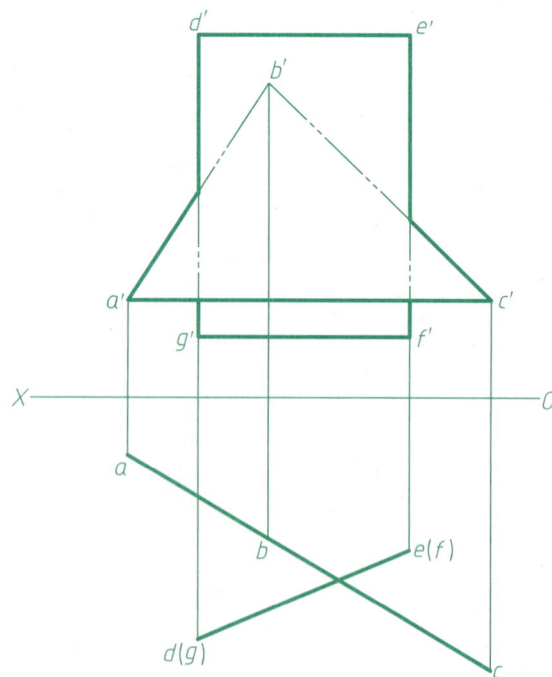

38. 求 △*EFG* 与 △*ABC* 的交线，并判断其可见性。

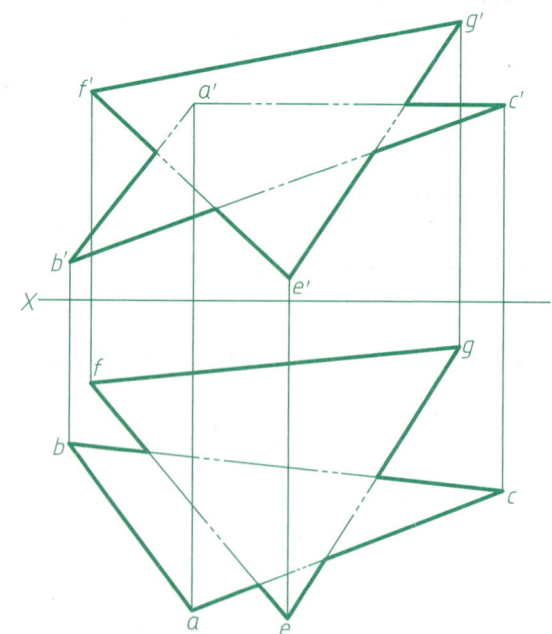

39. 判断下列直线是否垂直于平面。

（1）

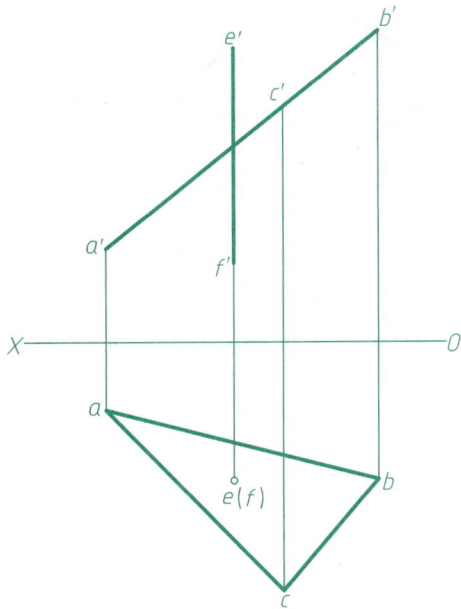

（2）

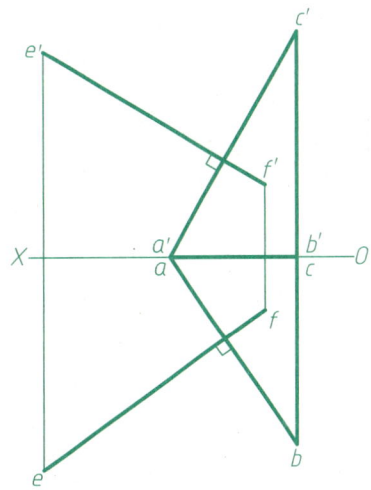

（3）

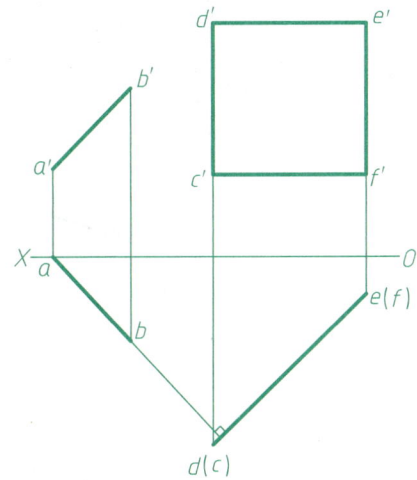

40. 过点 D 作一直线垂直于三角形 ABC。

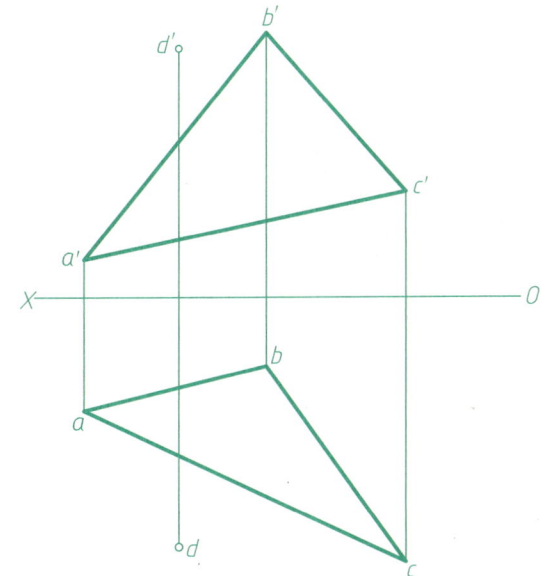

41. 判断下列两平面是否垂直。

（1）

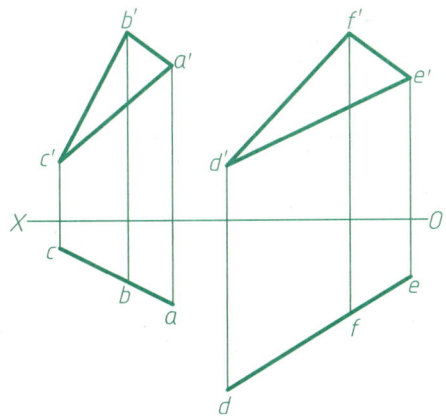

（2）

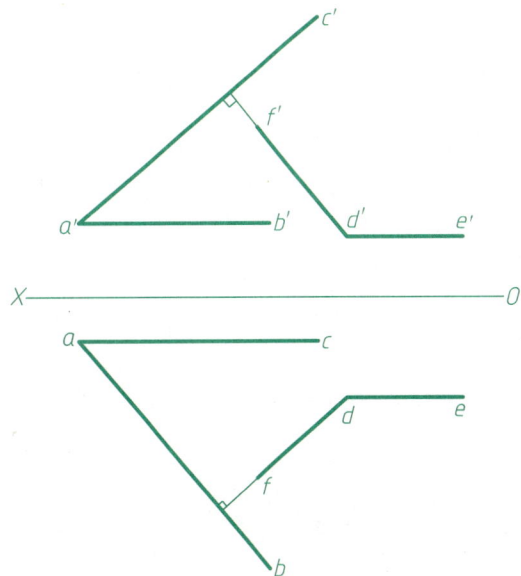

（3）

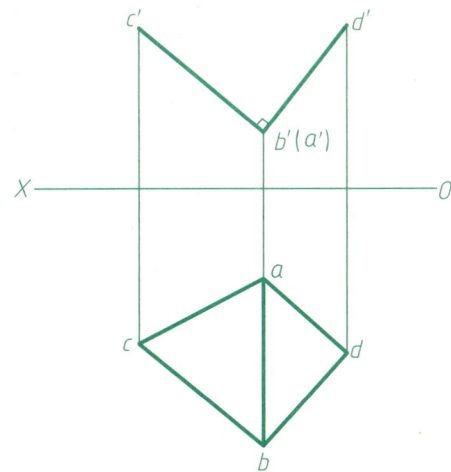

42. 已知直线 AB 垂直于直线 BC，作出直线 AB 的投影。

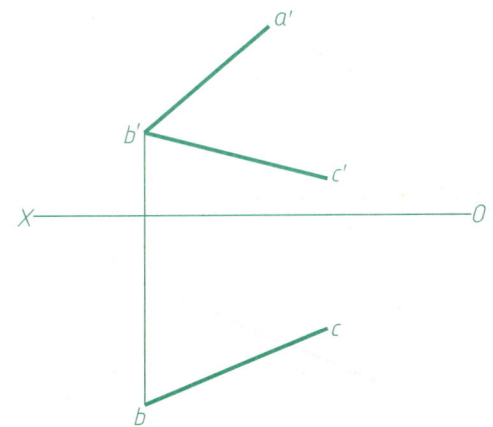

43. 作出点 A 在 H_1 面上的新投影。

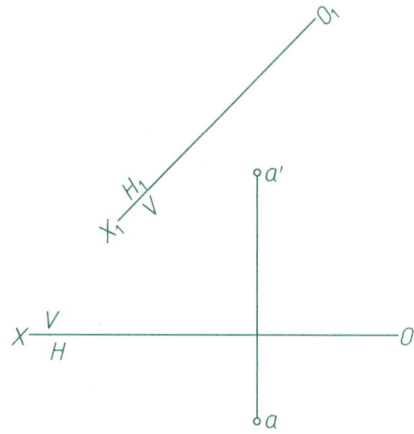

44. 求直线 AB 的实长及其对 H 面的倾角 α 和对 V 面的倾角 β。

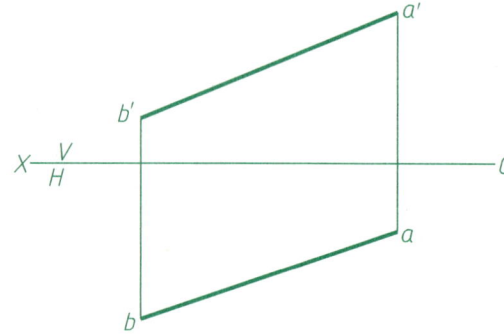

45. 用换面法作出平面 $ABCD$ 的实形。

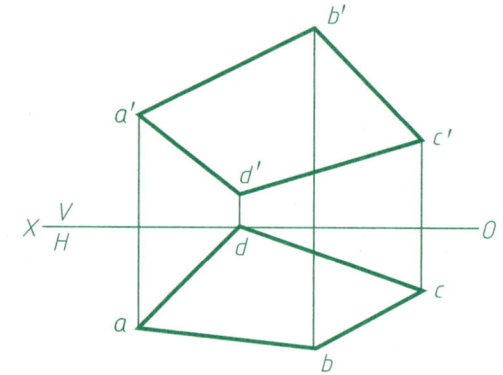

46. 过点 A 作一直线与直线 BC 相交，且夹角为 45°。

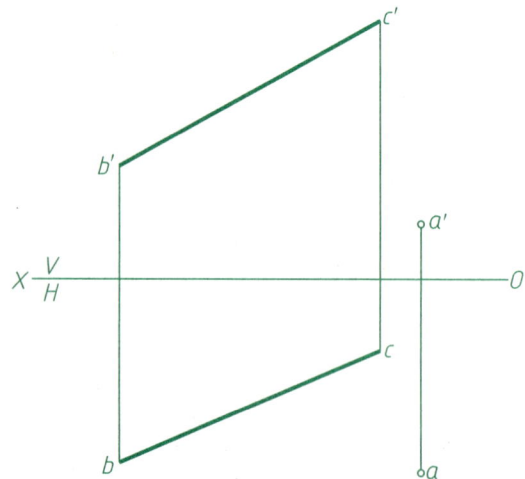

47. 用换面法求 $\triangle ABC$ 的实形及其与 H 面的夹角。

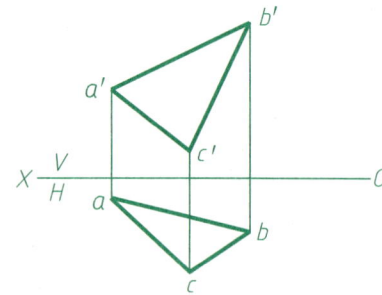

48. 已知交叉两直线 AB、CD 的距离为 16mm，求点 D 的水平投影。

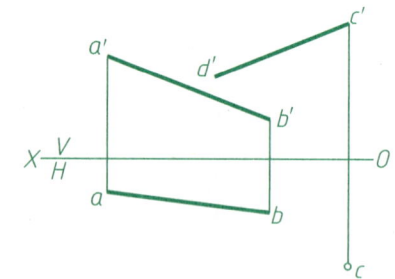

1. 求平面立体表面上各点或直线的其余投影。

（1）　　　　　　　　　　　（2）　　　　　　　　　　　（3）　　　　　　　　　　　（4）

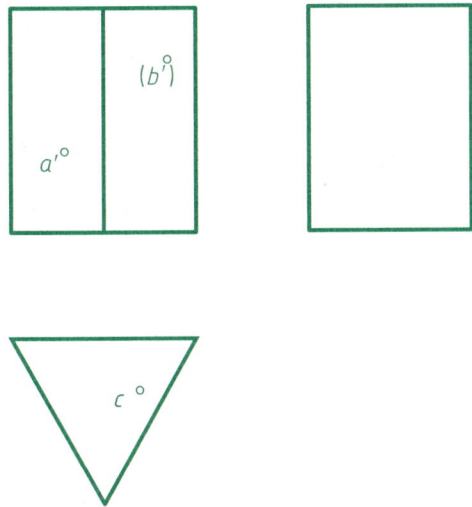 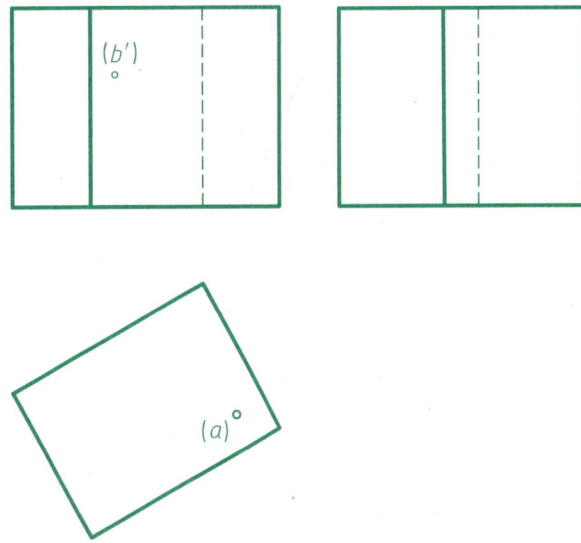 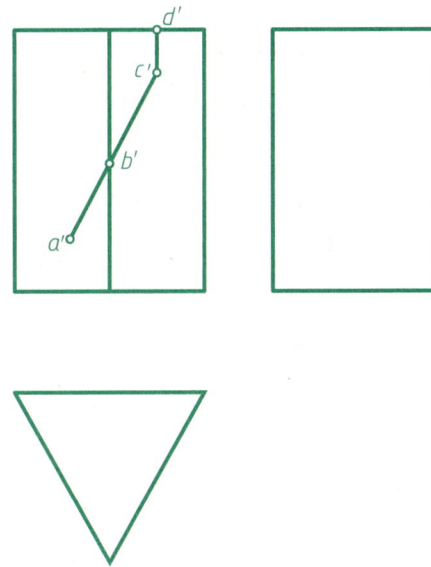 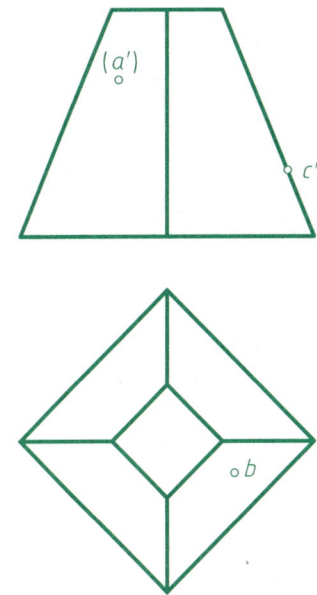

2. 求回转体表面上各点的其余投影。

（1）　　　　　　　　　　　（2）　　　　　　　　　　　（3）　　　　　　　　　　　（4）

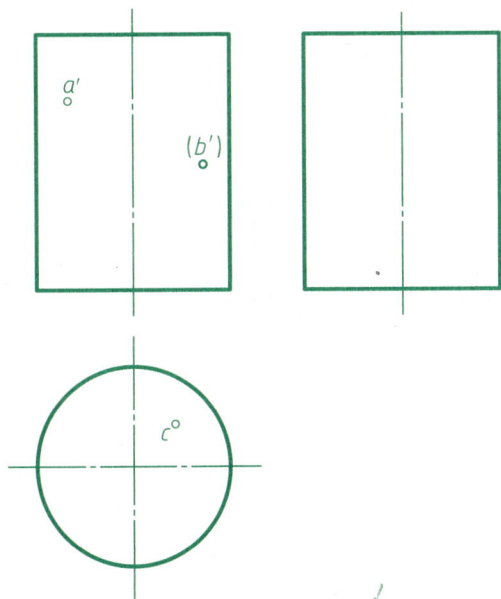 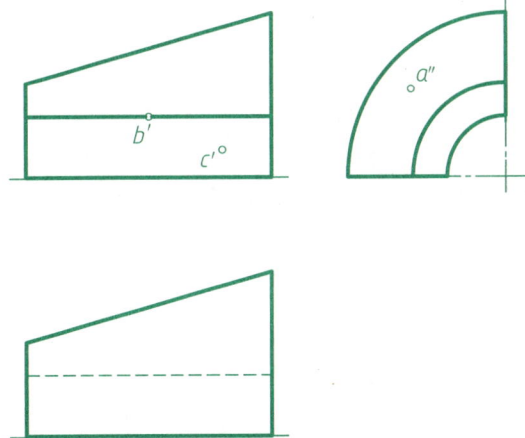 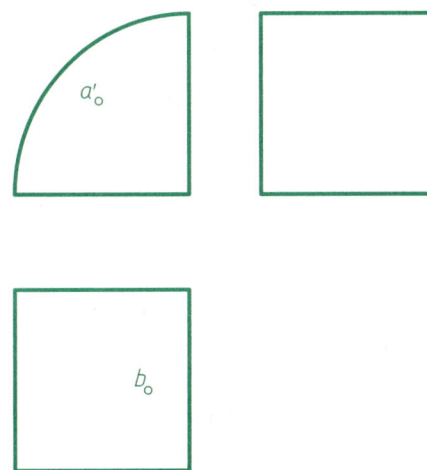 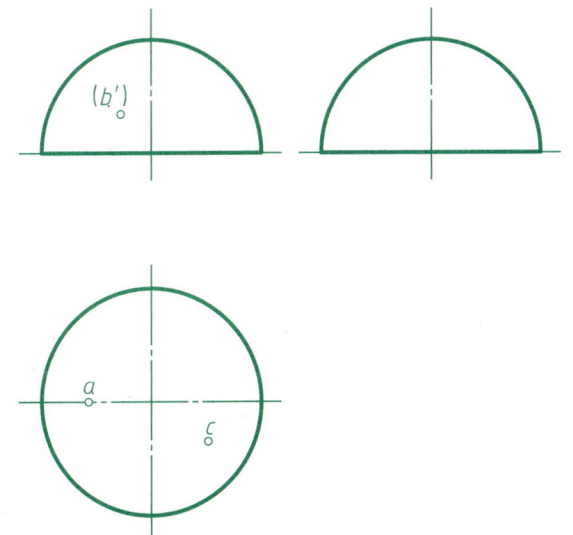

3. 完成平面立体被截切后的投影。

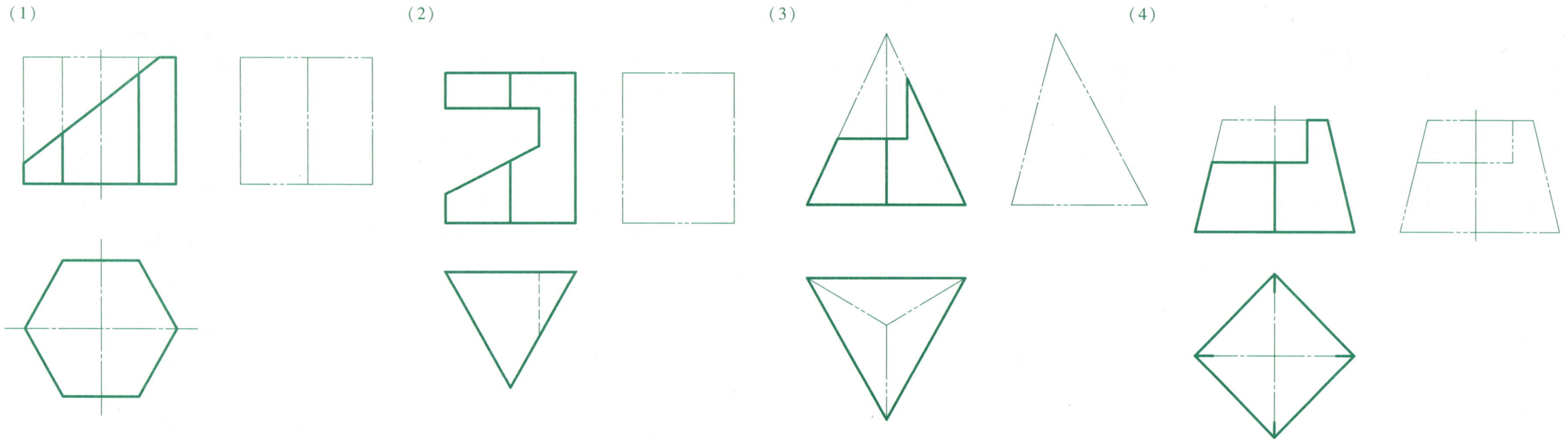

（1）　　　　　　　　　　（2）　　　　　　　　　　（3）　　　　　　　　　　（4）

4. 完成圆柱被截切后的投影。

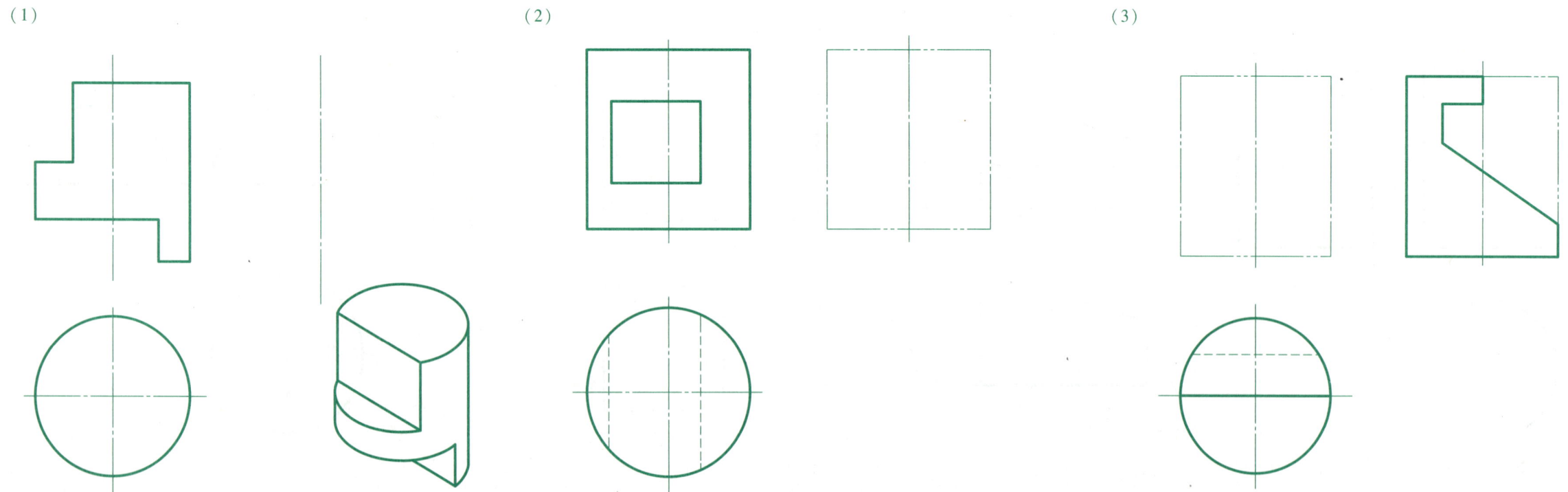

（1）　　　　　　　　　　　　　　（2）　　　　　　　　　　　　　　（3）

4. 完成圆柱被截切后的投影（续）。

（4）

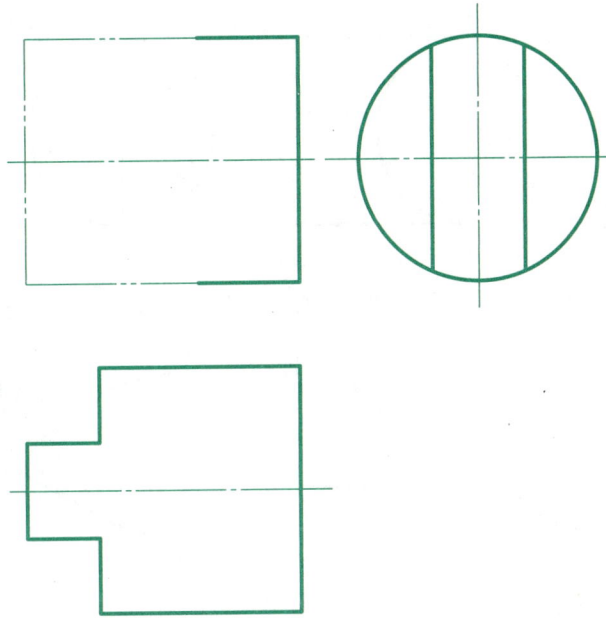

（5）

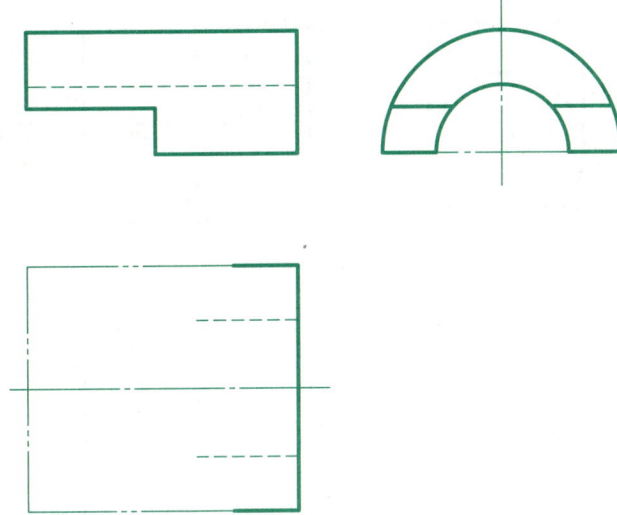

（6）

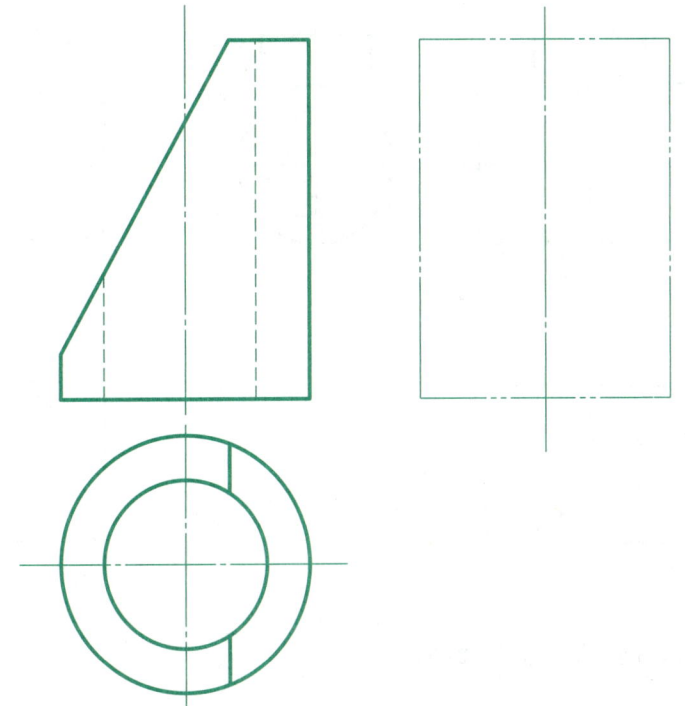

5. 求作立体被截切后的投影。

（1）

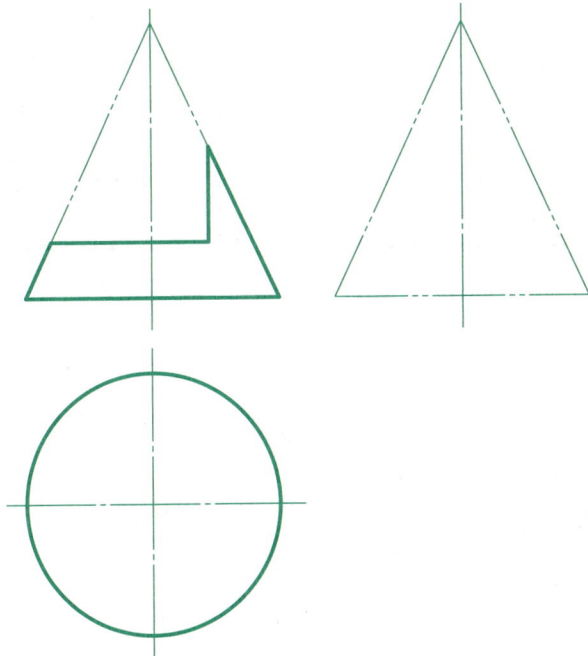

（2）圆锥中挖去梯形槽。

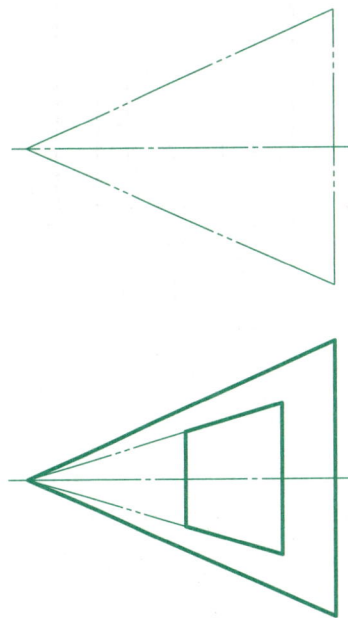

（3）

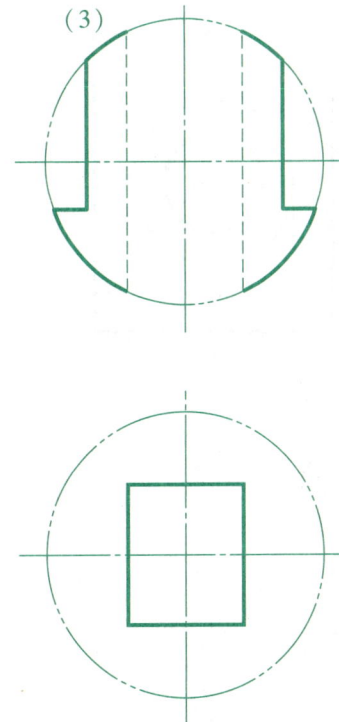

（4）

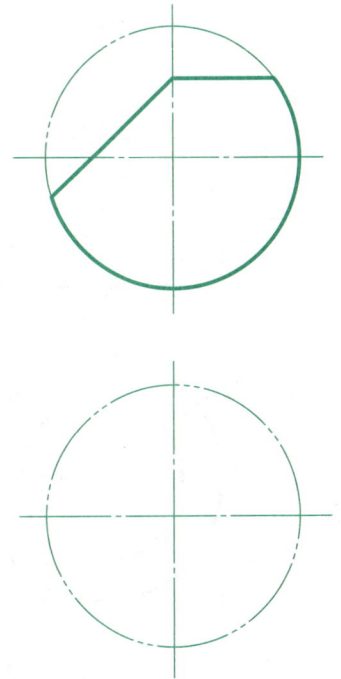

班级	学号	姓名

6. 求作两圆柱相交后相贯线的投影。

（1）　　　　　　　　　（2）　　　　　　　　　（3）　　　　　　　　　（4）

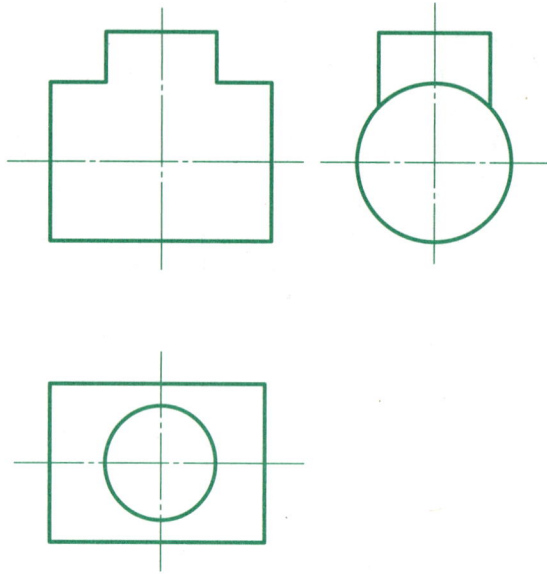 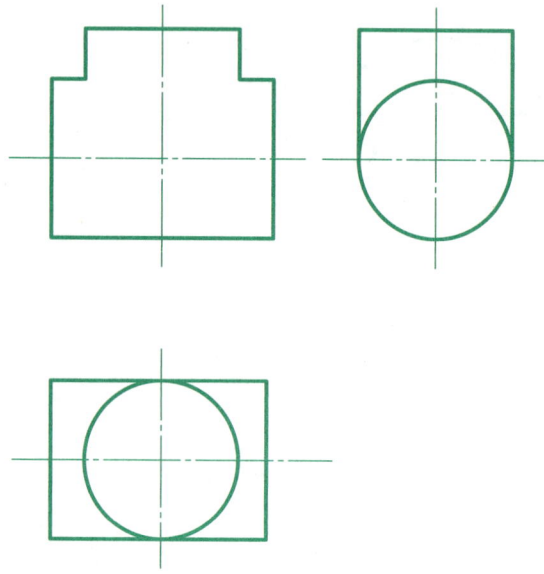 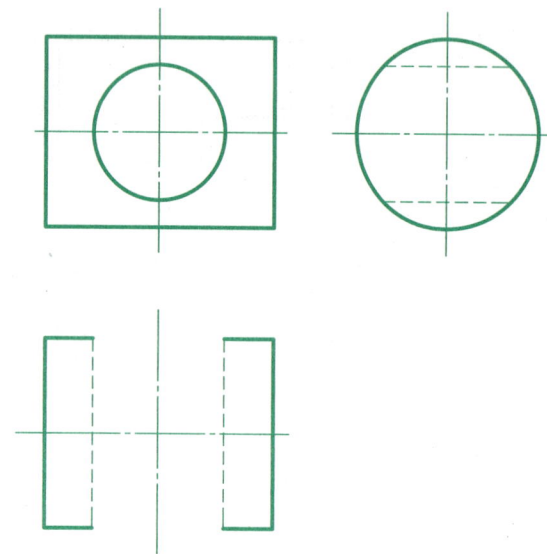 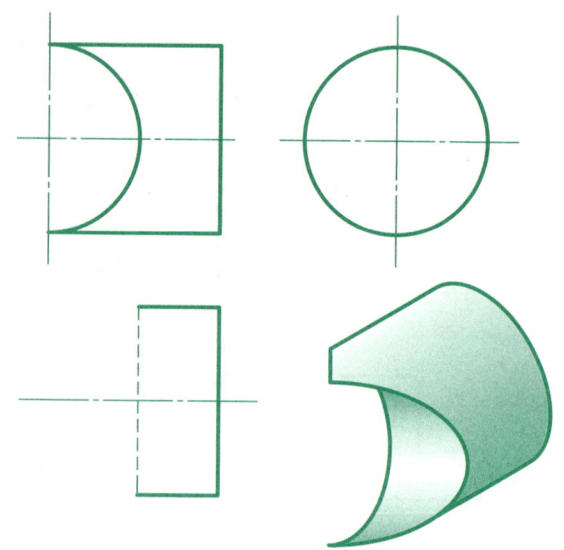

7. 补画立体表面交线的投影。

（1）　　　　　　　　　（2）　　　　　　　　　（3）

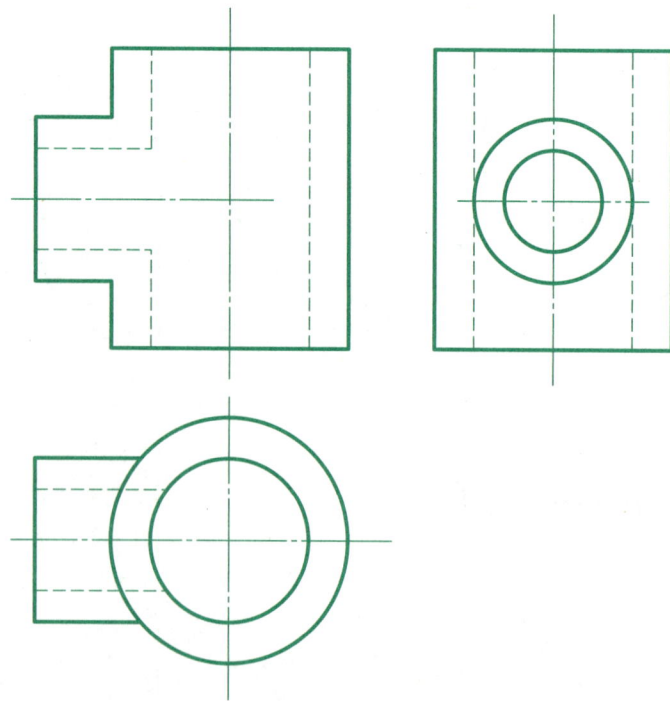 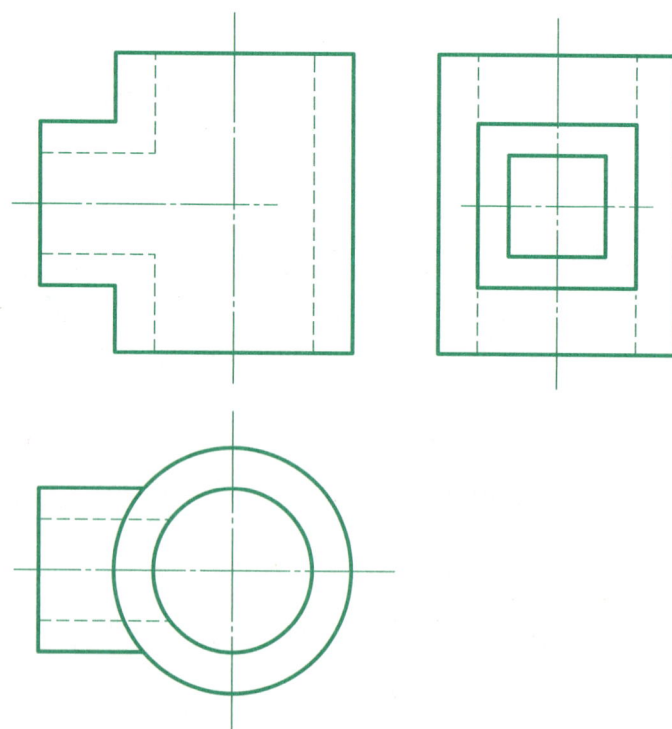 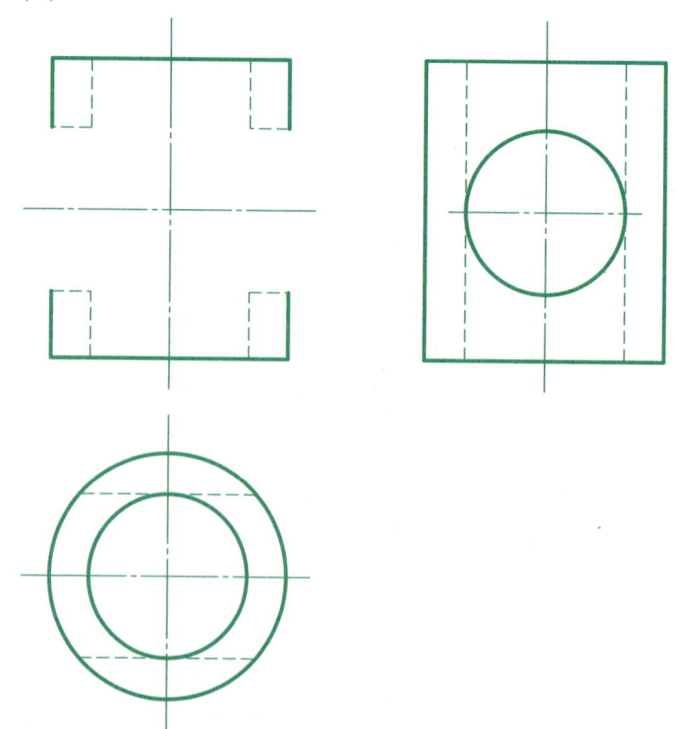

7. 补画立体表面交线的投影（续）。

（4）

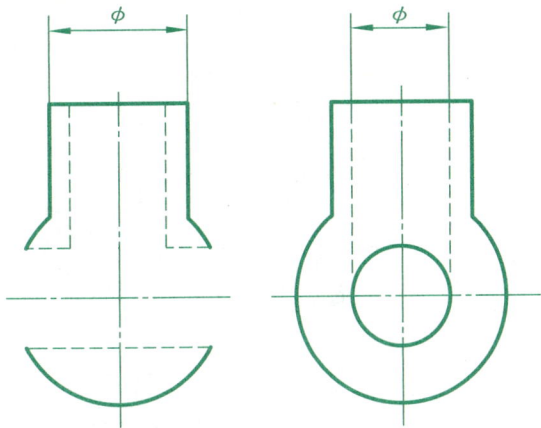

（5）

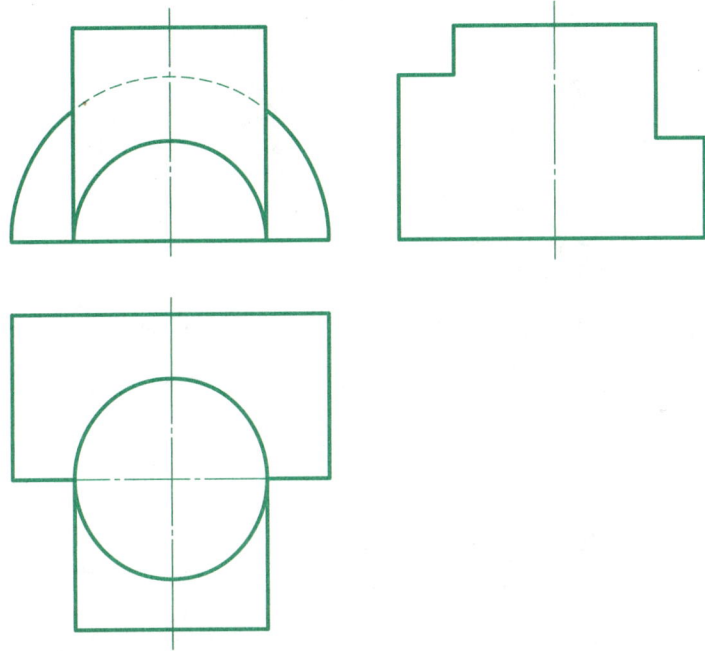

（6）

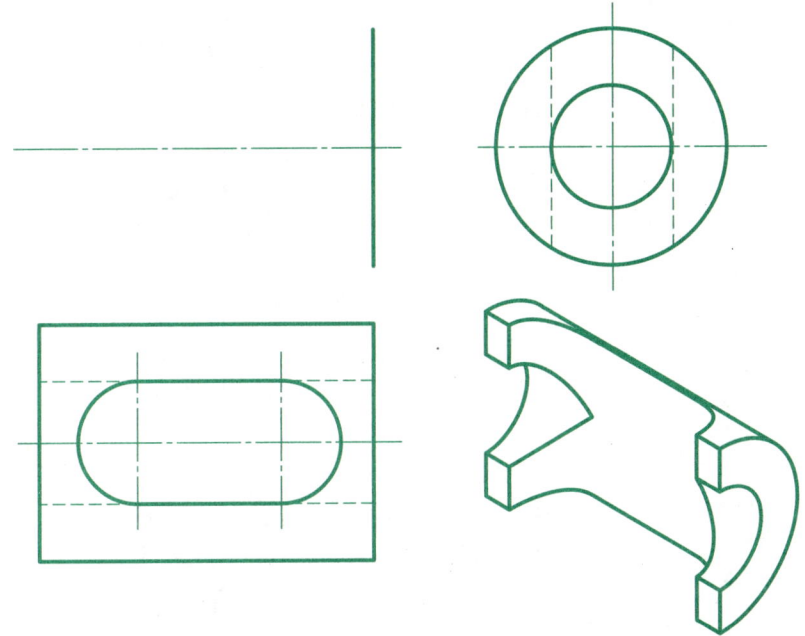

8. 补画立体的正面投影。

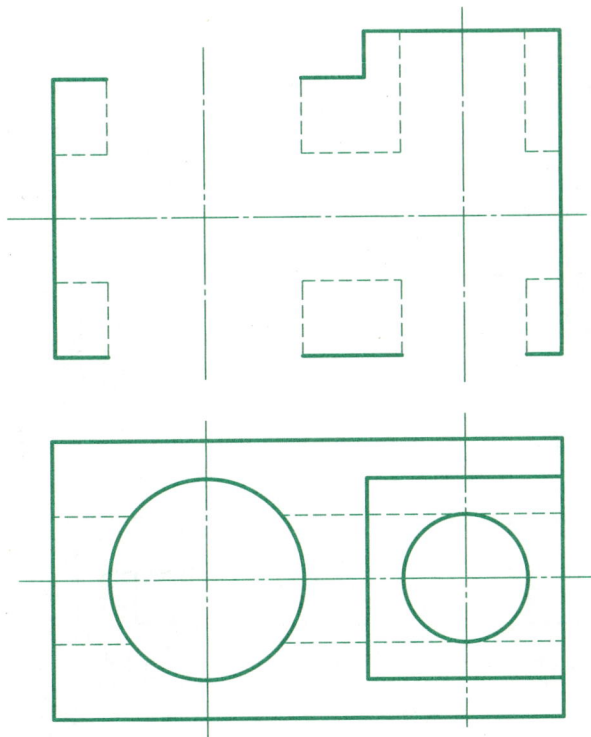

9. 用辅助平面法补画相贯线。

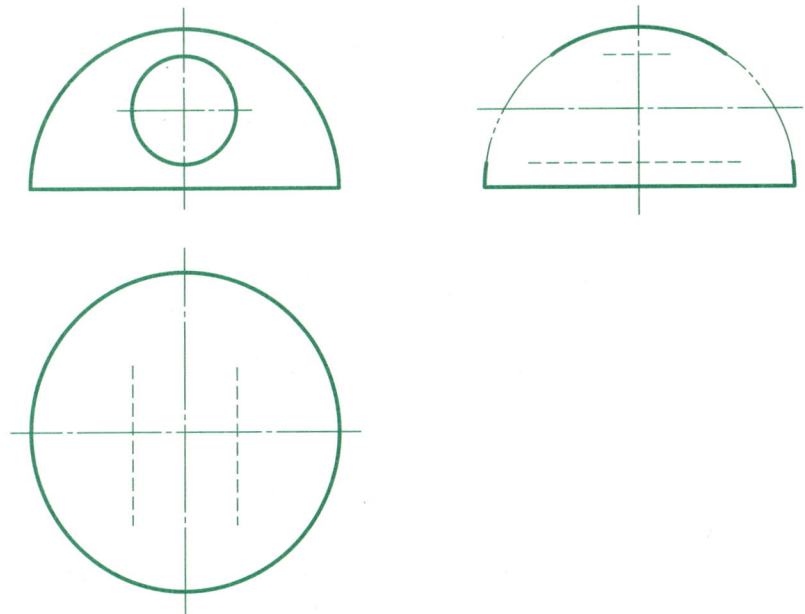

| 班级 | 学号 | 姓名 |

1. 选择与三视图对应的立体图，并在三视图旁写出其编号。

(1)

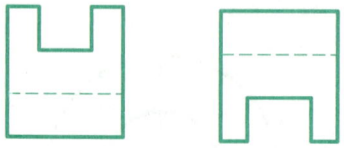

（A）　（B）　（C）

（D）　（E）　（F）

(2)

（A）　（B）　（C）

（D）　（E）　（F）

(3)

（A）　（B）　（C）

（D）　（E）　（F）

2. 根据箭头所示的主视方向，将各视图的编号填入表内。

	A	B	C	D	E
主视图	(6)				
俯视图	(11)				
左视图	(2)				

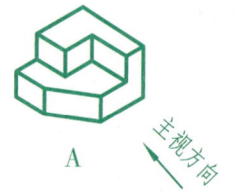
A　主视方向

B　　　C　　　D　　　E

（1）　（2）　（3）　（4）

（5）　（6）　（7）　（8）

（9）　（10）　（11）　（12）

（13）　（14）　（15）　（16）

3. 根据轴测图徒手画三视图。

（1）

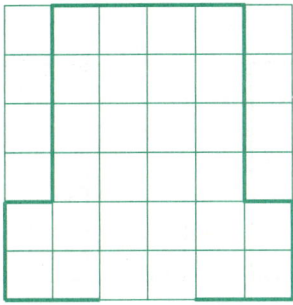 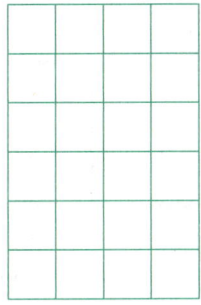

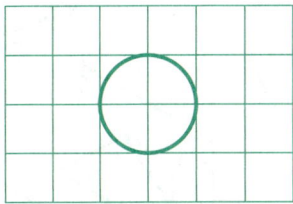 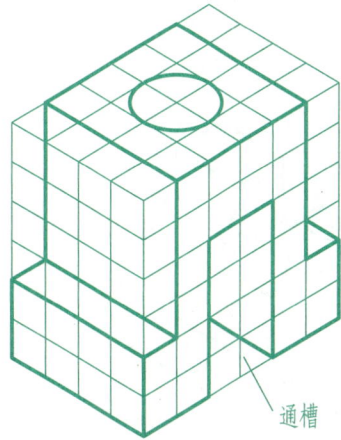

通槽

（2）

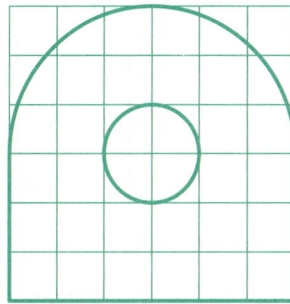 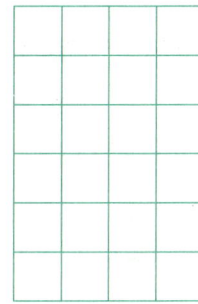

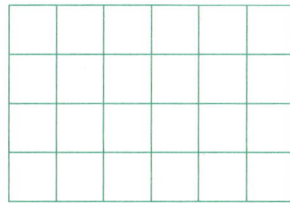 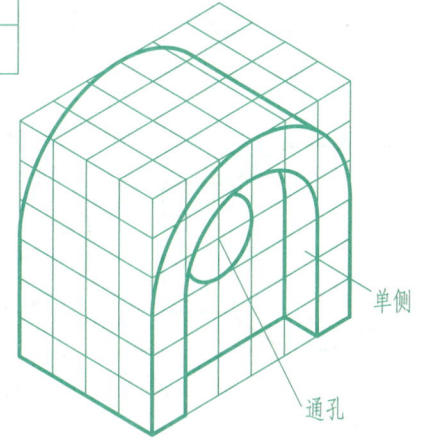

单侧

通孔

（3）

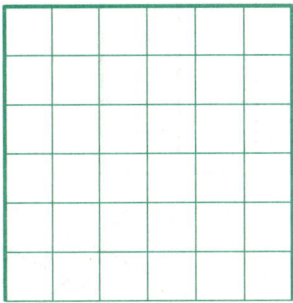 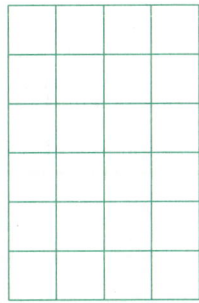

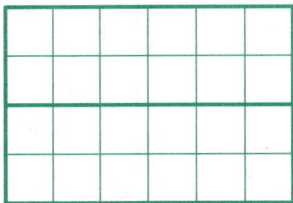 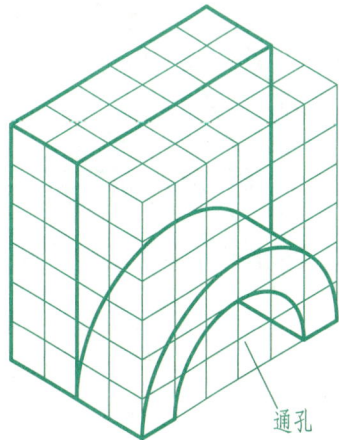

通孔

（4）

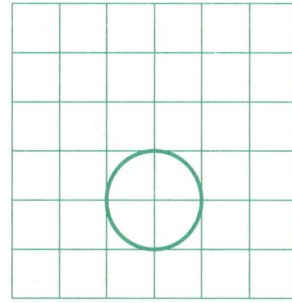 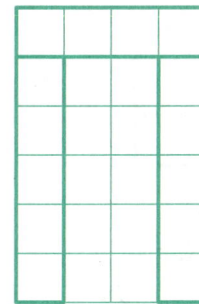

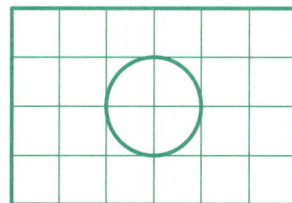 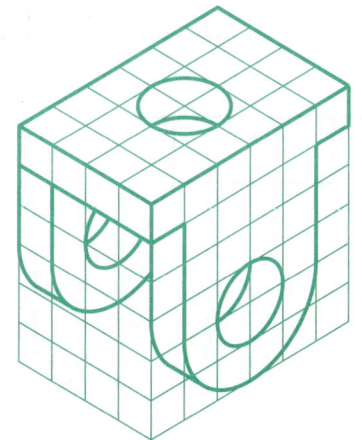

4. 根据立体图补画三视图中缺少的图线。

（1）

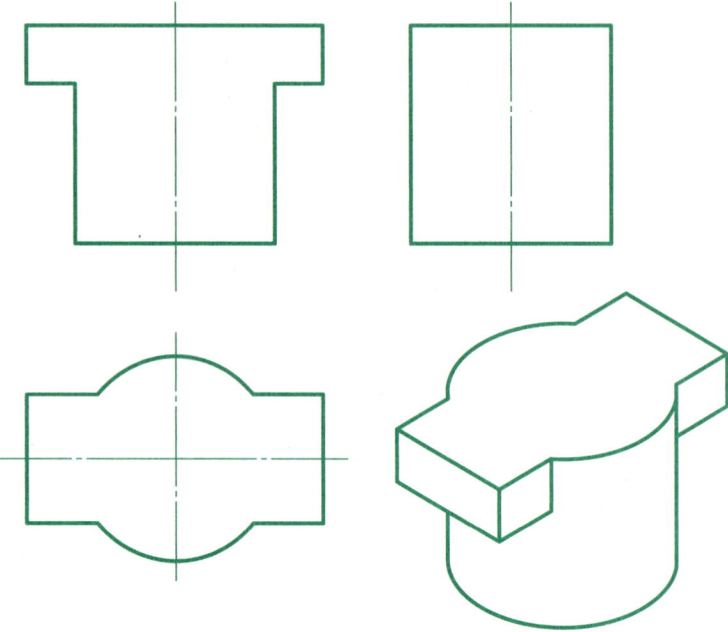

（2）

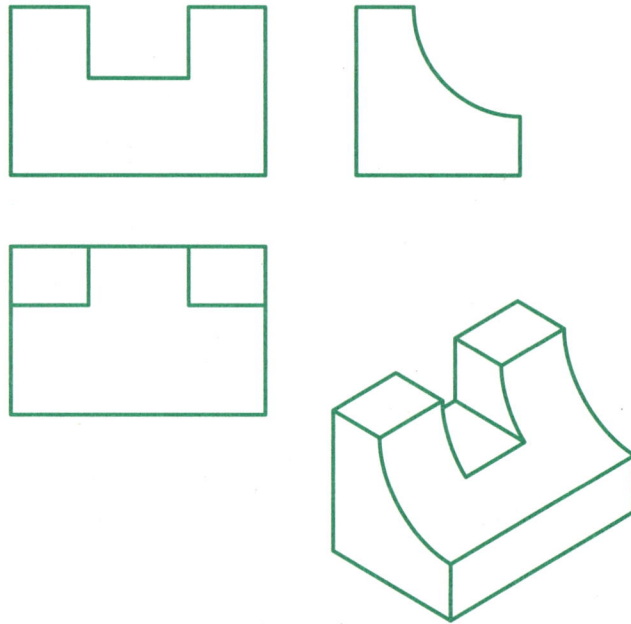

（3）

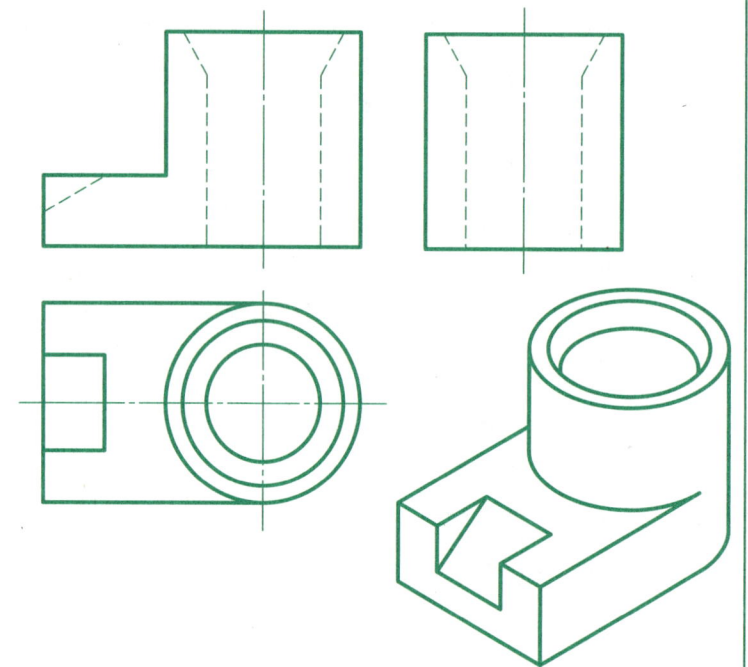

（4）

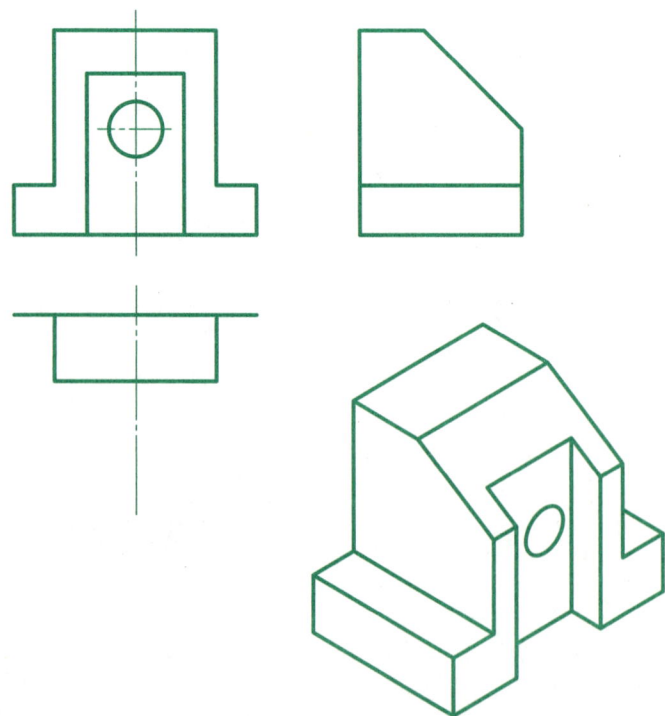

（5）

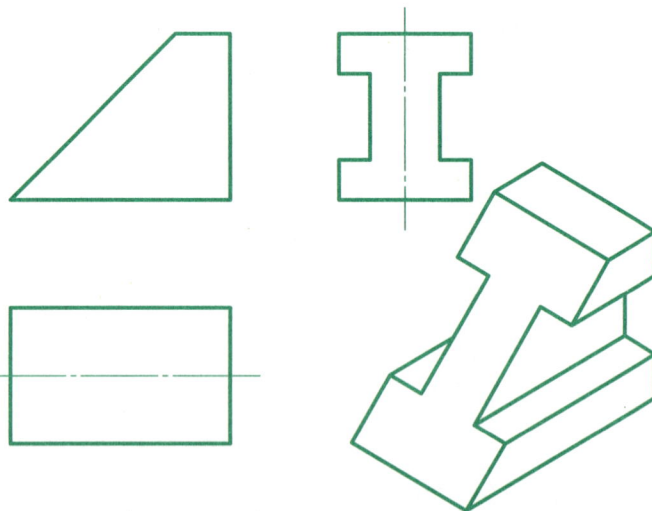

（6）

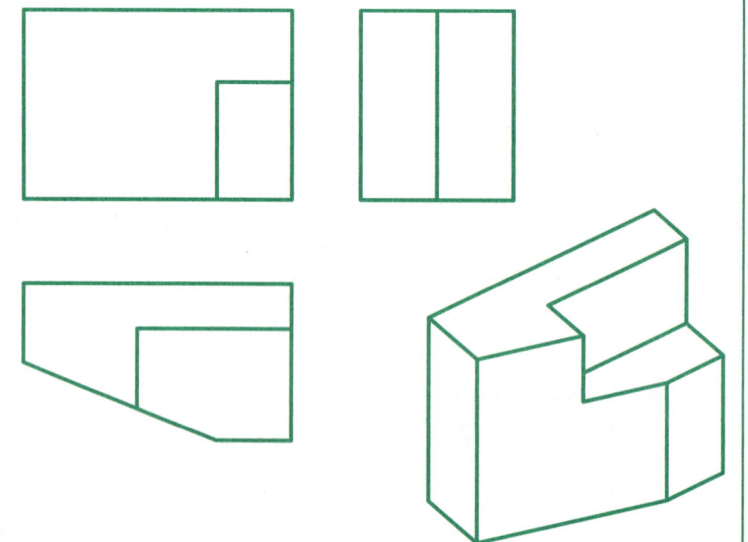

4. 根据立体图补画三视图中缺少的图线（续）。

（7）

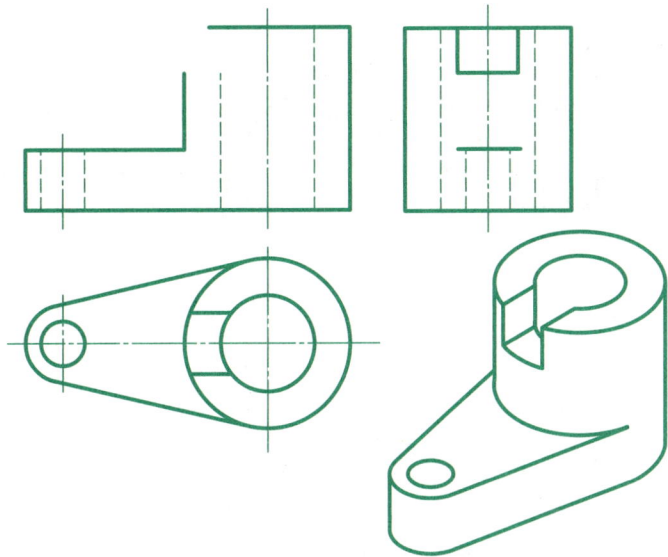

（8）

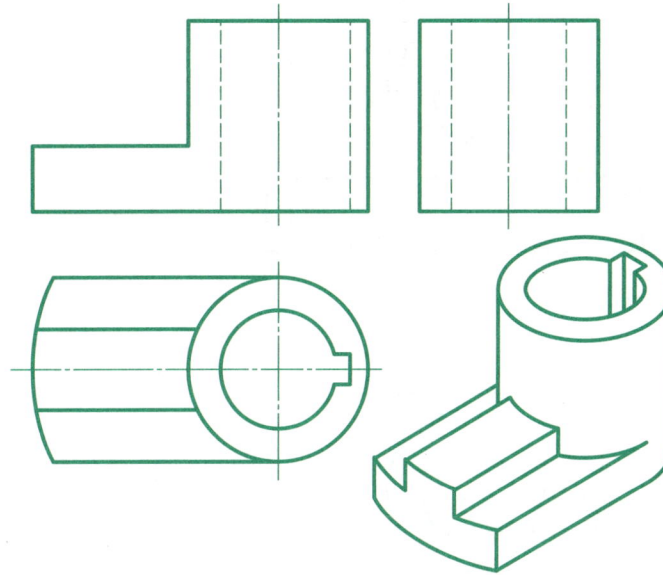

（9）

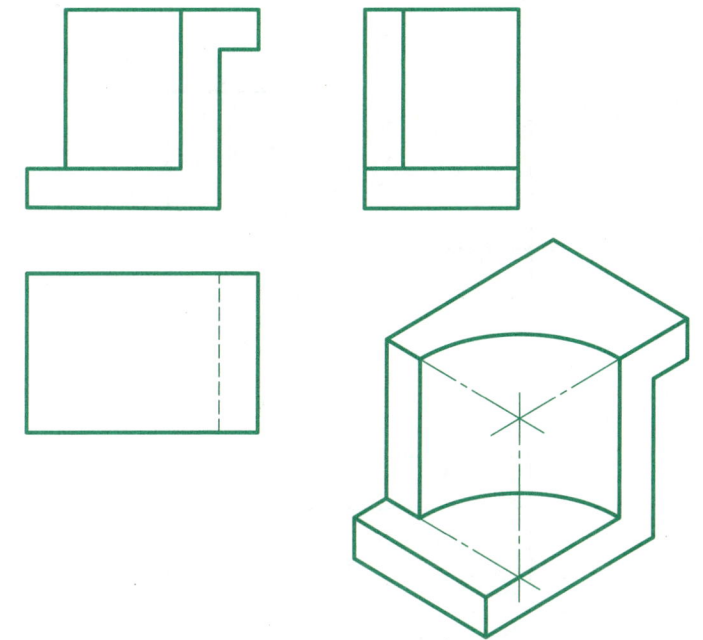

5. 根据组合体立体图，徒手画组合体三视图。

（1）

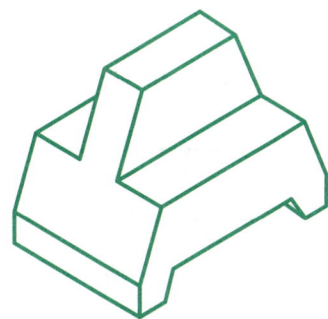

（2）

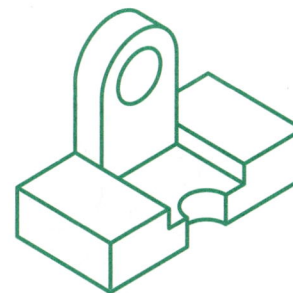

（3）

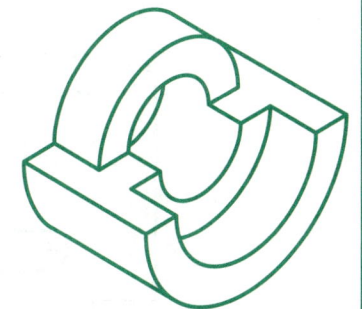

6. 标注下列组合体的尺寸（数值按 1：1 的比例在图中直接量取，并取整数）。

（1）

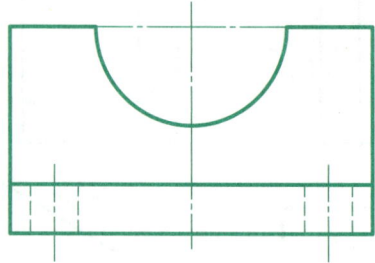

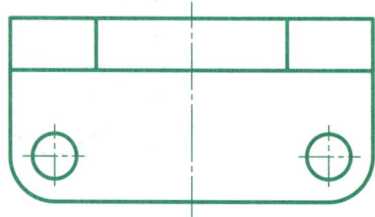

（2）

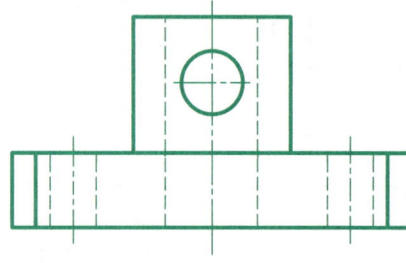

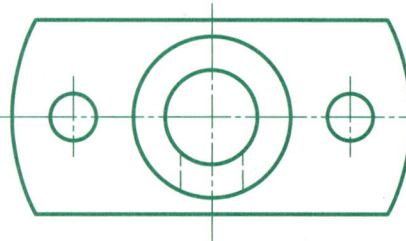

（3）

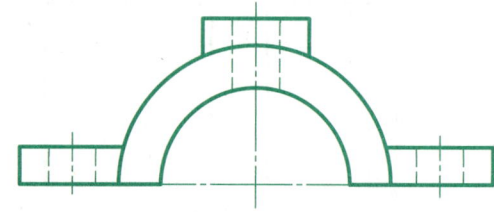

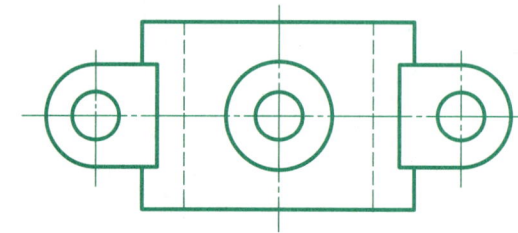

（4）

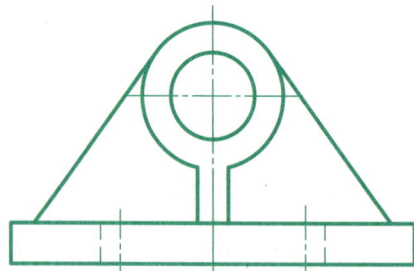

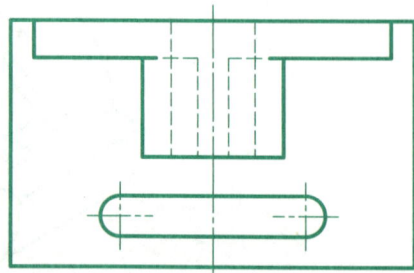

（5）

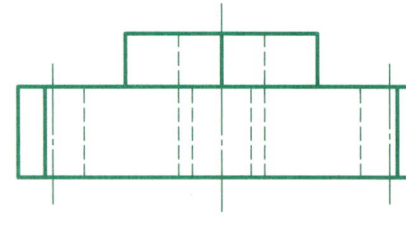

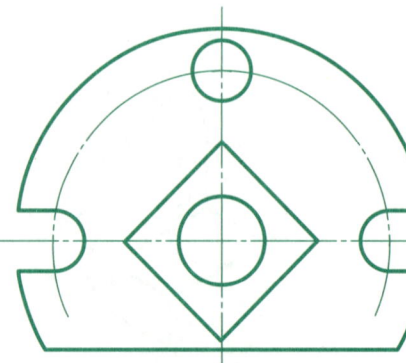

（6）

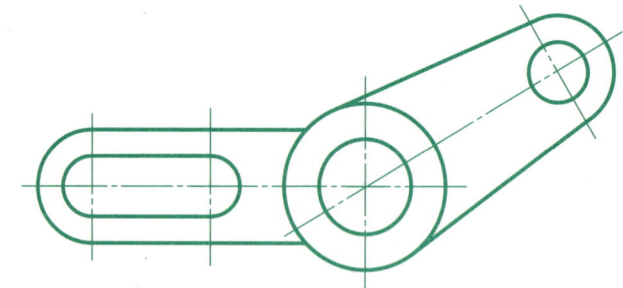

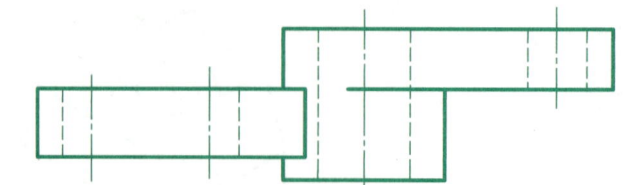

6. 标注下列组合体的尺寸（数值按 1：1 的比例在图中直接量取，并取整数）（续）。

（7）

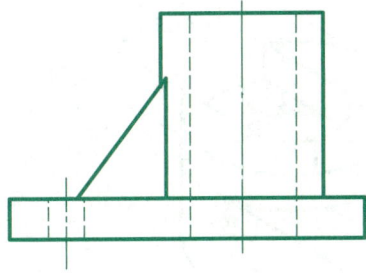

（8）

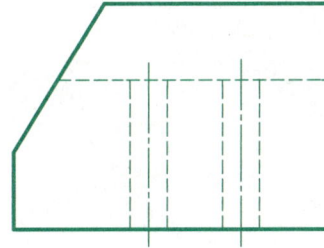 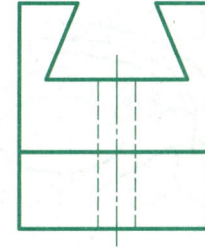

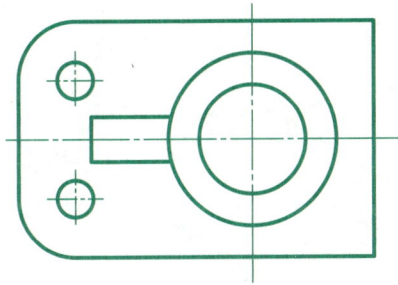

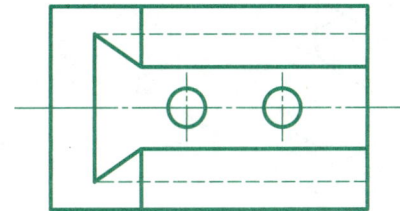

（9）

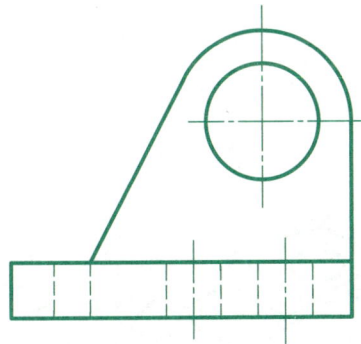

（10）

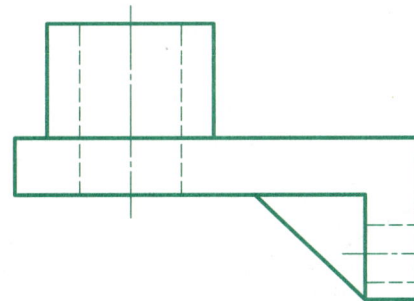 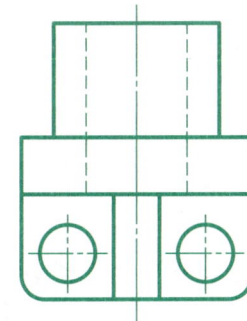

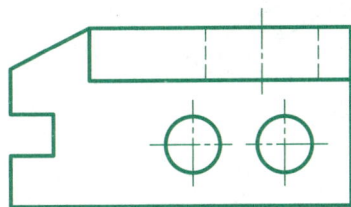

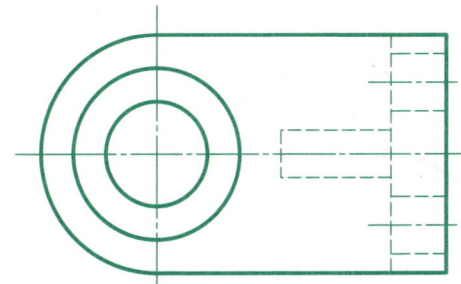

班级	学号	姓名

7. 根据立体图在 A3 图纸上画三视图，并标注尺寸（比例自定，任选两题）。

（1）

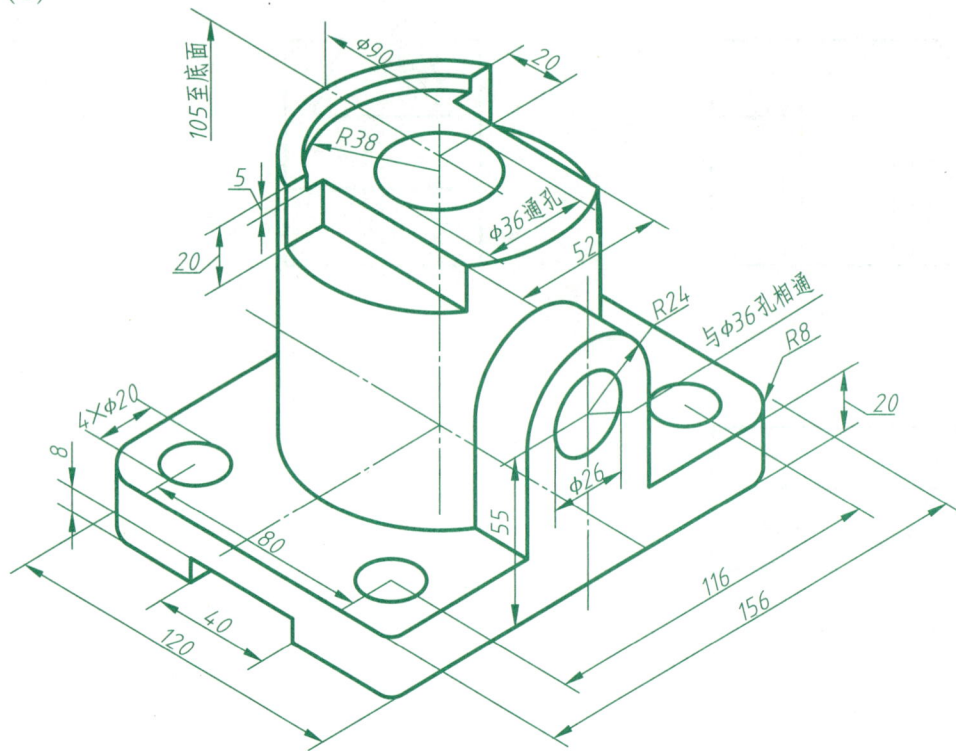

（2）

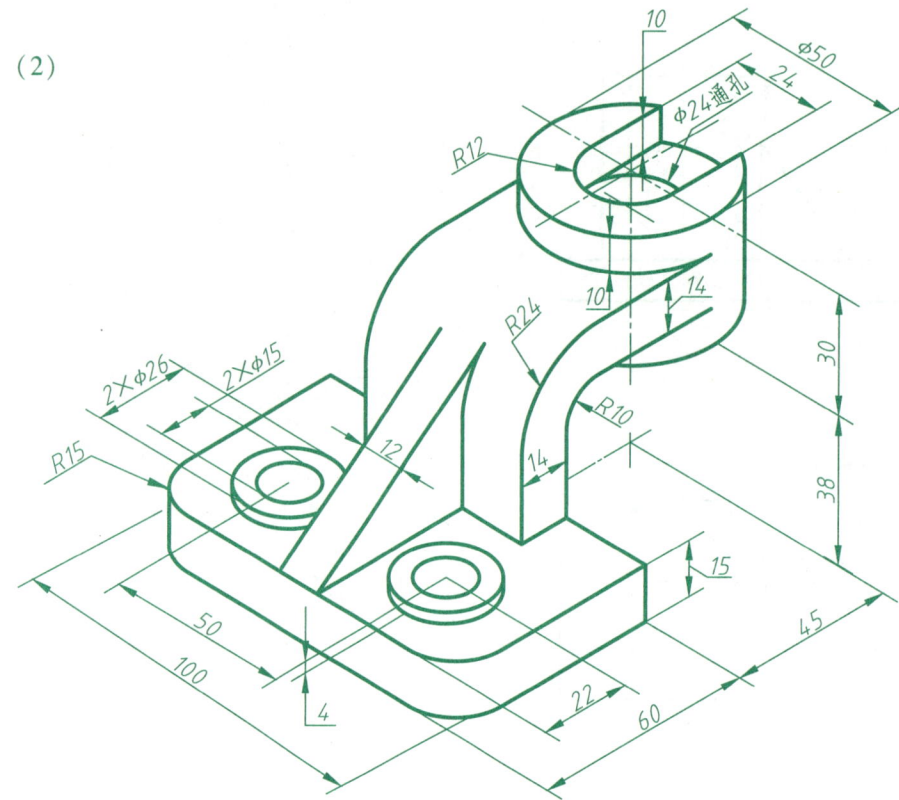

（3）

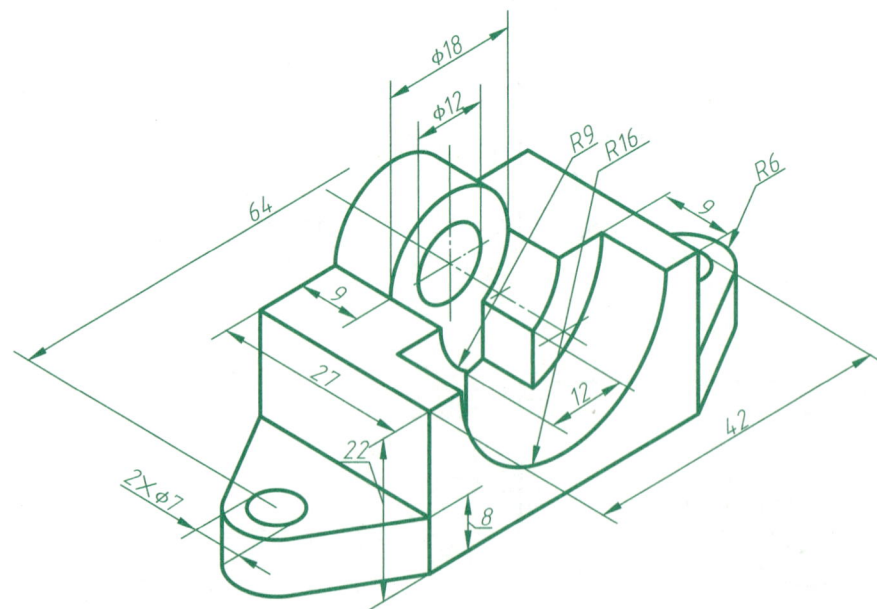

（4）

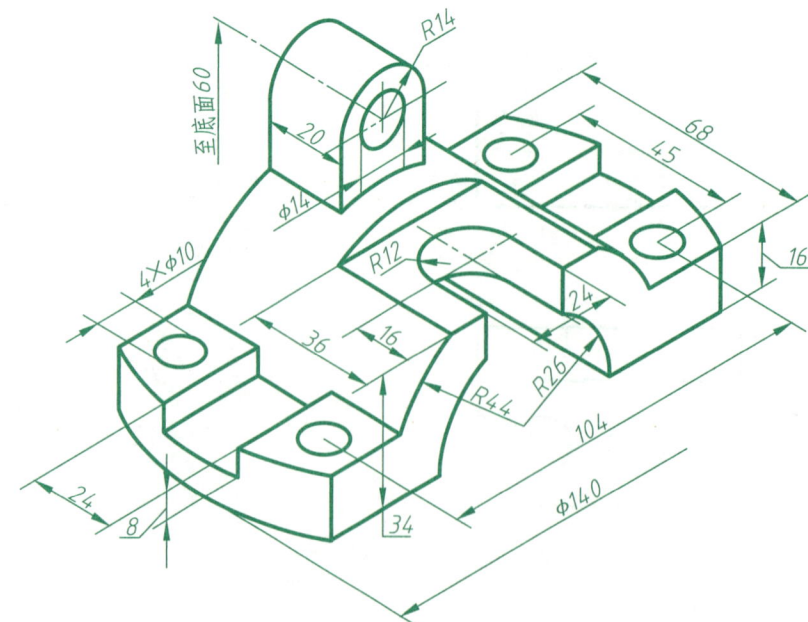

8. 观察各小题中形体俯视图的变化，补齐主视图中缺漏的图线。

（1）

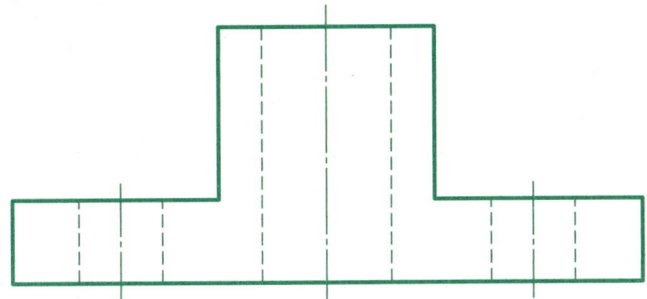

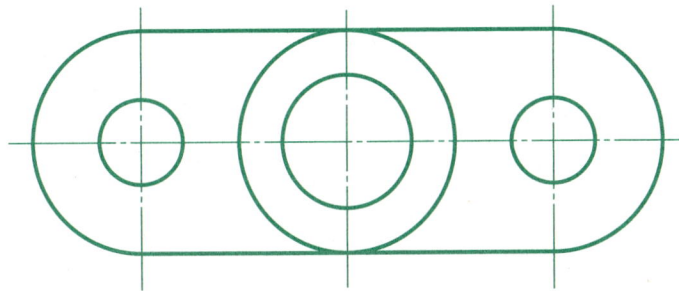

（2）

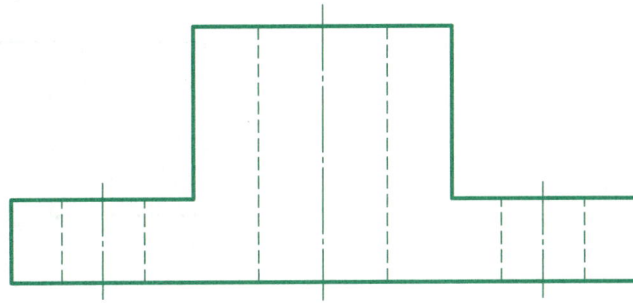

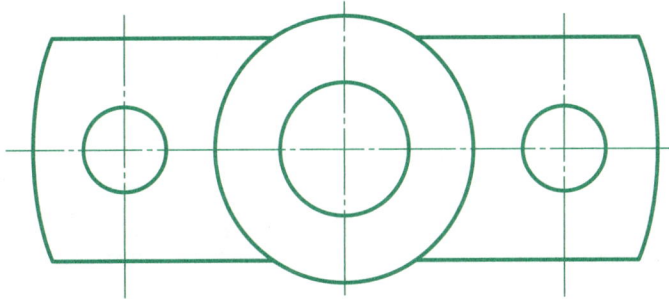

（3）

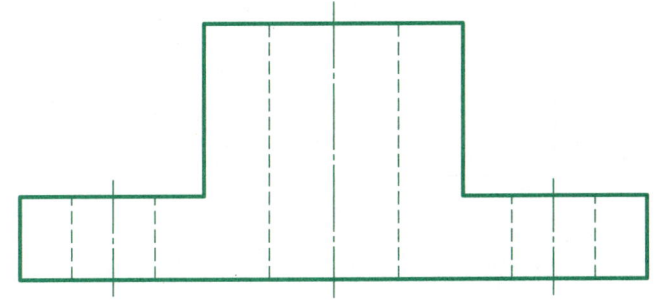

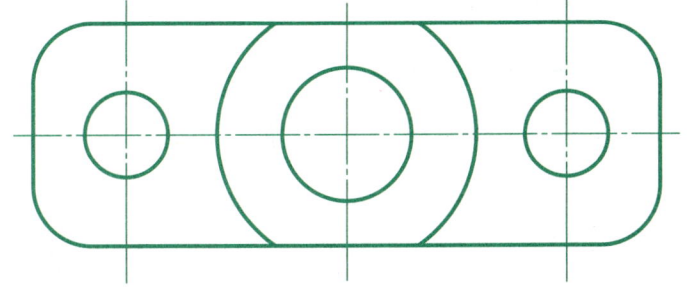

（4）

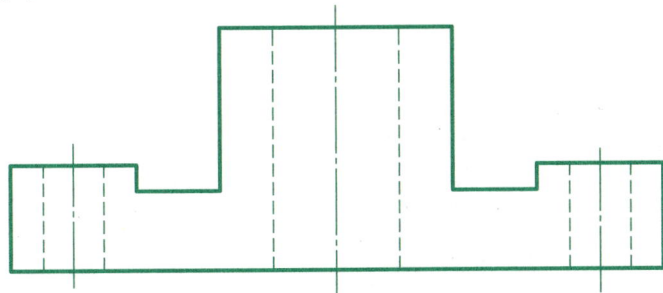

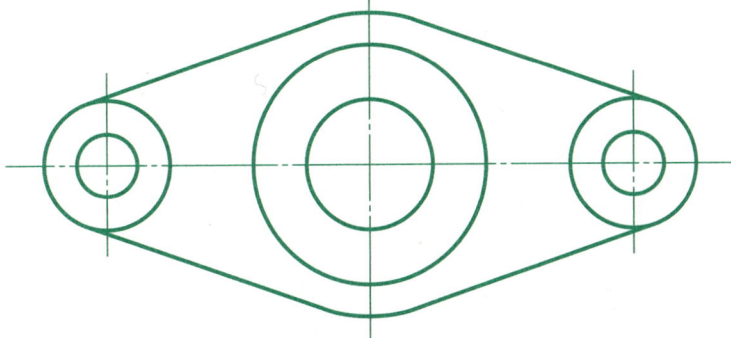

（5）

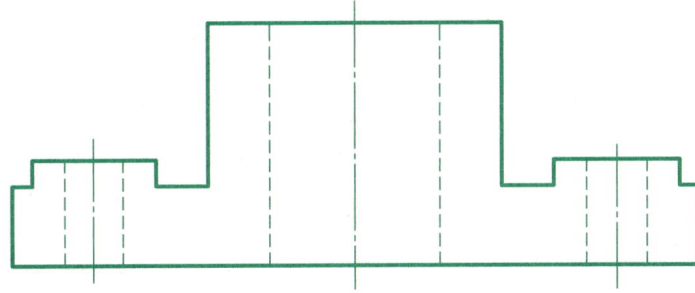

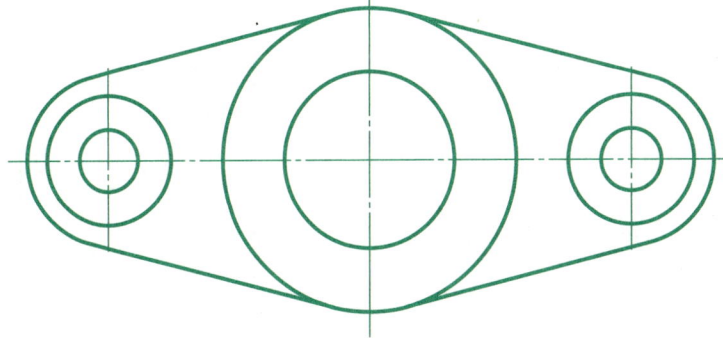

（6）

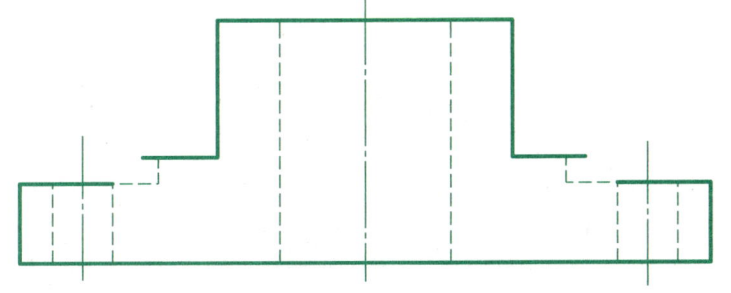

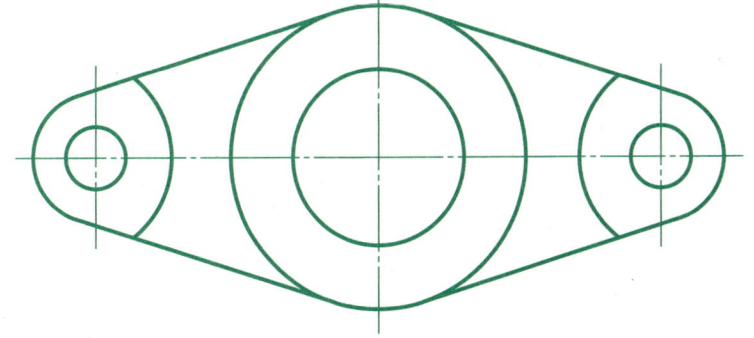

班级	学号	姓名

9. 已知两视图，补画第三视图。

（1）

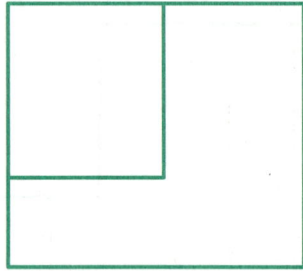

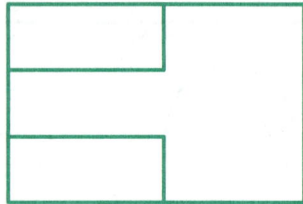

（2）

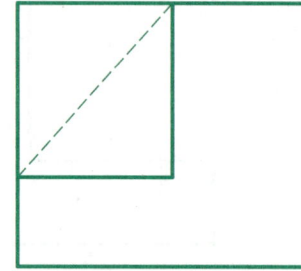

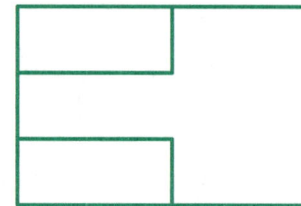

（3）

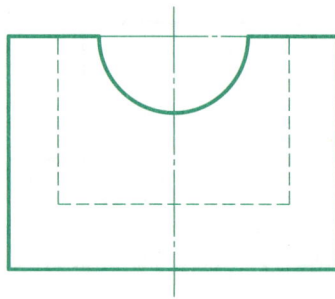

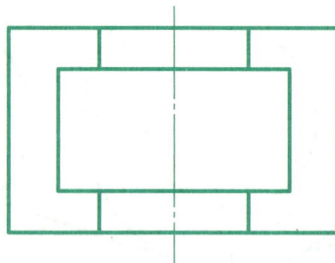

（4）

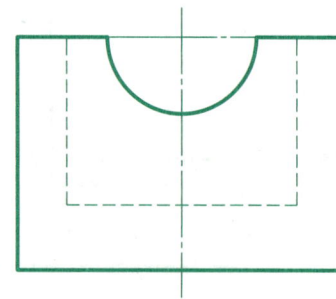

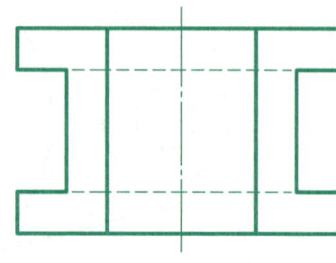

9. 已知两视图，补画第三视图（续）。

（5）

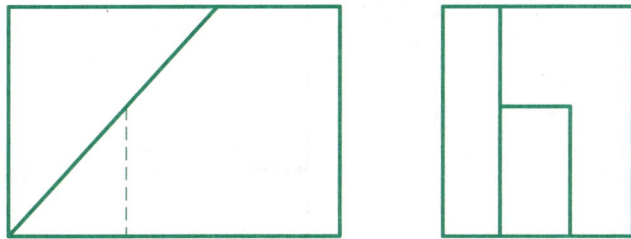

（6）

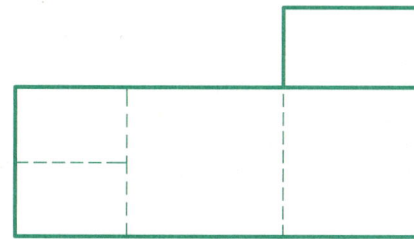

（7）

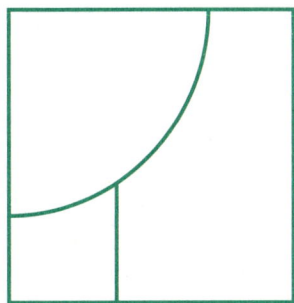

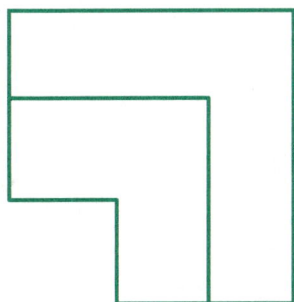

（8）

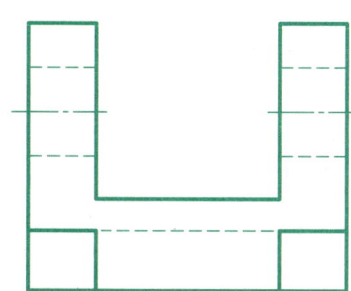

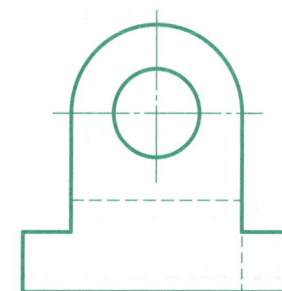

9. 已知两视图，补画第三视图（续）。

（9）

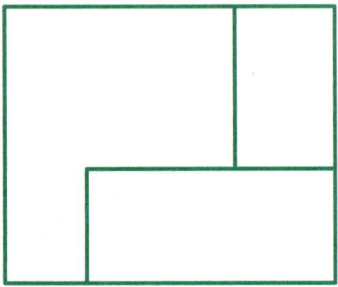

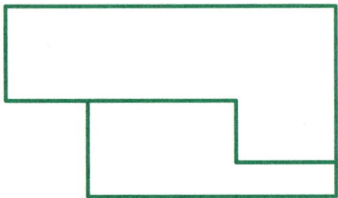

（10）

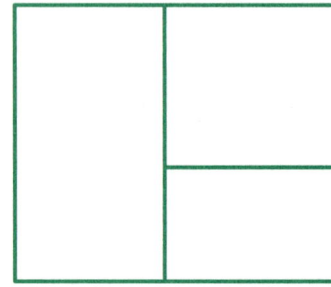 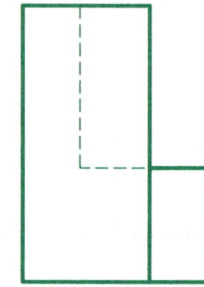

（11）

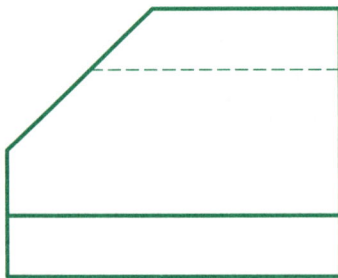

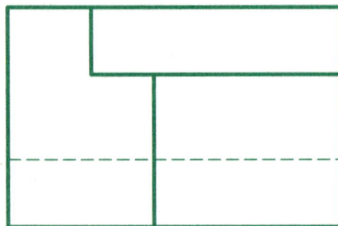

（12）

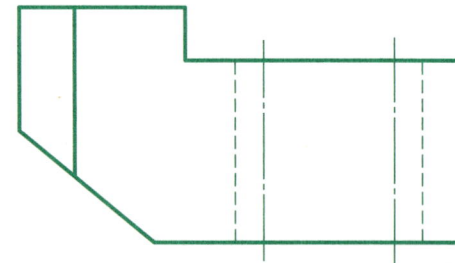

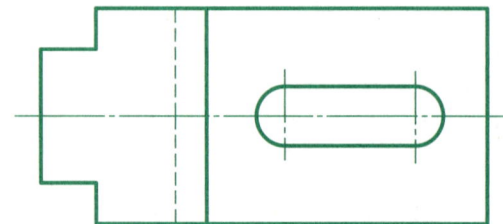

9. 已知两视图，补画第三视图（续）。

（13）

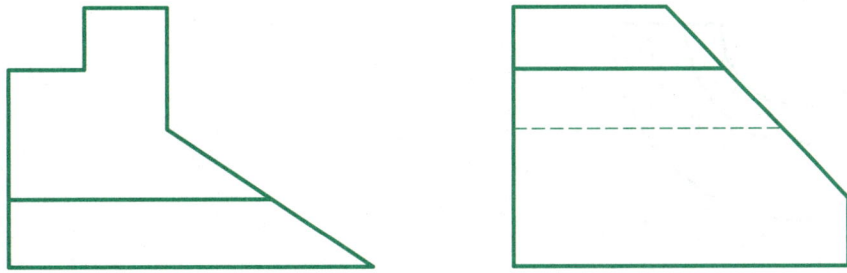

（14）

（15）

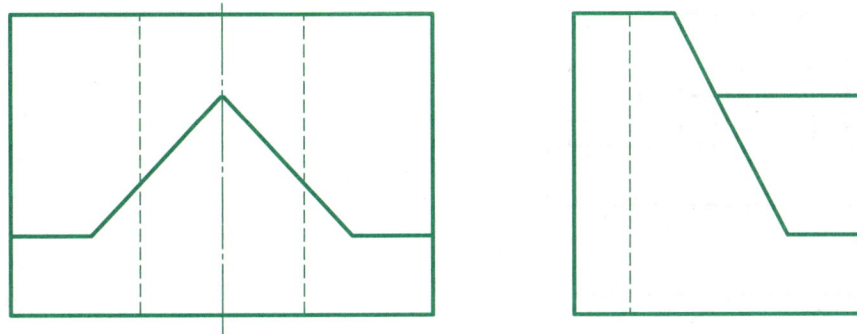

（16）

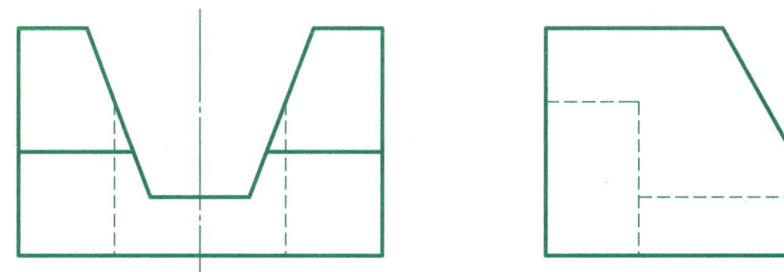

9. 已知两视图，补画第三视图（续）。

（17）

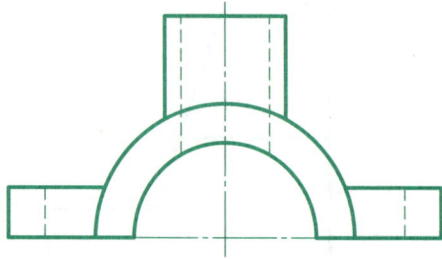

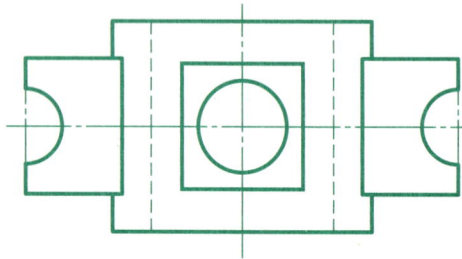

（18）

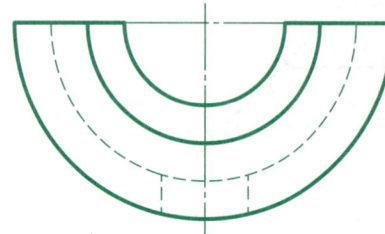

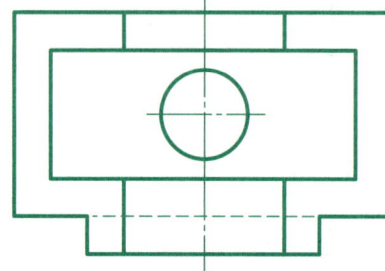

（19）

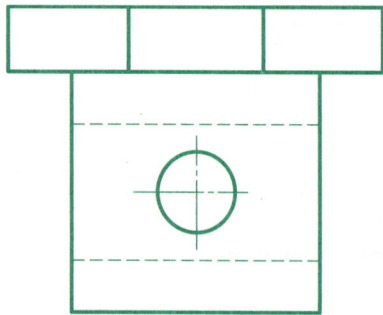

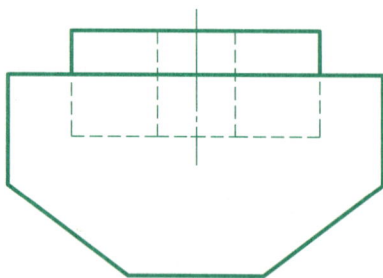

（20）

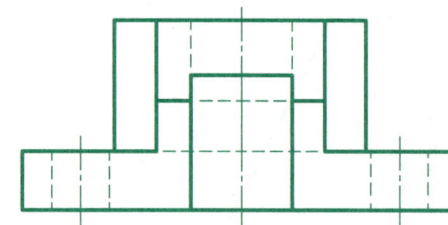

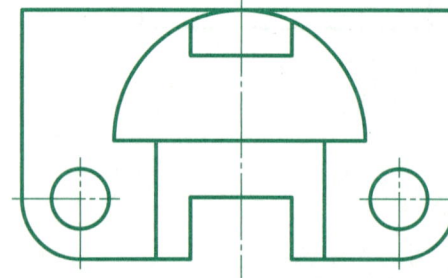

9. 已知两视图，补画第三视图（续）。

（21）

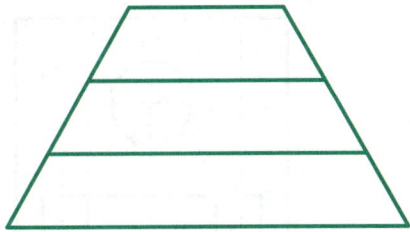 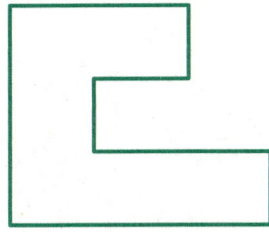

（22）

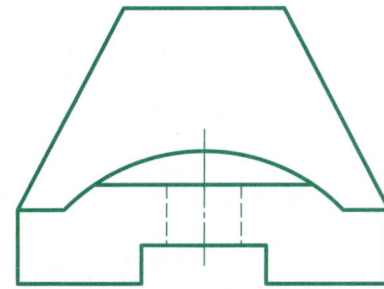

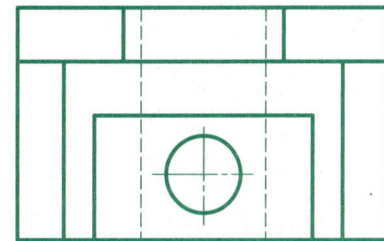

（23）

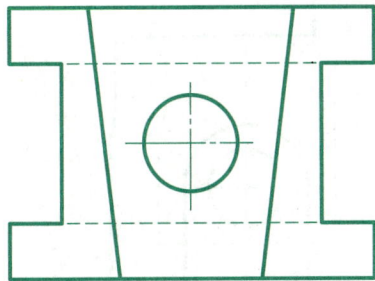 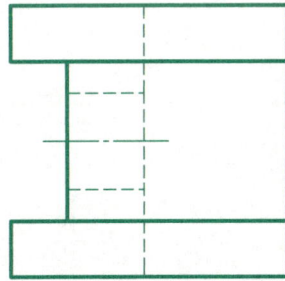

（24）

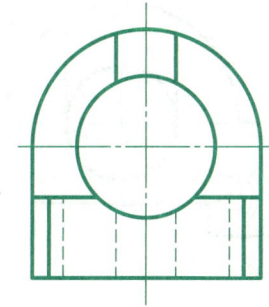

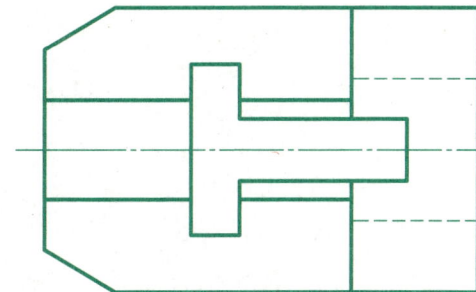

9. 已知两视图，补画第三视图（续）。

（25）

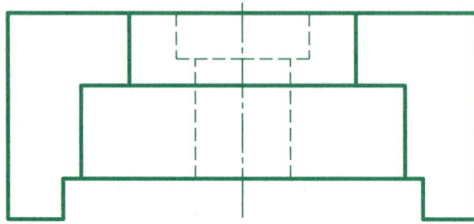

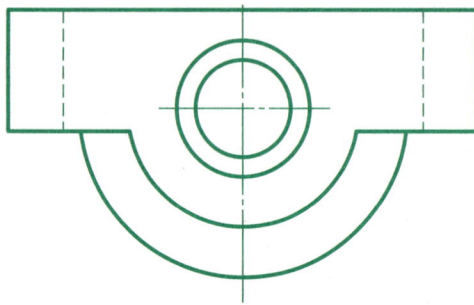

（26）

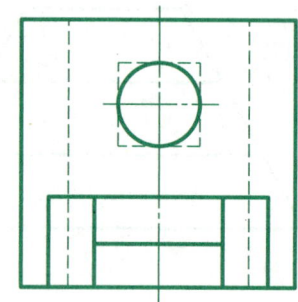

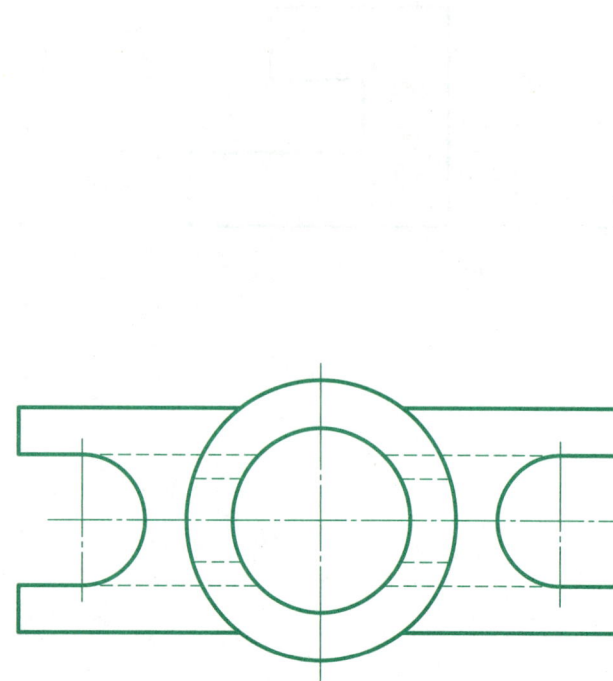

（27）

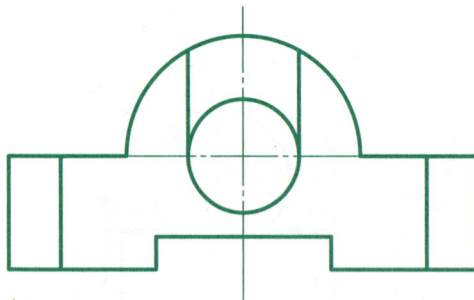

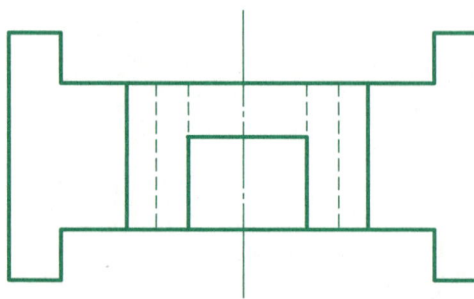

（28）

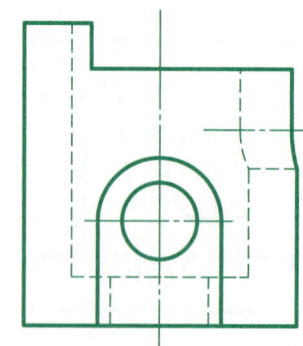

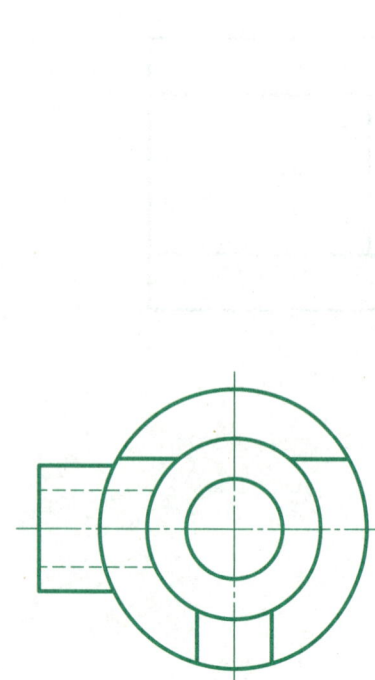

9. 已知两视图，补画第三视图（续）。

（29）*

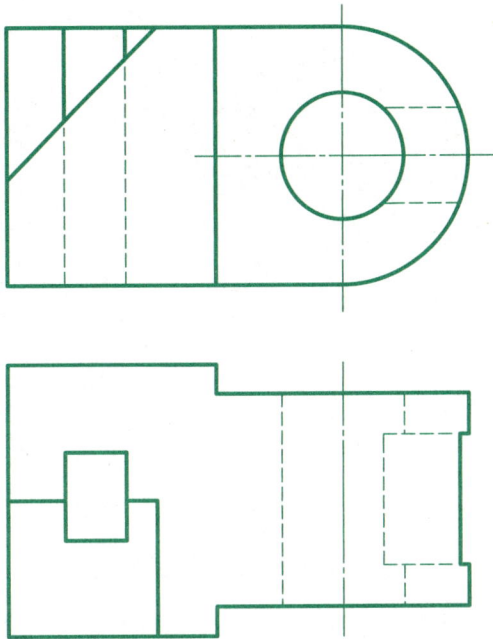

（30）*

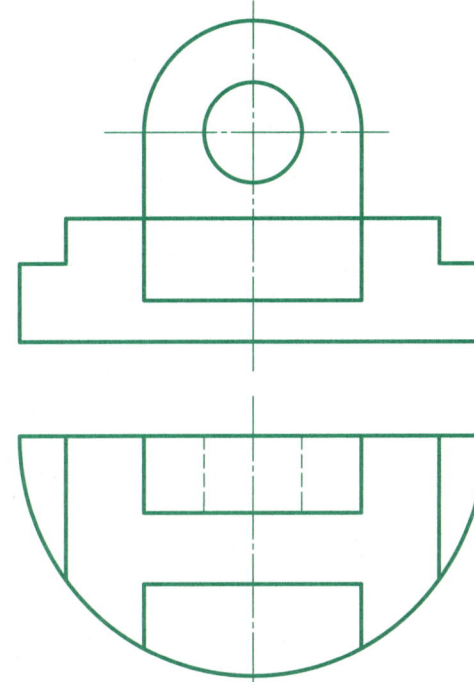

（31）*

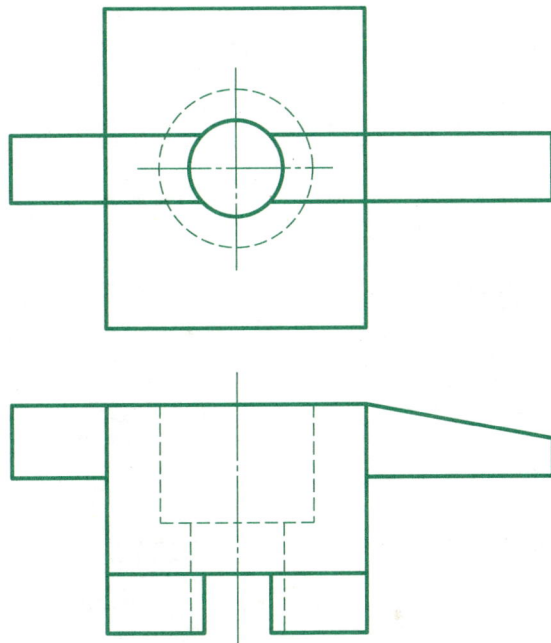

（32）*

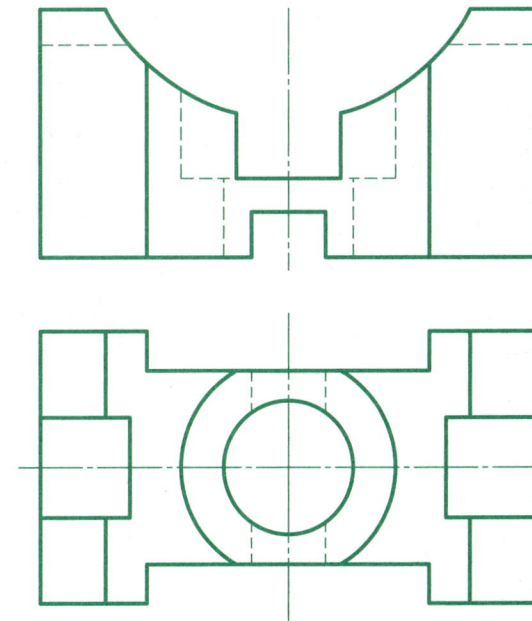

9. 已知两视图，补画第三视图（续）。

（33）*

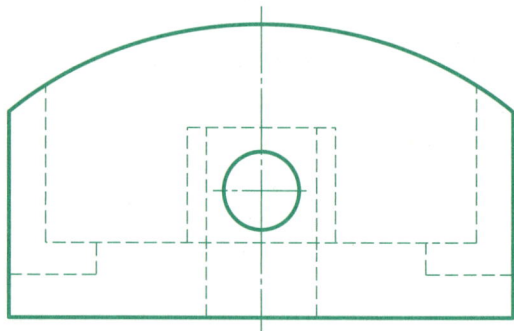

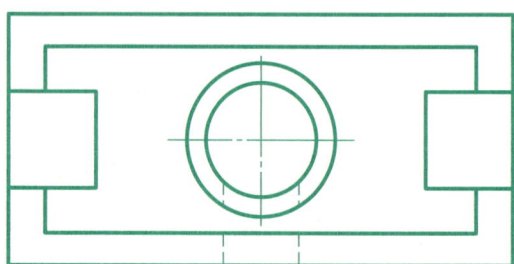

（34）*

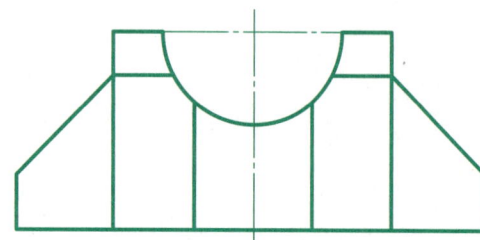

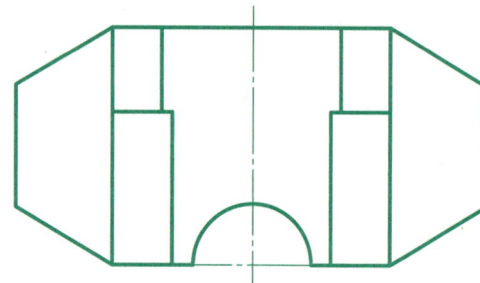

（35）*

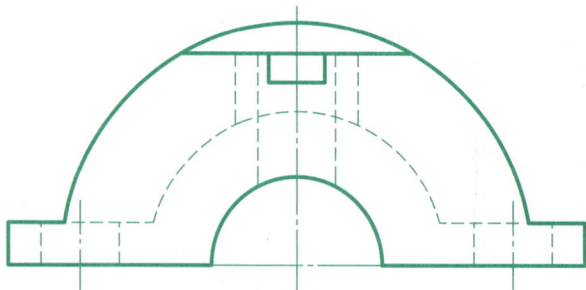

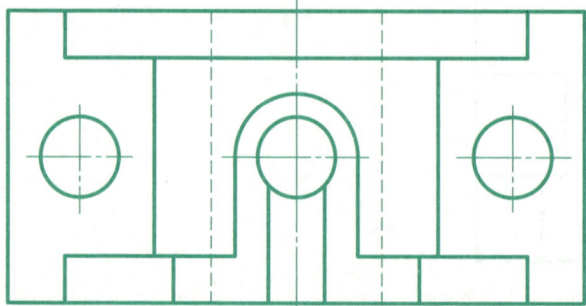

（36）*

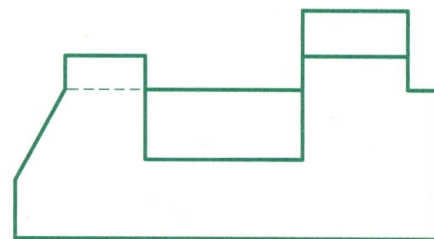

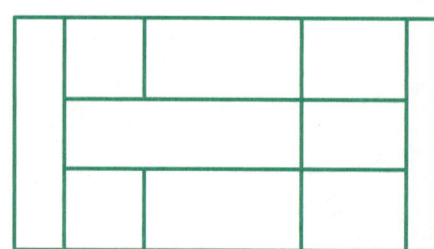

10. * 补齐三视图中缺漏的图线（注意观察下列形体结构的不同点）。

（1）

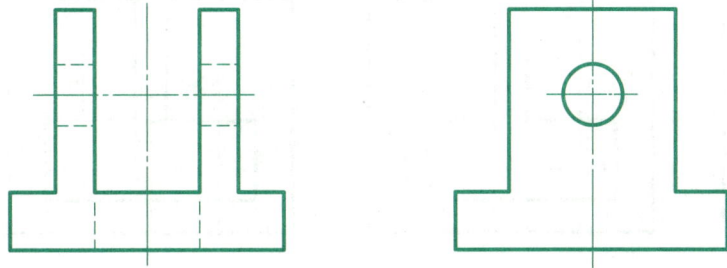

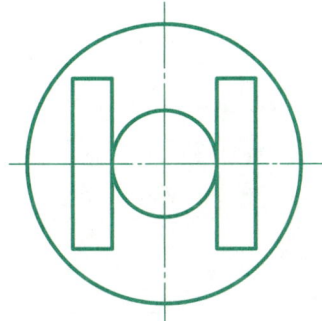

（2）

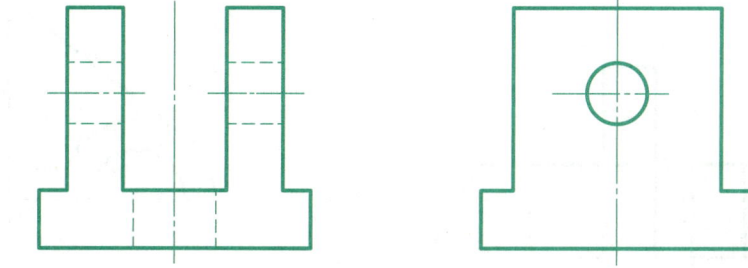

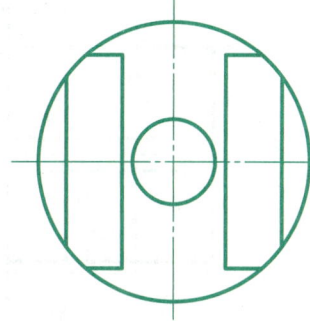

（3）

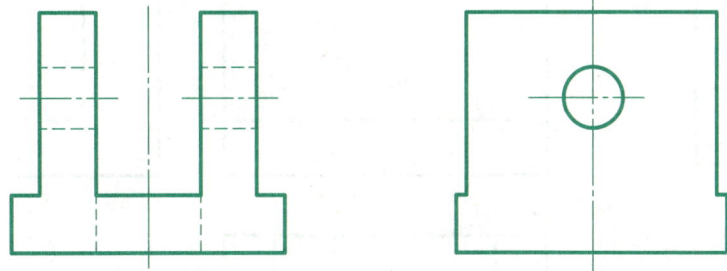

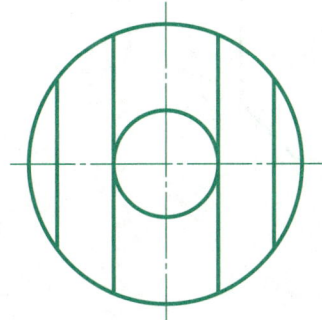

（4）

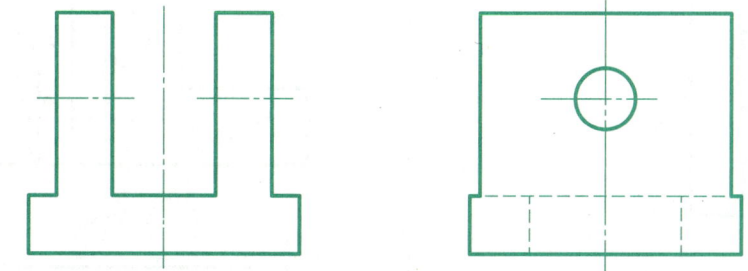

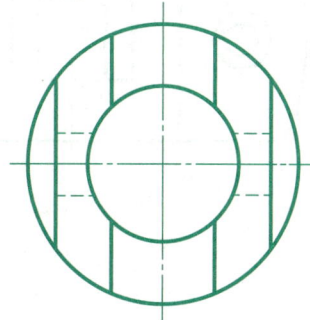

11. 选择正确的俯视图（　　）。

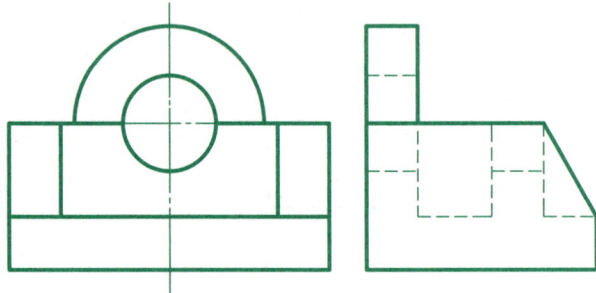

(A)

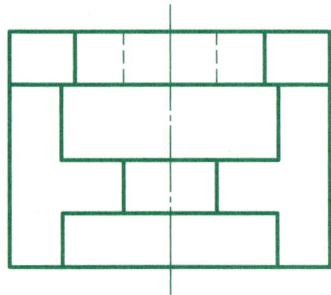

(B)

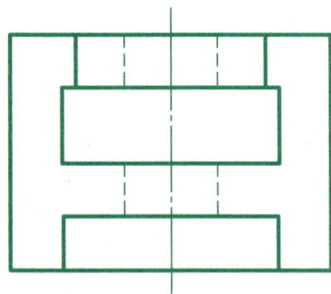

(C)

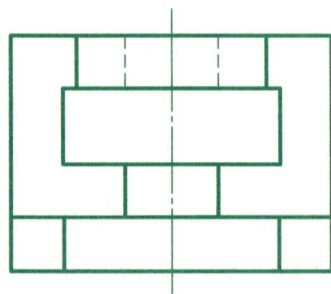

12. 选择正确的左视图（　　）。

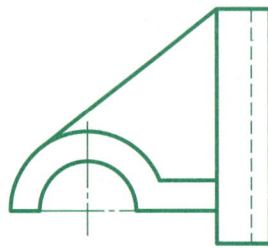

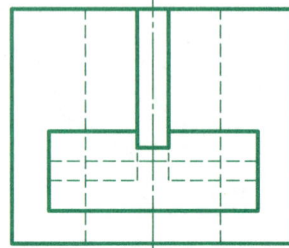
(A)

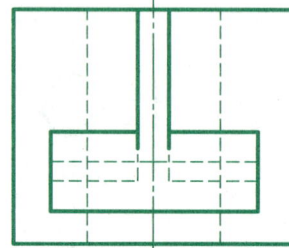
(B)

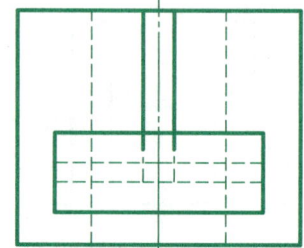
(C)

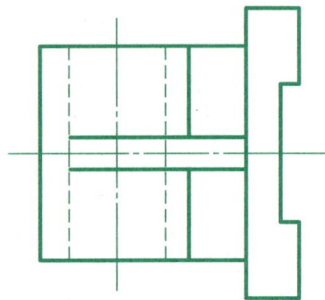

13. 补全主视图和左视图中缺漏的图线。

（1）

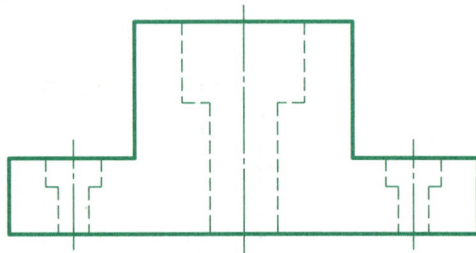

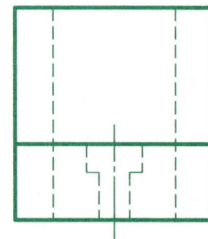

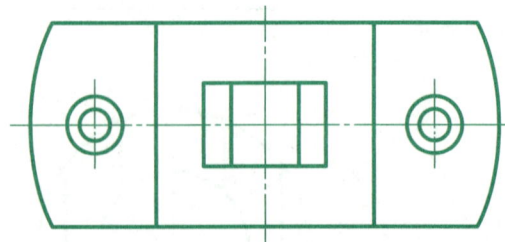

（2）

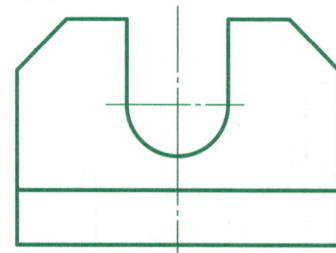

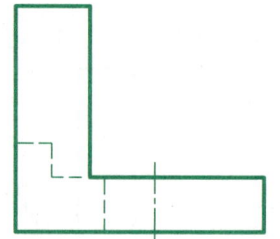

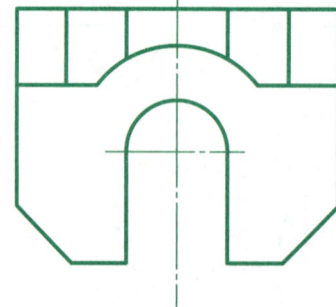

班级	学号	姓名

14. 根据给出的视图，构思物体的形状，并画出其左视图。

（1）

（2）

（3）

（4）

（5）
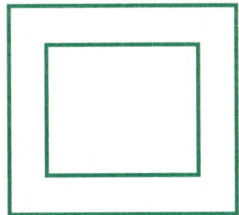
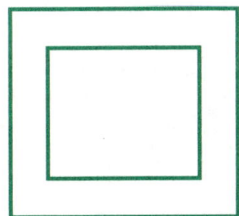

（6）
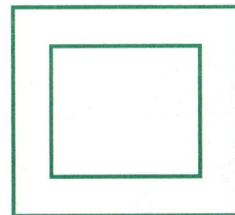
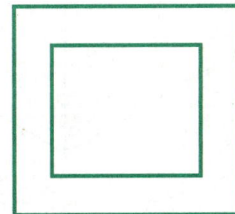

（7）
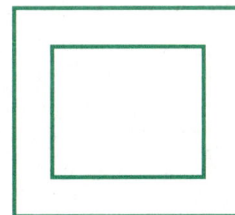
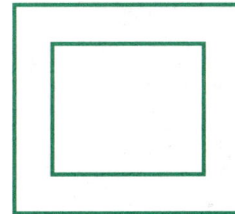

（8）
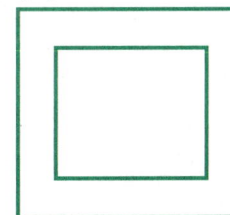
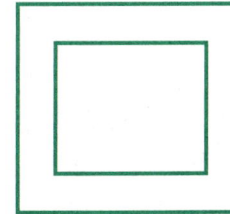

1. 根据视图画出物体的正等轴测图，尺寸从视图上按 1：1 的比例直接量取。

（1）

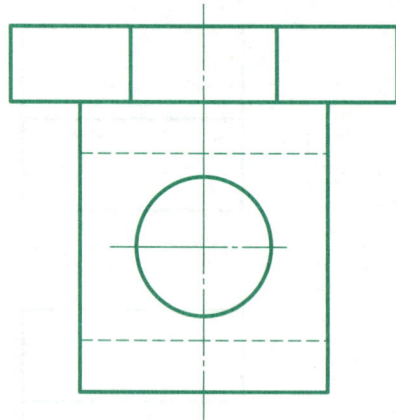

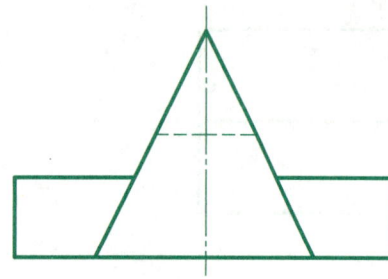
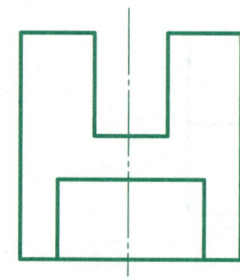

（2）

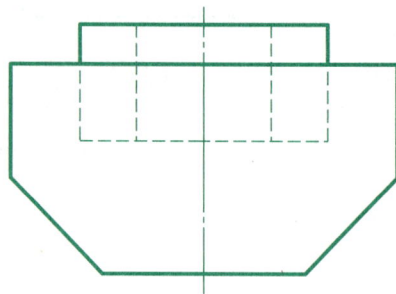

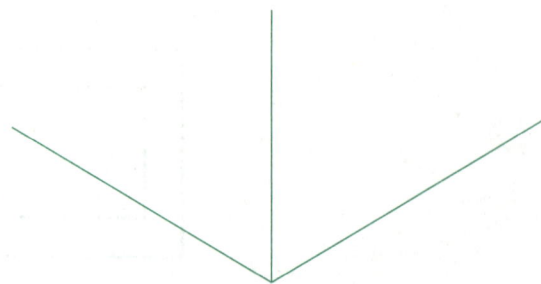

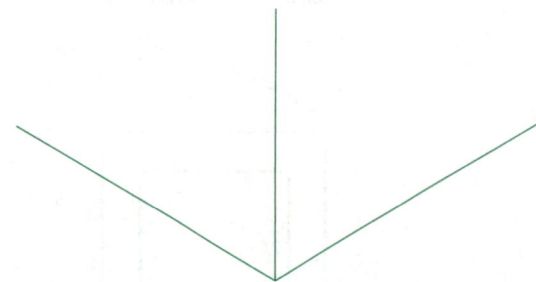

1. 根据视图画出物体的正等轴测图，尺寸从视图上按 1 : 1 的比例直接量取（续）。

（3）

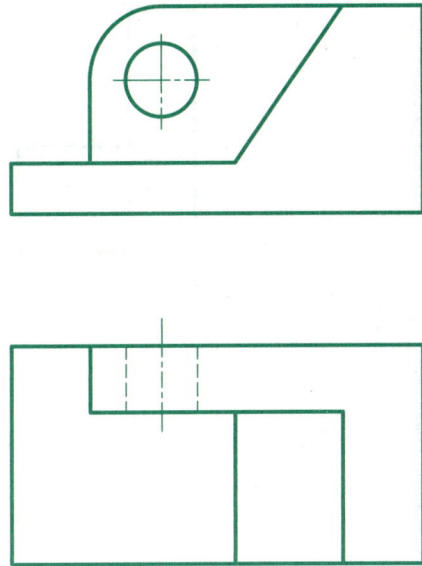

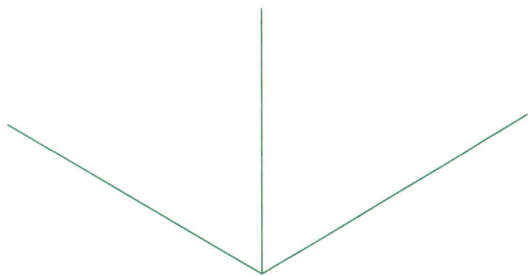

（4）

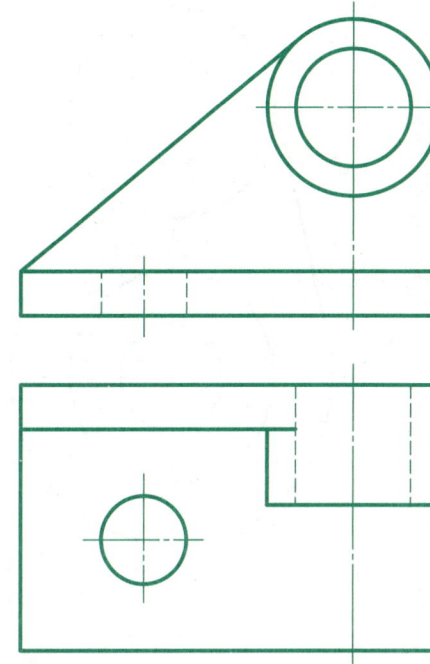

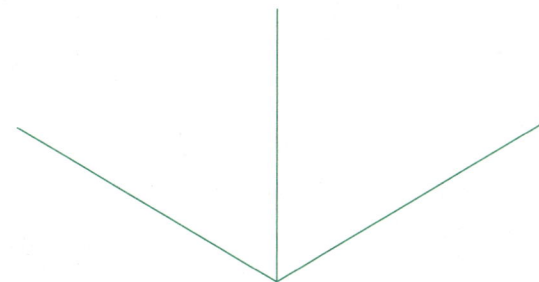

班级	学号	姓名

2. 根据视图画出立体的斜二轴测图，尺寸从视图上按 1 : 1 的比例从图中量取。

（1）

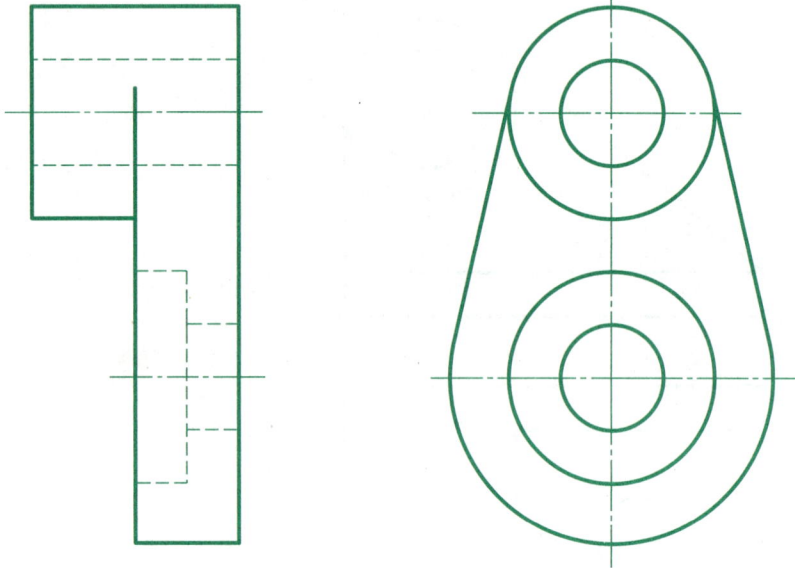

（2）

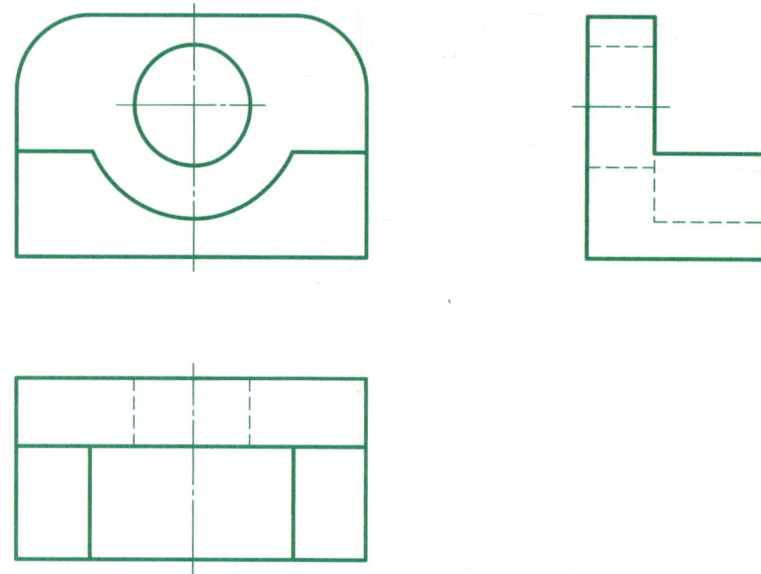

3. 根据轴测图在指定位置画出三视图和轴测剖视图。

（1）

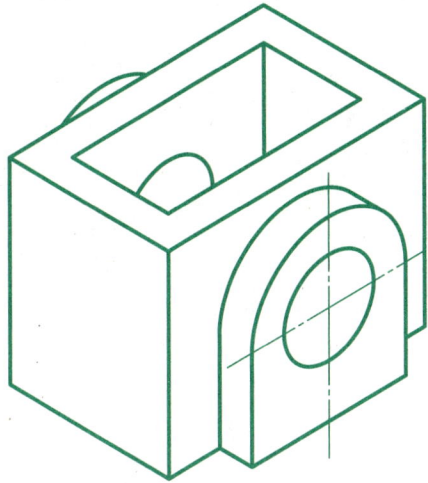

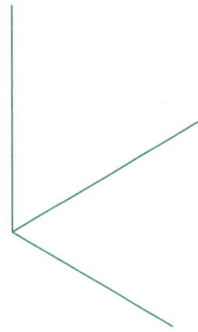

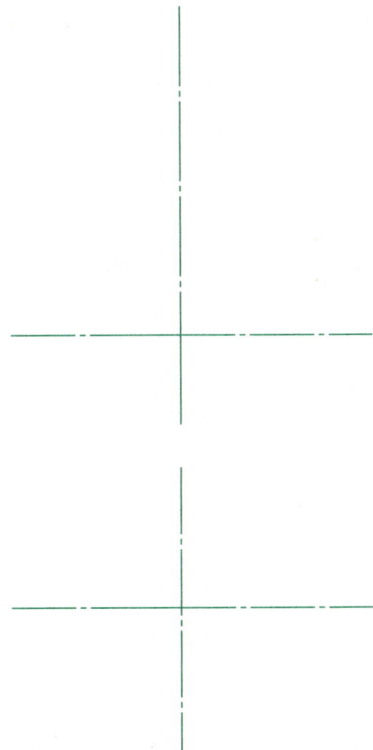

（2）

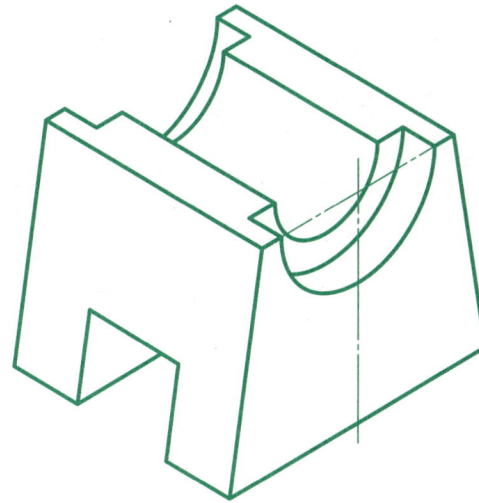

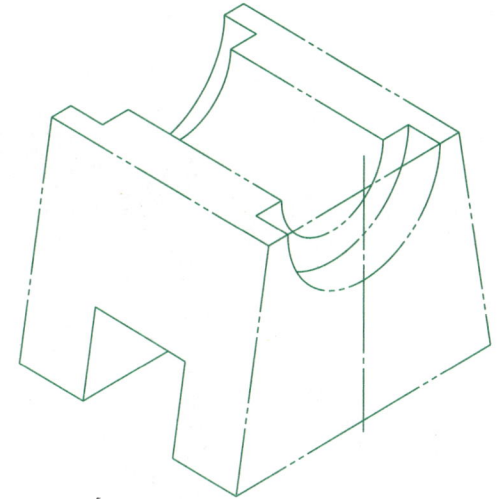

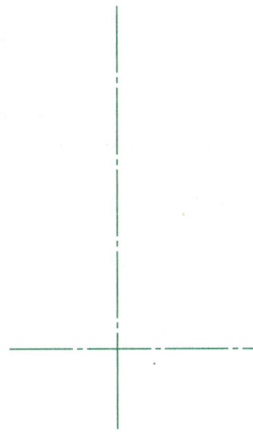

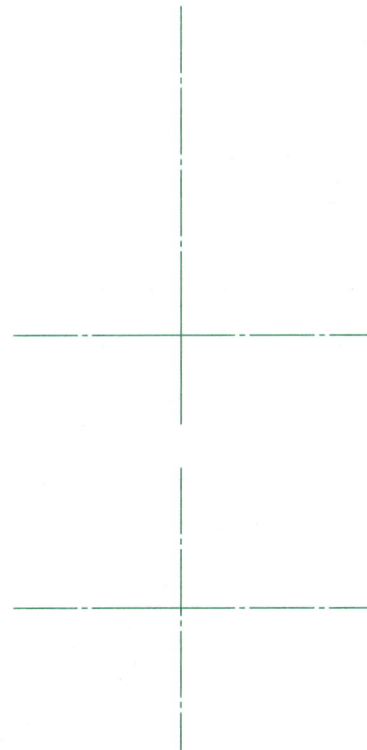

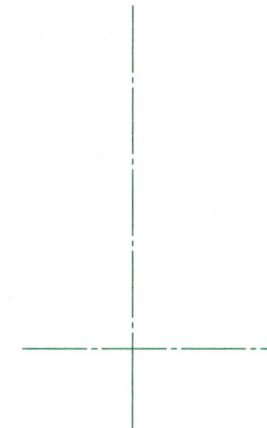

1. 根据主、俯、左视图，画出立体的仰视图、右视图和后视图。

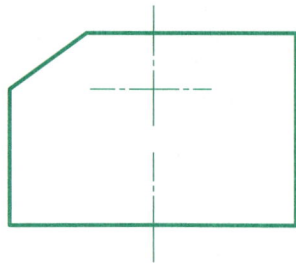

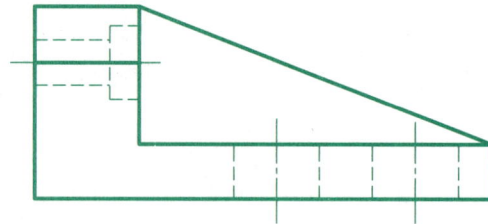

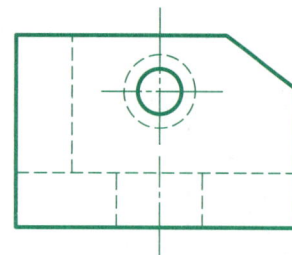

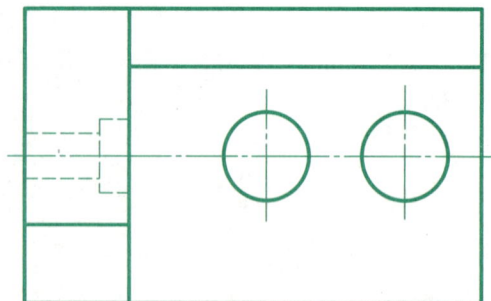

2. 画出 A 向斜视图和 B 向局部视图。

（1）

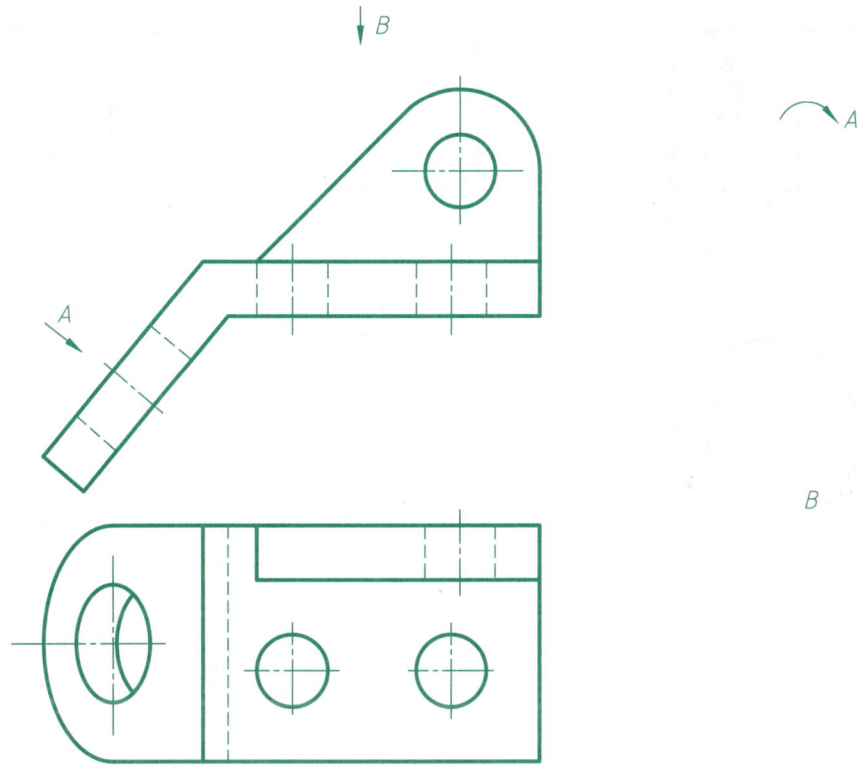

（2）

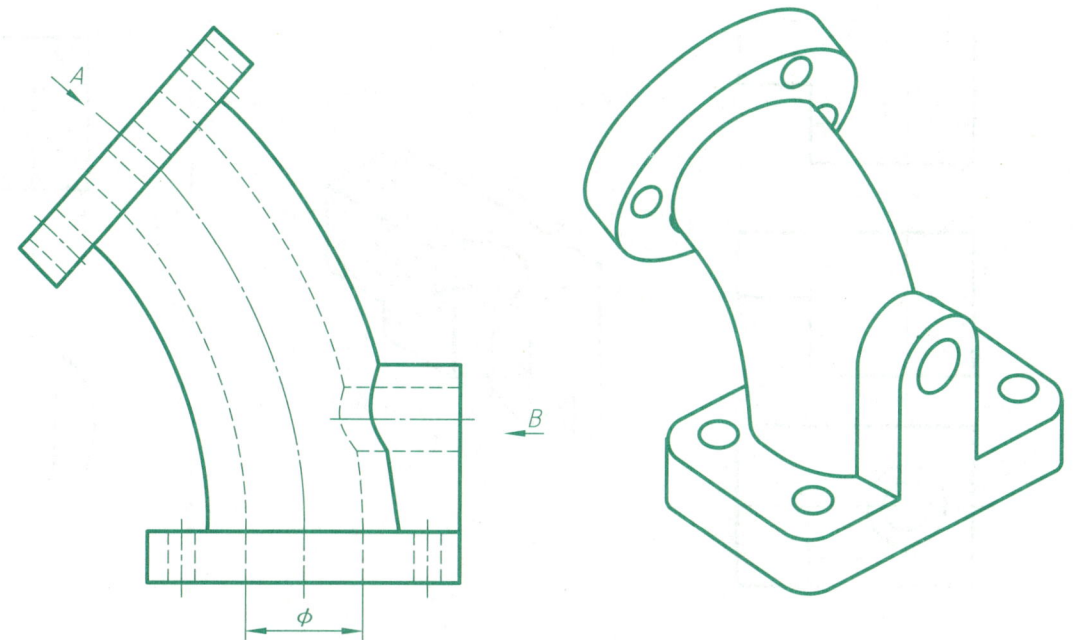

（3）

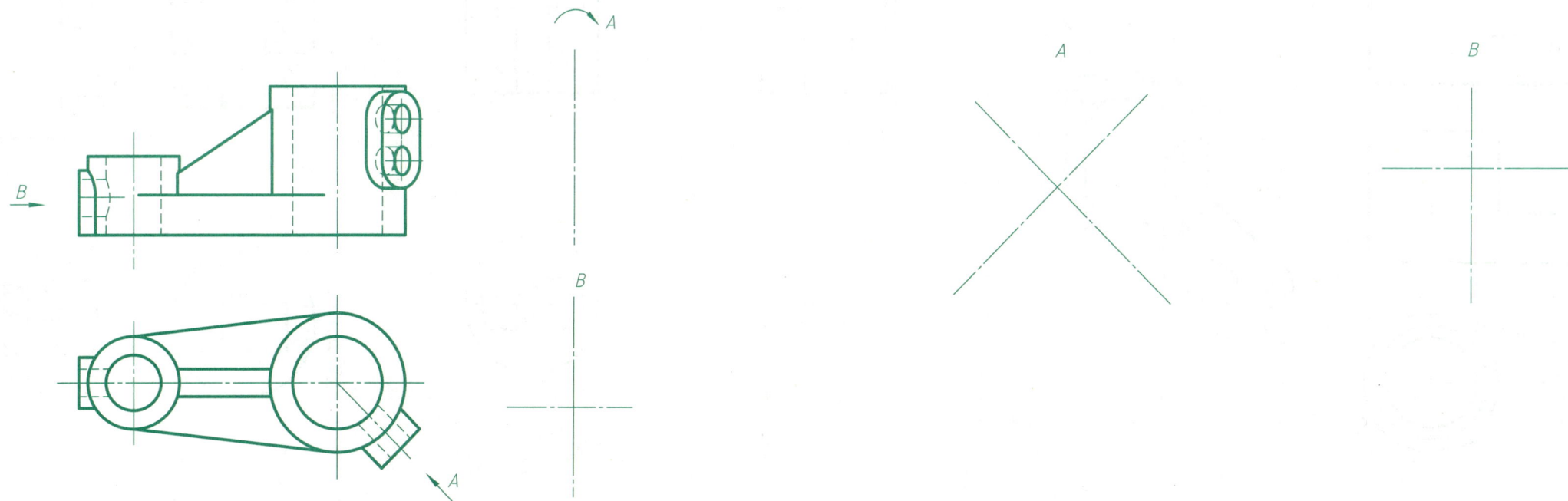

3. 对照轴测图将主视图改为全剖视图。

（1）

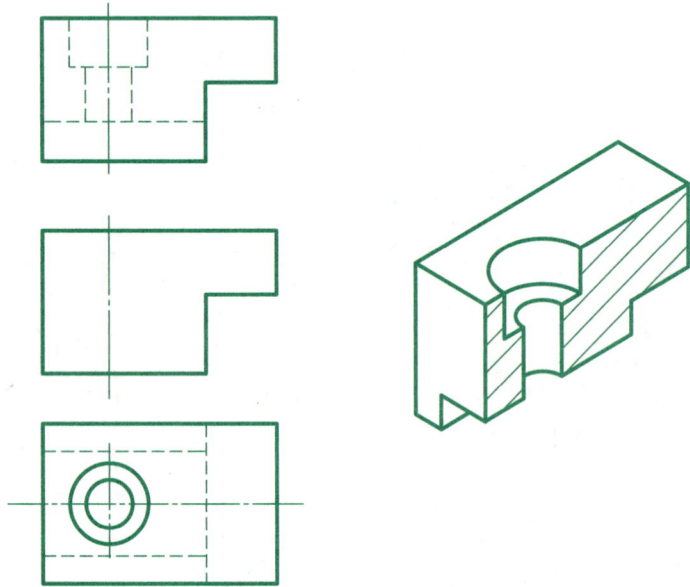

（2）

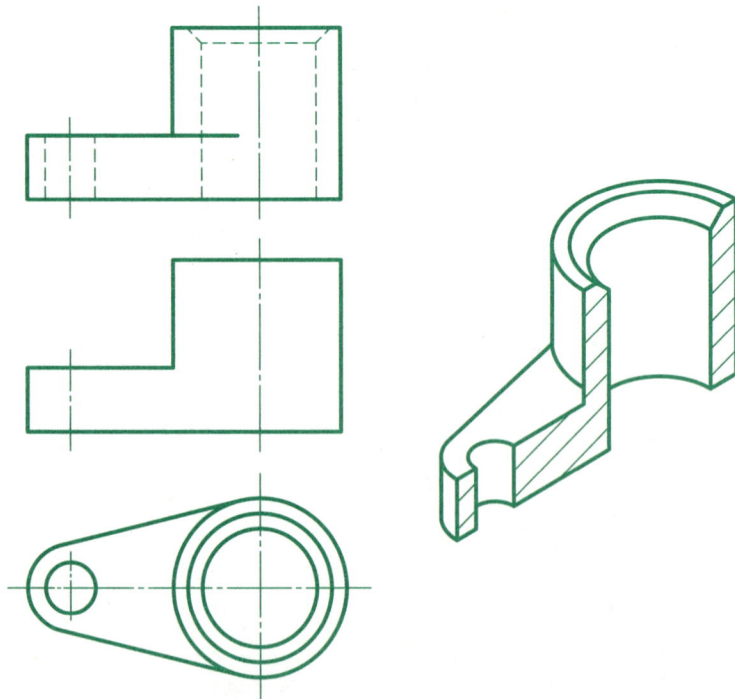

4. 补全下列剖视图中缺漏的图线。

（1）

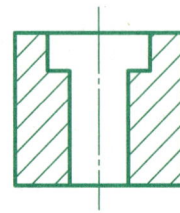

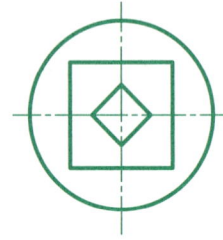

（2）

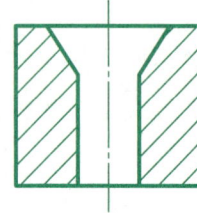

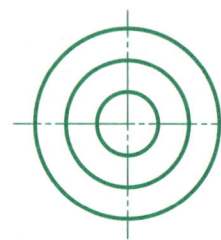

（3）

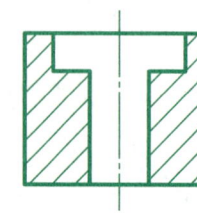

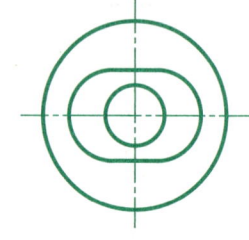

（4）

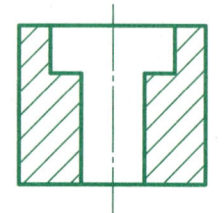

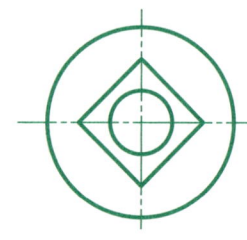

（5）

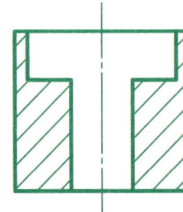

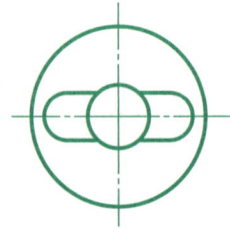

（6）

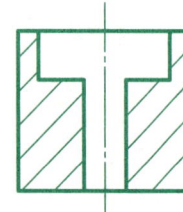

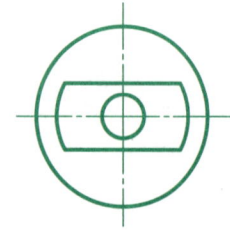

（7）

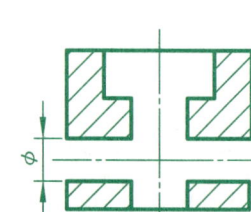

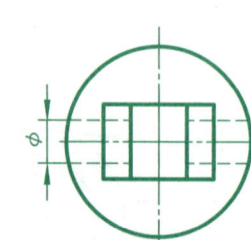

（8）

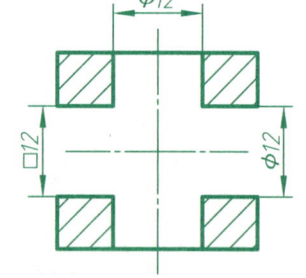

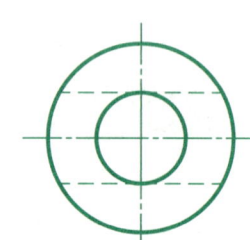

4. 补全下列剖视图中缺漏的图线（续）。

（9）

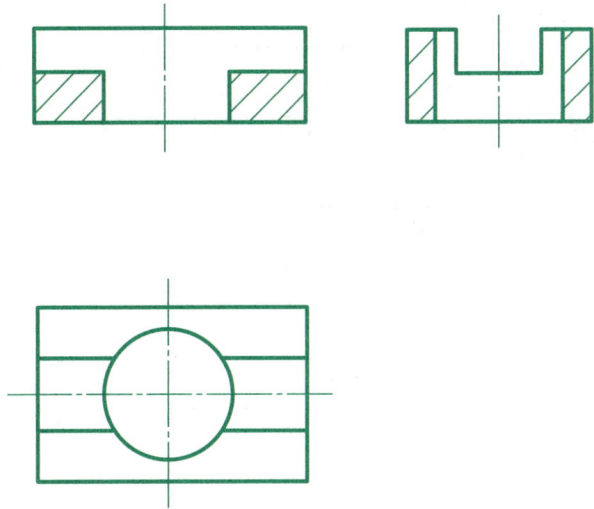

（10）

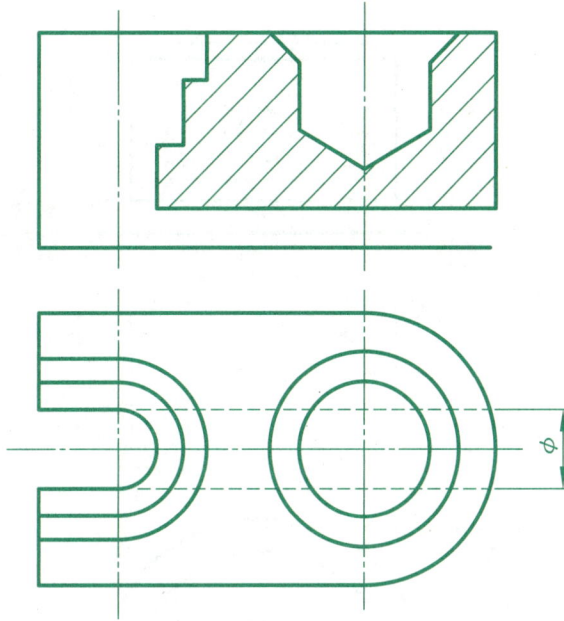

（11）

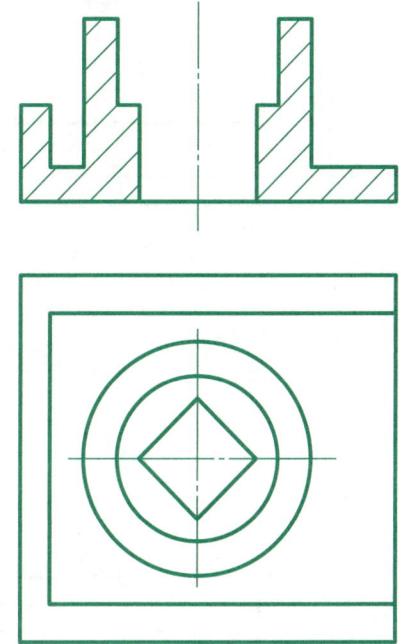

（12）

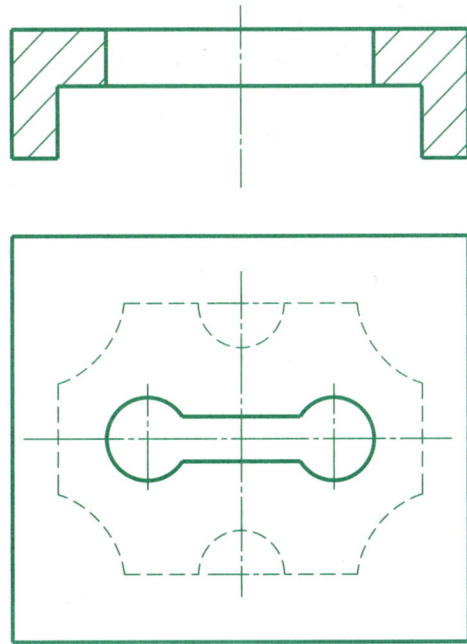

（13）

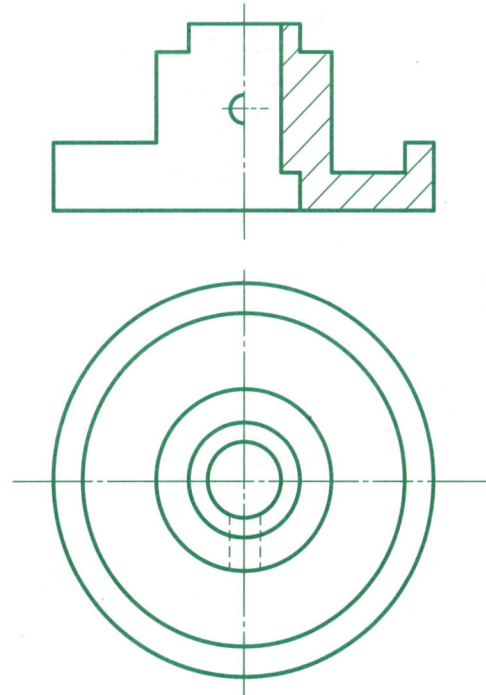

（14）

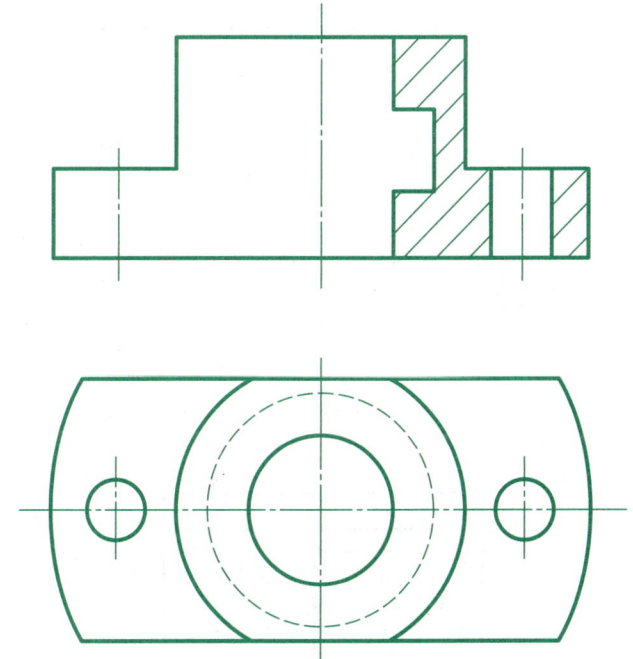

5. 将（1）~（3）题中的主视图改为全剖视图，在（4）、（5）题中作出全剖视的主视图。

（1）

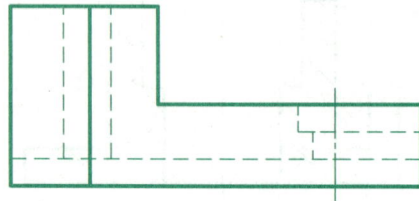

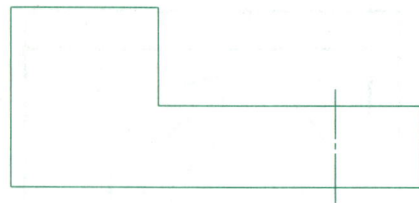

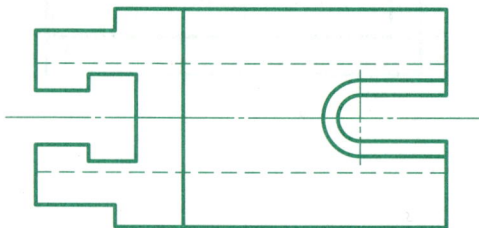

（2）

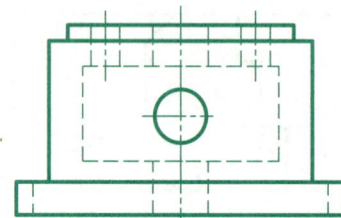

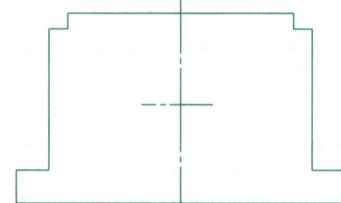

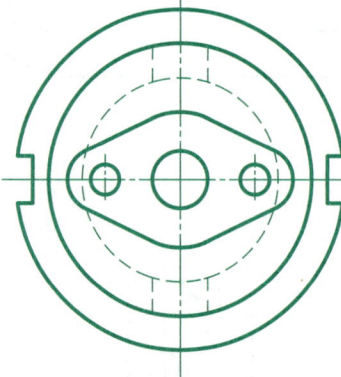

（3）

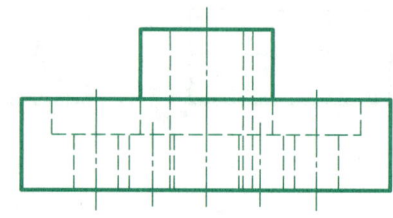

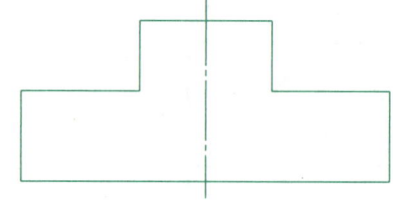

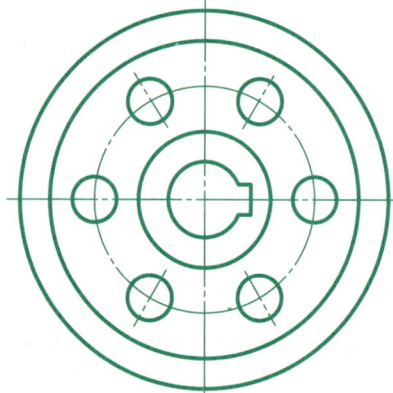

（4）

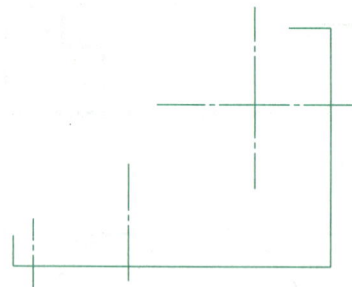

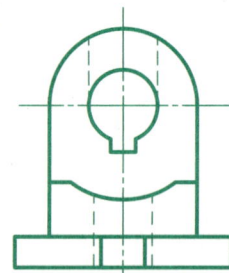

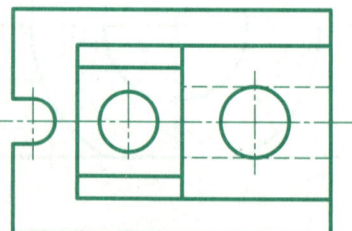

（5）

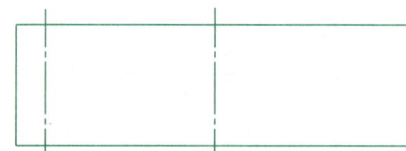 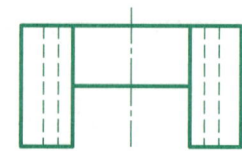

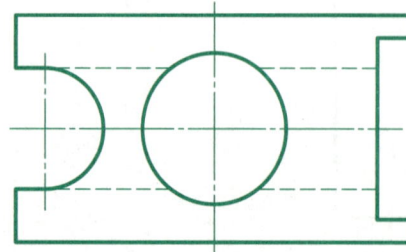

6. 画半剖视图，将（1）、（2）题中的主视图改为半剖视图，在（3）、（4）题中画出半剖视的主、左视图。

（1）

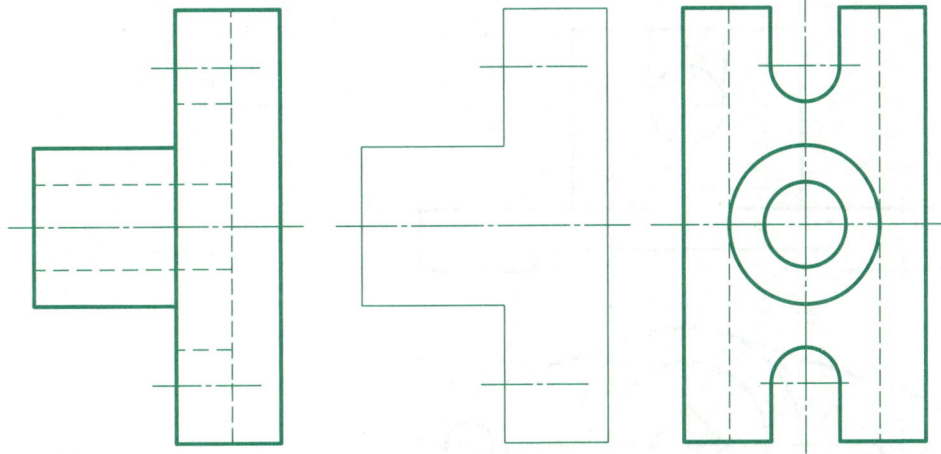

（2）

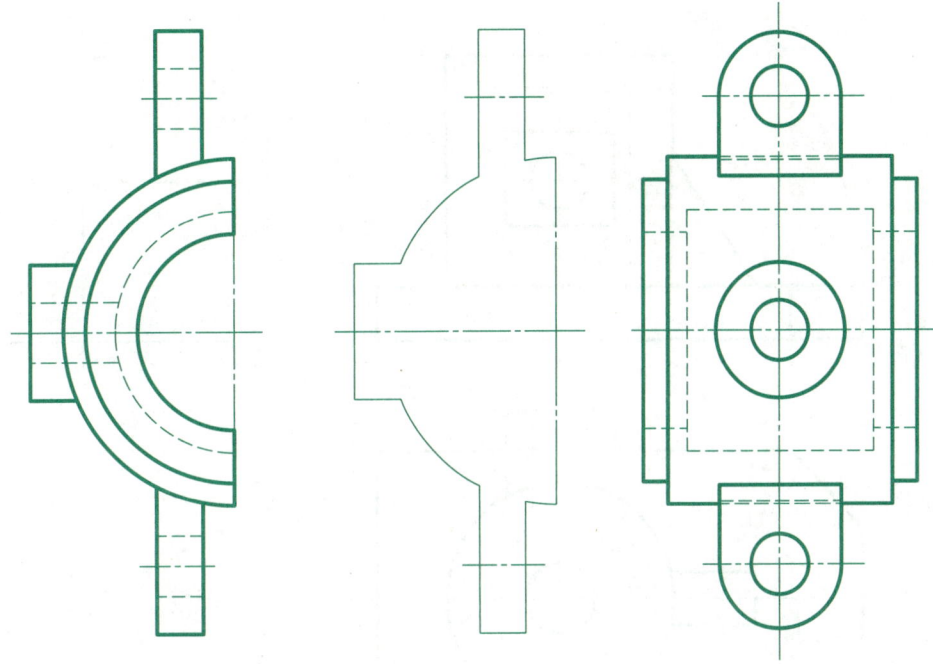

（3）

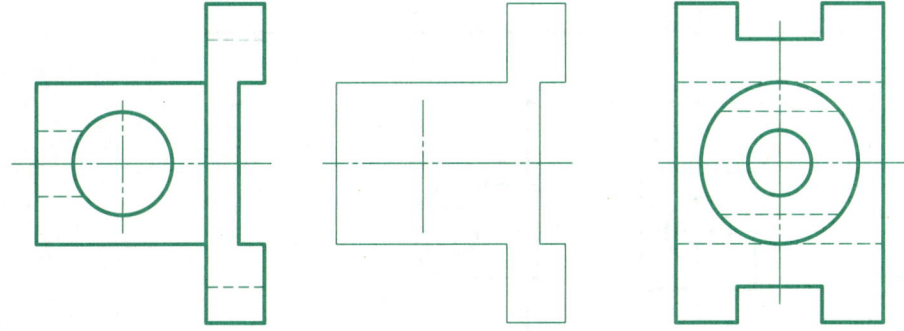

（4）

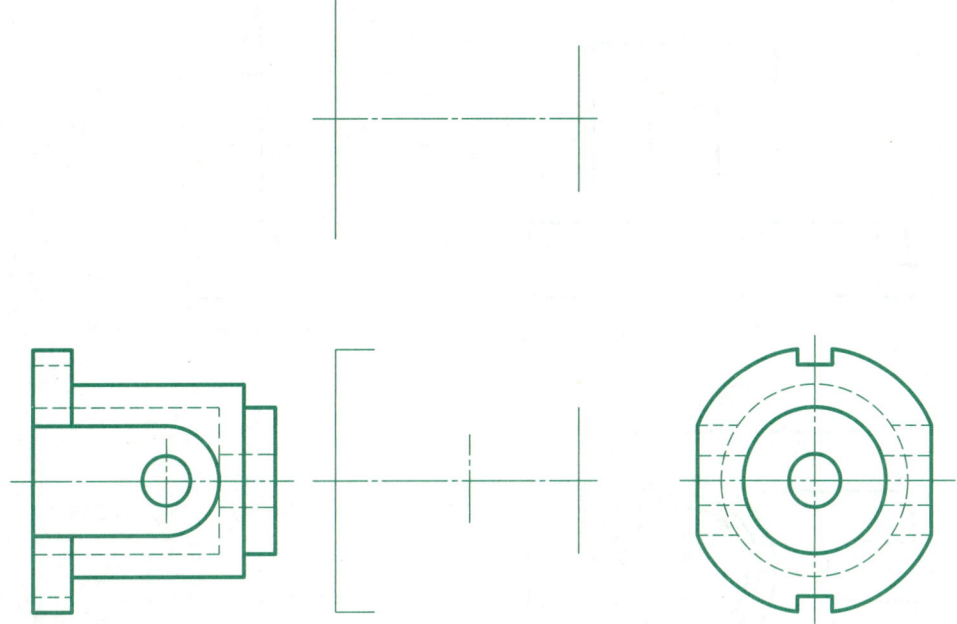

7. 根据主、俯视图作出半剖的左视图。

（1）

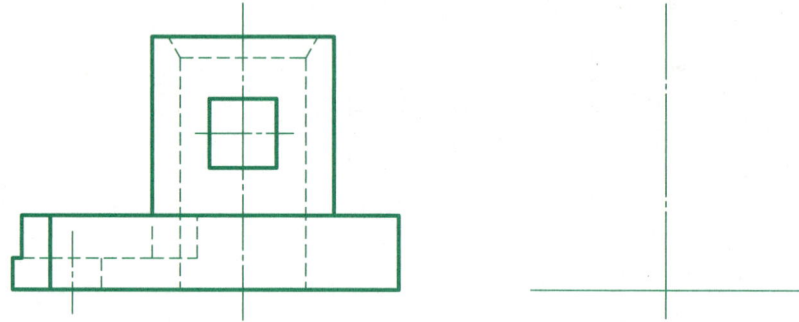

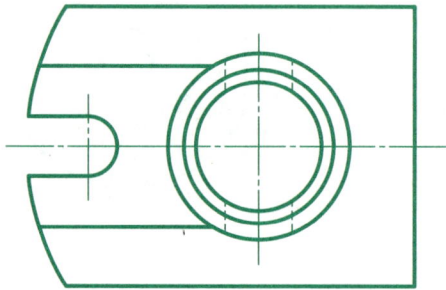

（2）

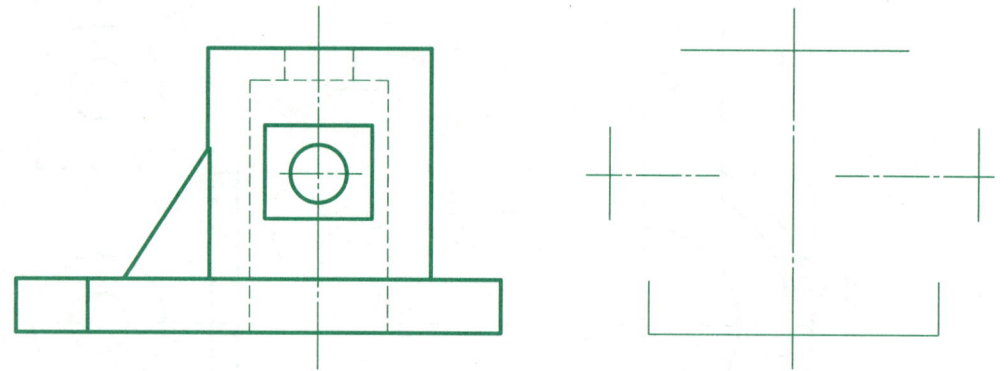

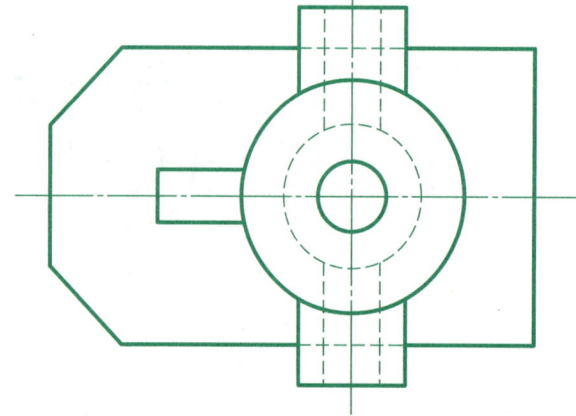

（3）

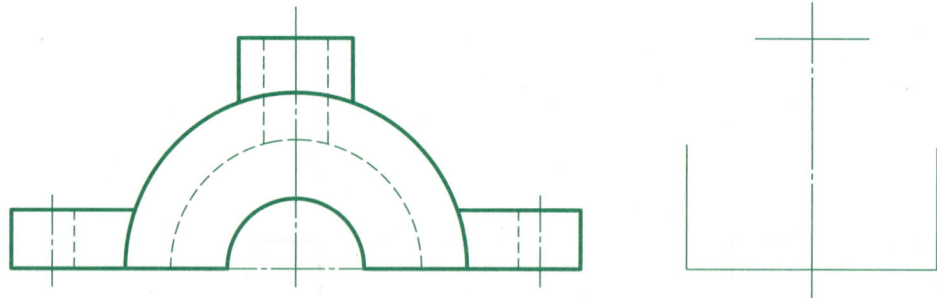

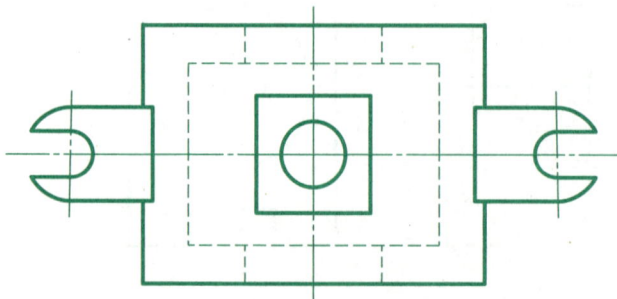

8. 根据主、俯视图作出全剖视的左视图。

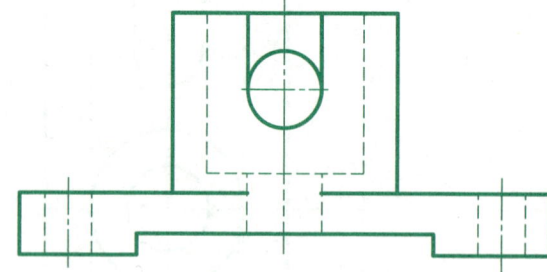

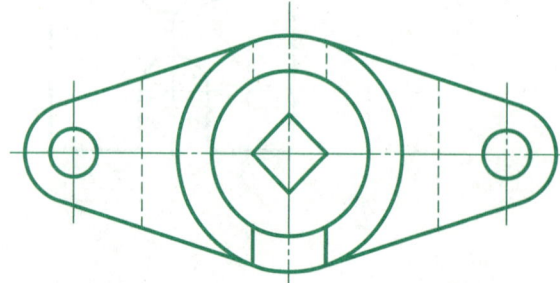

9.* 根据主、俯视图，作出半剖视的主、左视图。

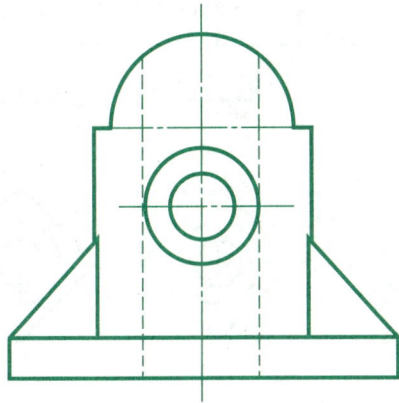

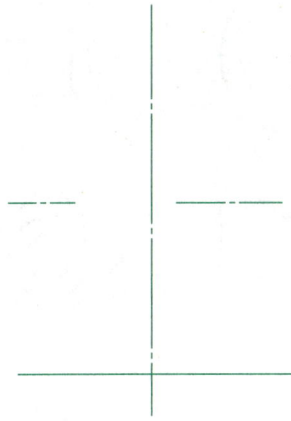

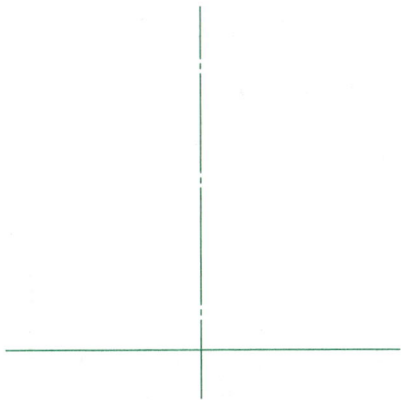

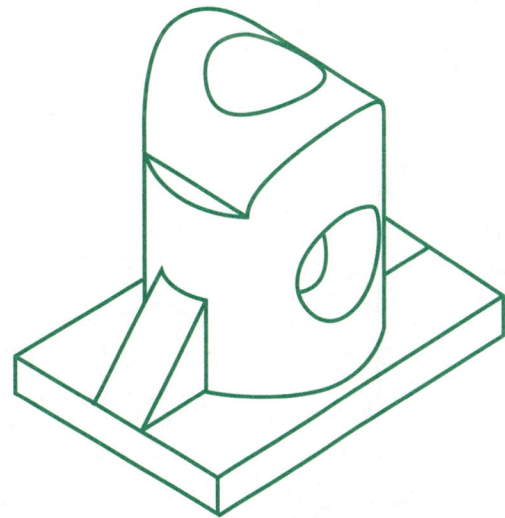

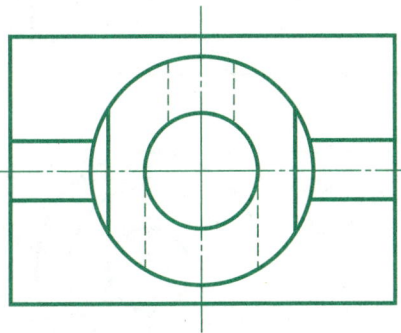

10.* 根据主、俯视图，作出全剖视的主视图和半剖视的左视图。

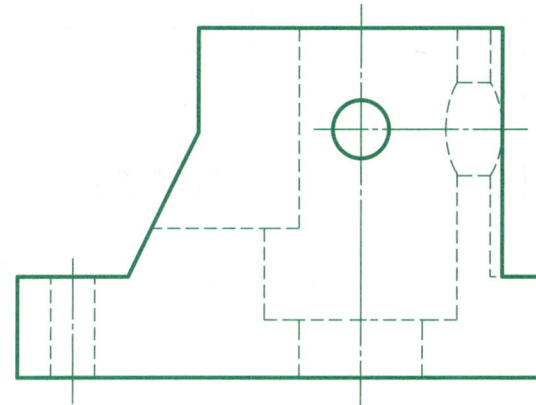

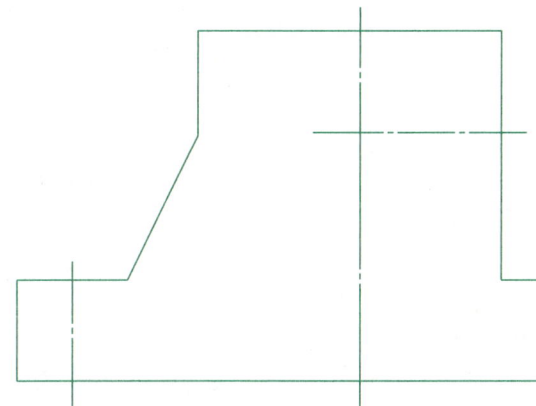

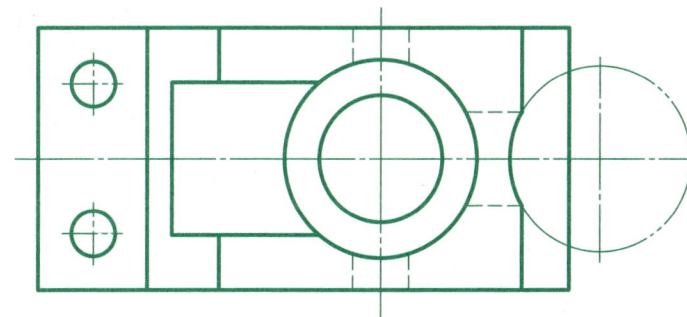

班级	学号	姓名

11. 改正局部剖视图中的错误（在不要的线上打"×"）。

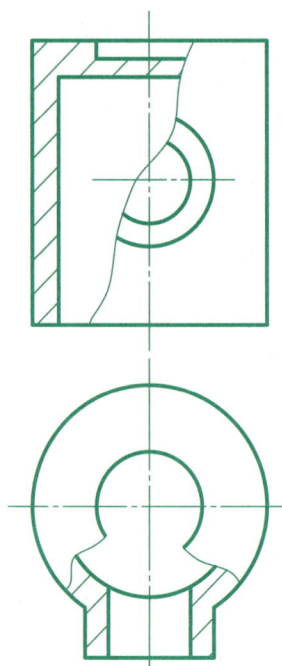

12. 选择题。

（1）将不正确的剖视图填入括号中（　　）。

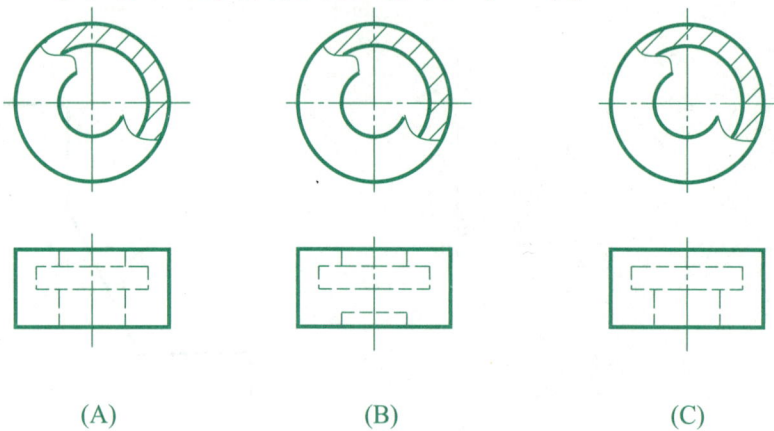

(A)　　　　　　　(B)　　　　　　　(C)

（2）将正确的剖视图填入括号中（　　）。

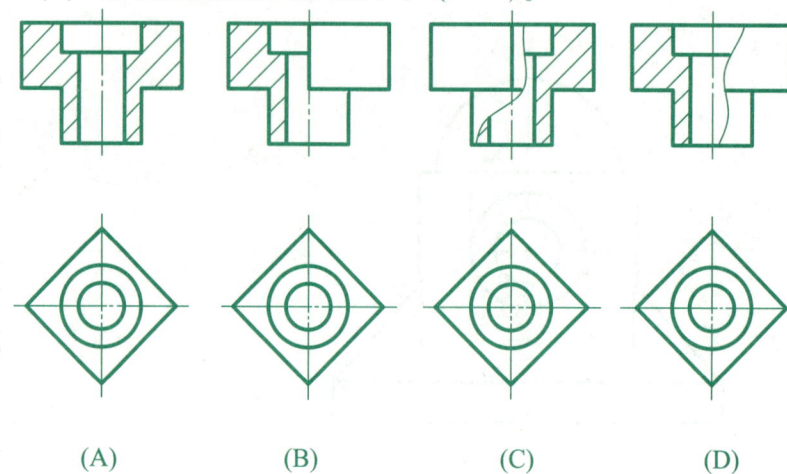

(A)　　　　　(B)　　　　　(C)　　　　　(D)

13. 将主、俯视图画成局部剖视图（在不要的线上打"×"）。

（1）

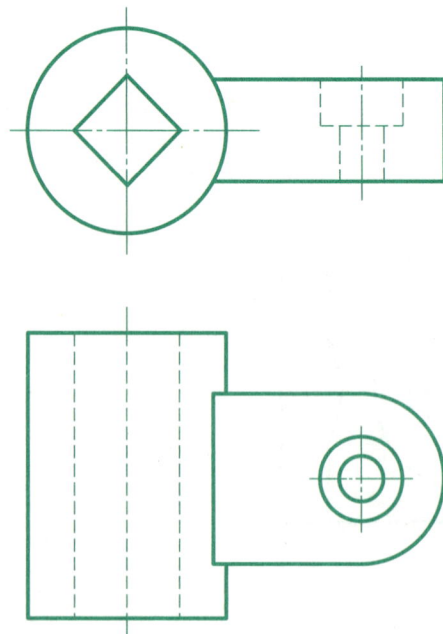

（2）

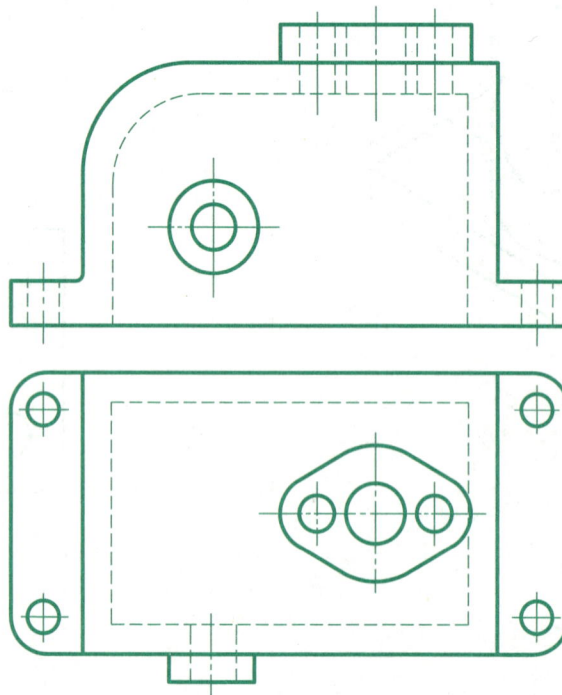

（3）

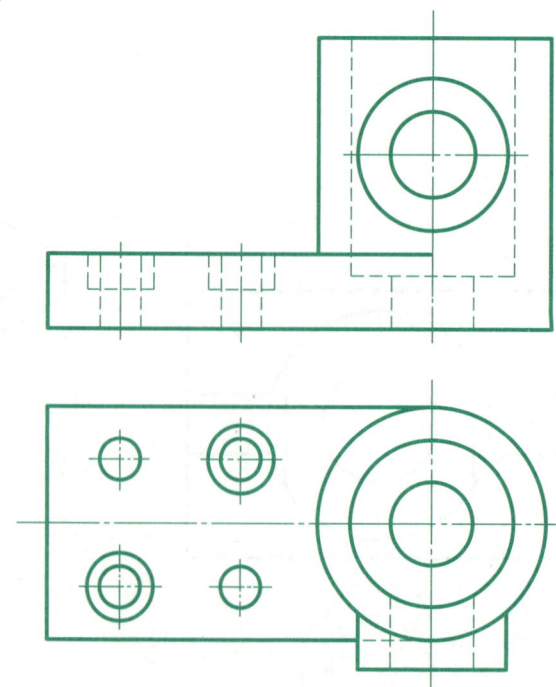

14. 采用几个相交的剖切平面剖切，在指定位置将机件的主视图画成全剖视图，并标注。

（1）

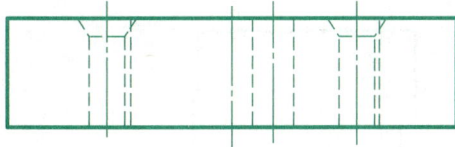

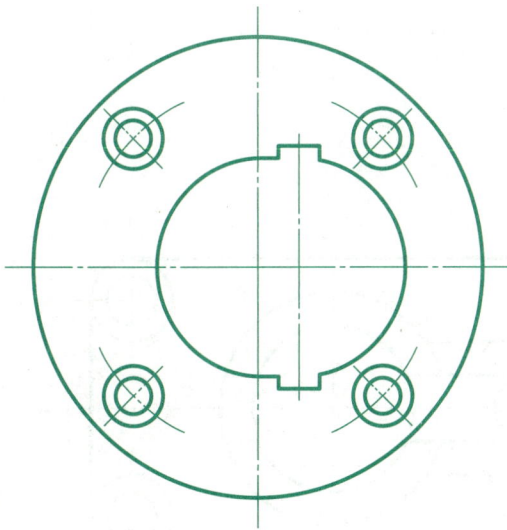

（2）

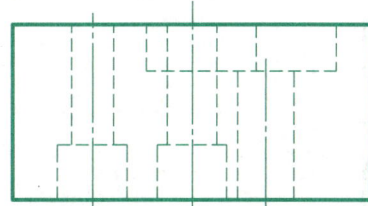

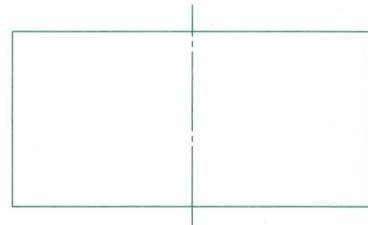

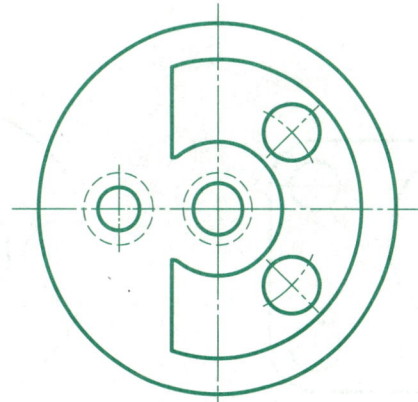

（3）

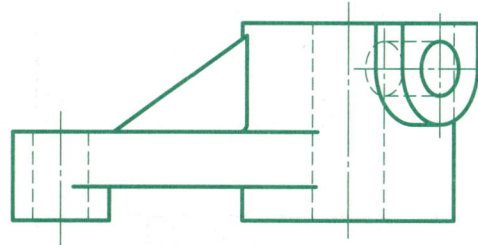

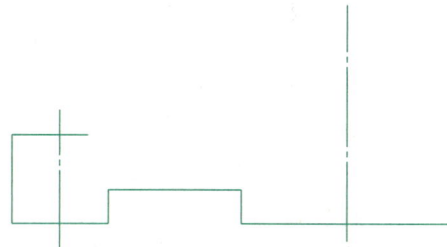

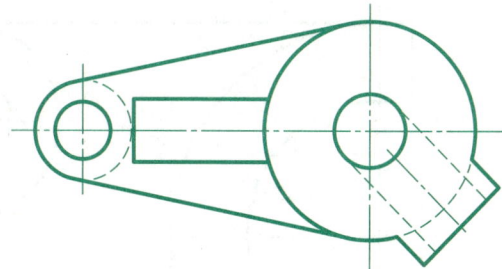

（4）

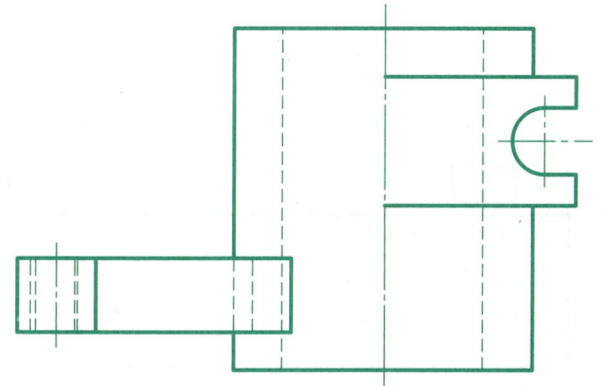

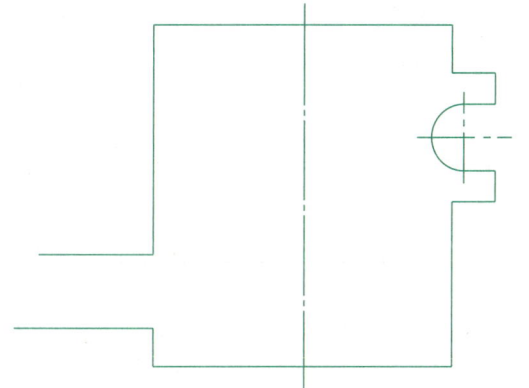

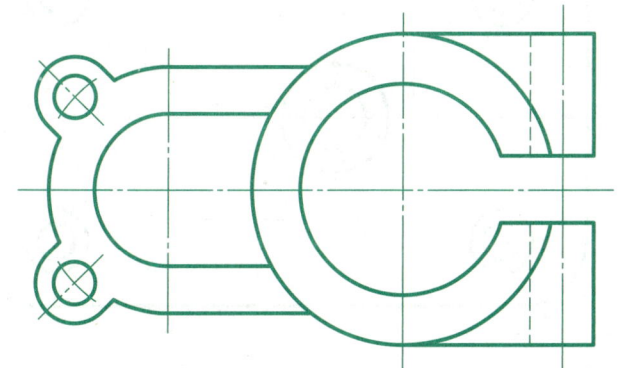

班级	学号	姓名

15. 采用平行的剖切平面剖切，在指定位置将机件的主视图画成全剖视图，并标注。

（1）

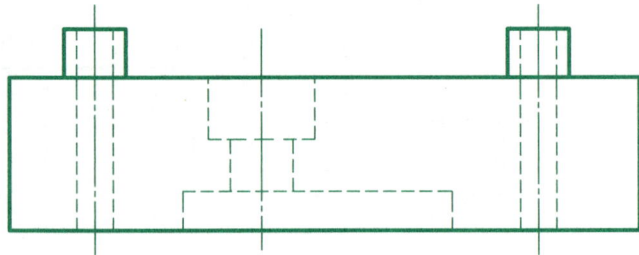

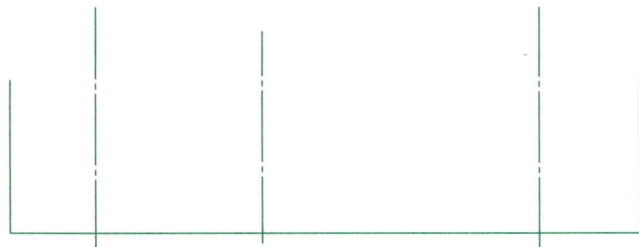

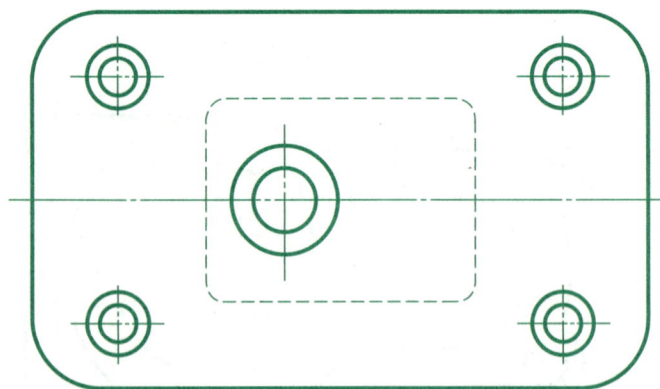

（2）

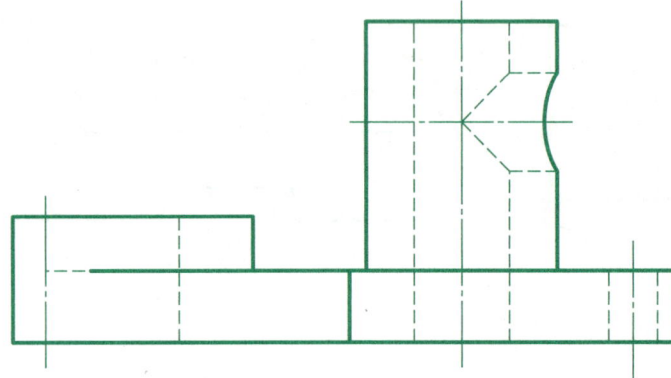

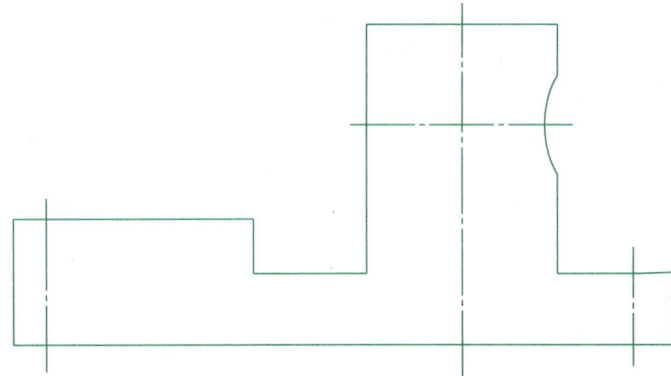

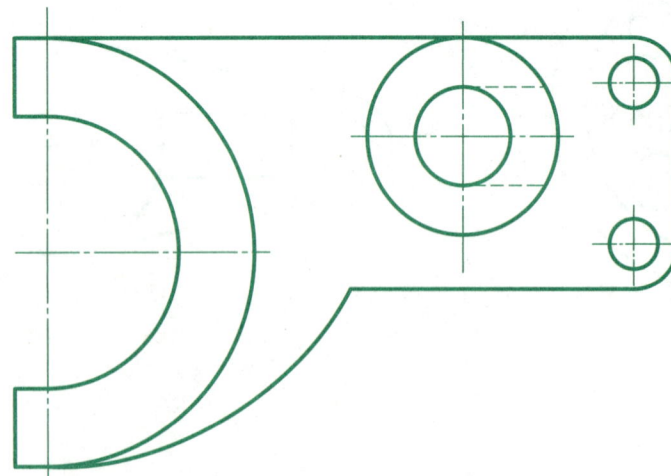

（3）

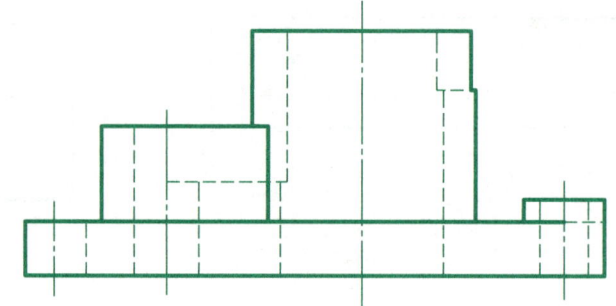

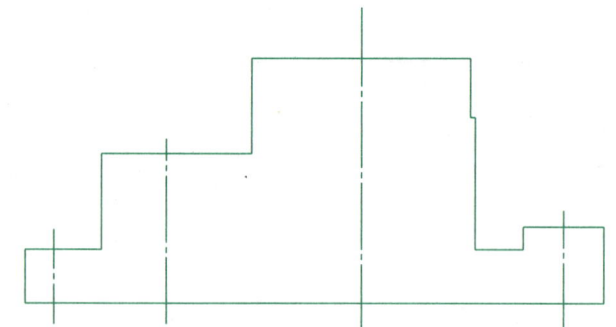

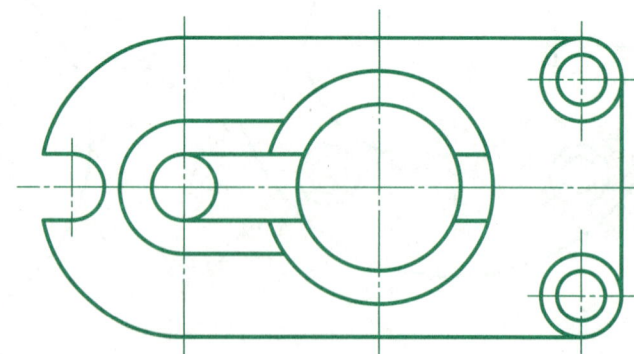

16. 在指定位置作 A—A 剖视图。
（1）
（2）

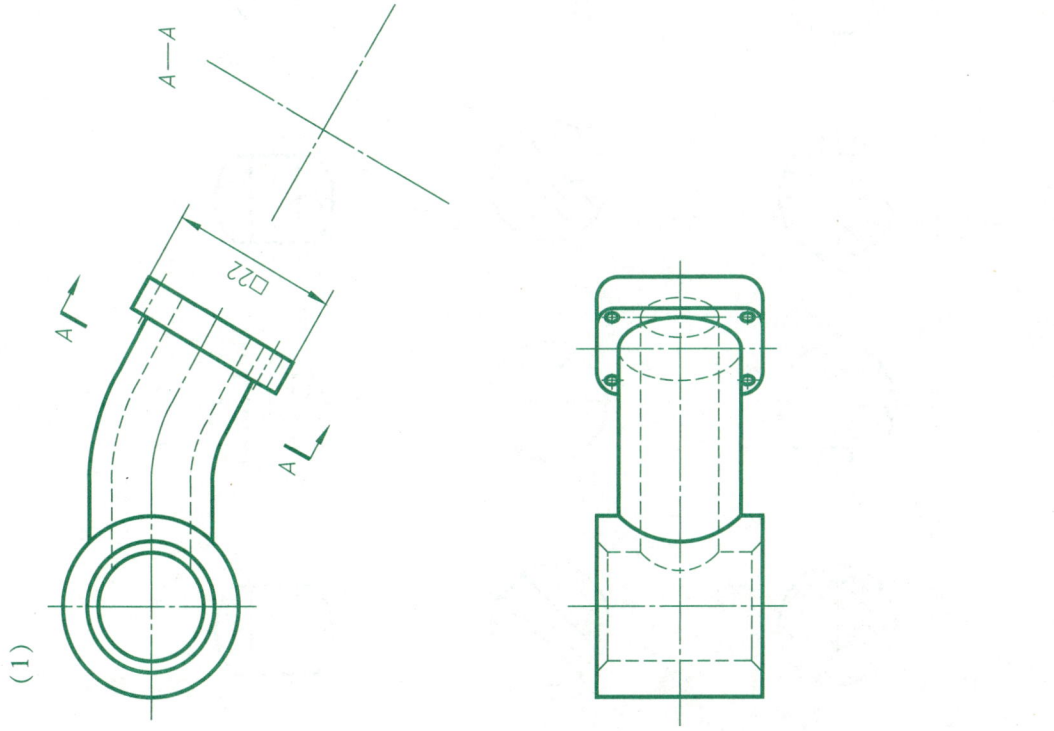

17. 在指定位置将主视图画成全剖视图。
（1）
（2）

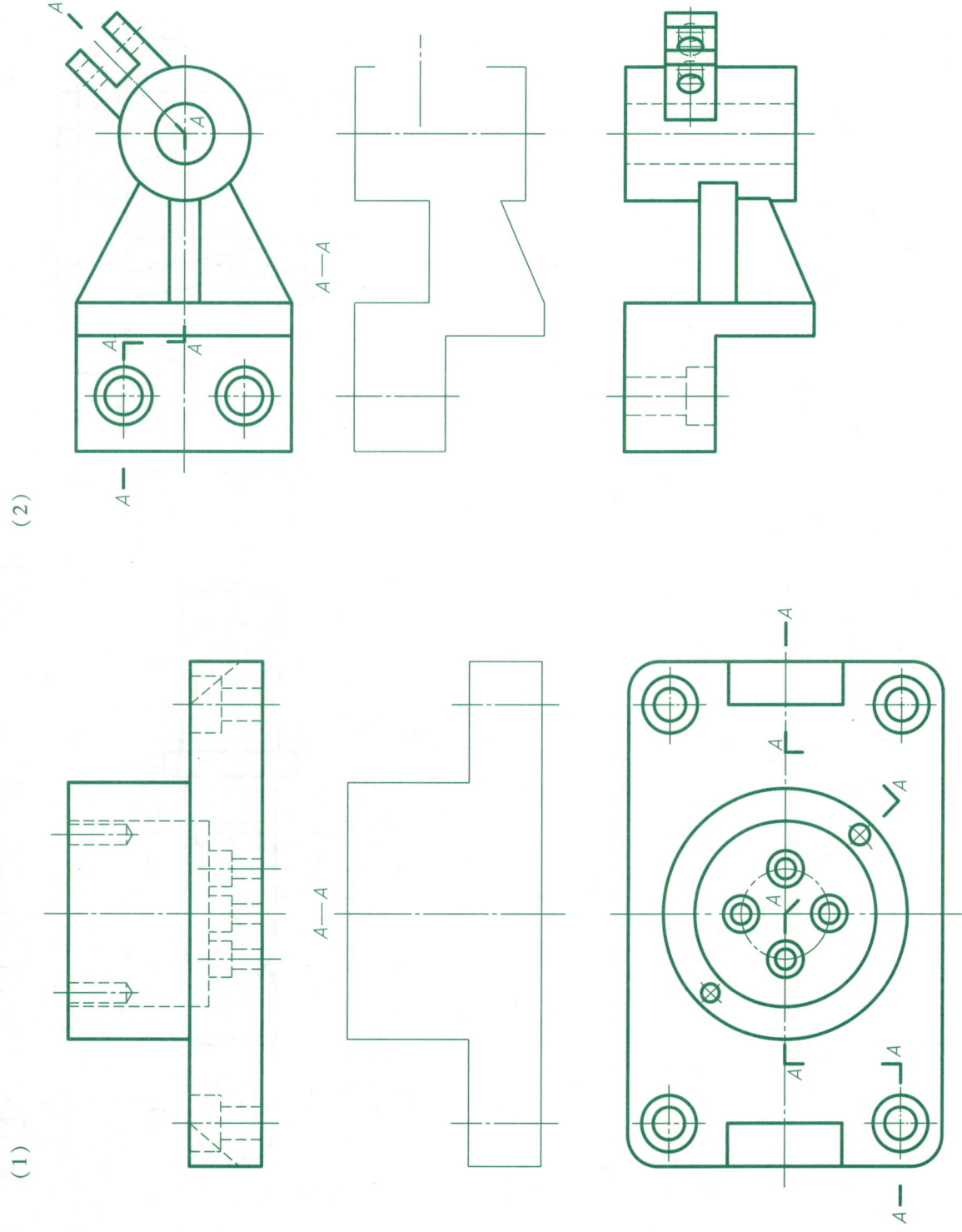

18. 作出指定位置的移出断面图和放大比例为 2：1 的局部放大图，原图比例为 1：1（平键键槽深 4mm）。

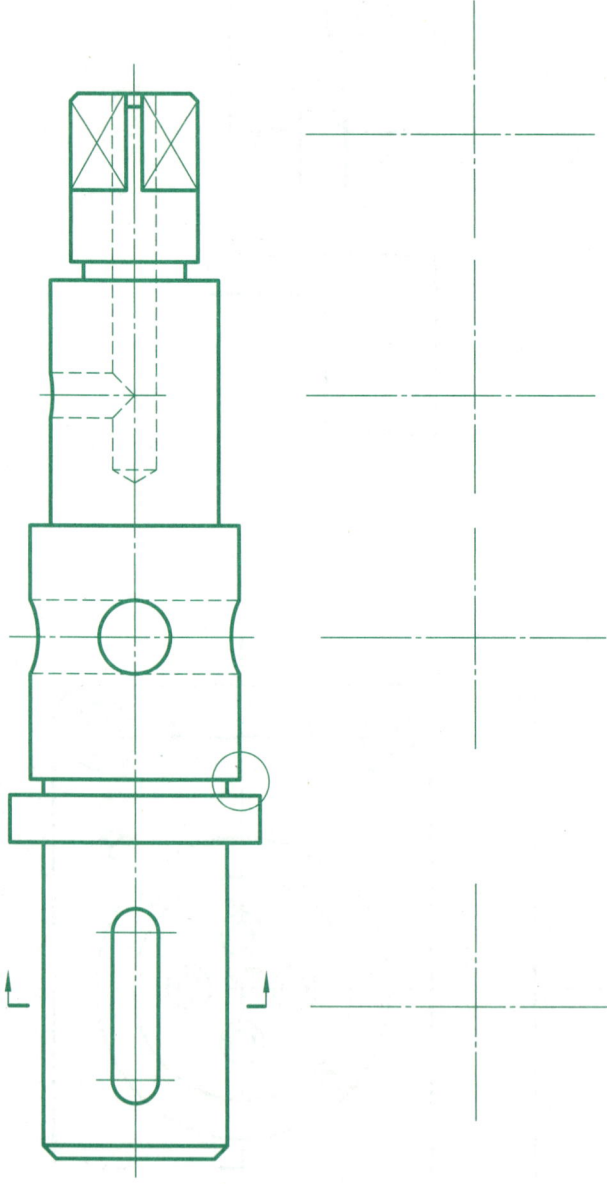

20. 采用规定画法，将主视图画成全剖视图。

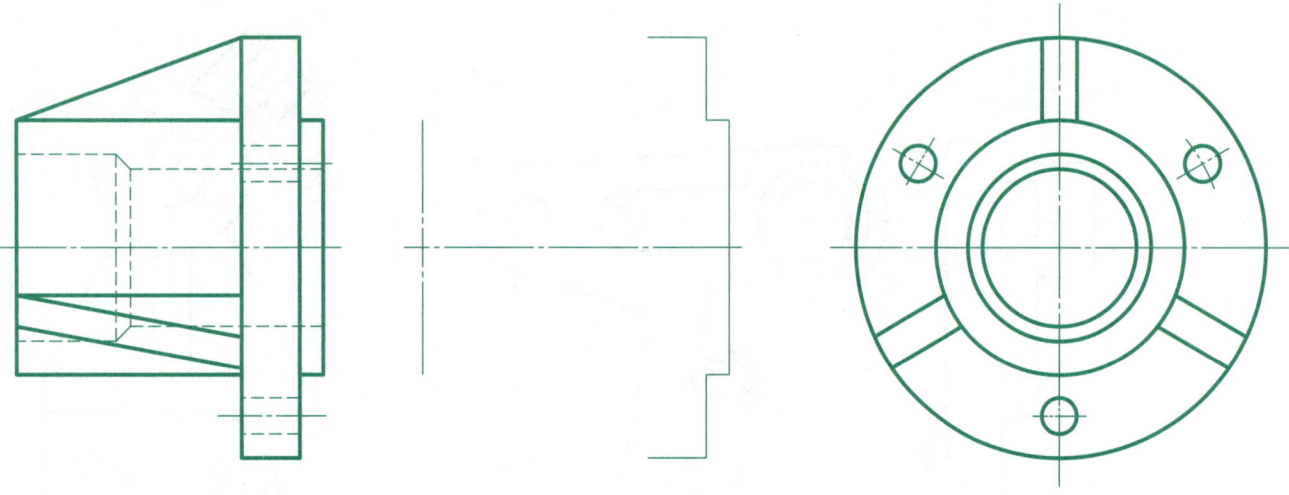

19. 找出正确的断面图，在正确的图形下方括号内画 "✓"

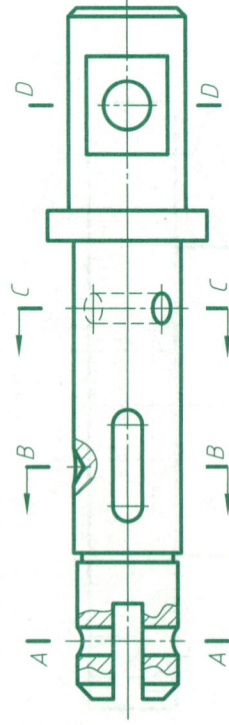

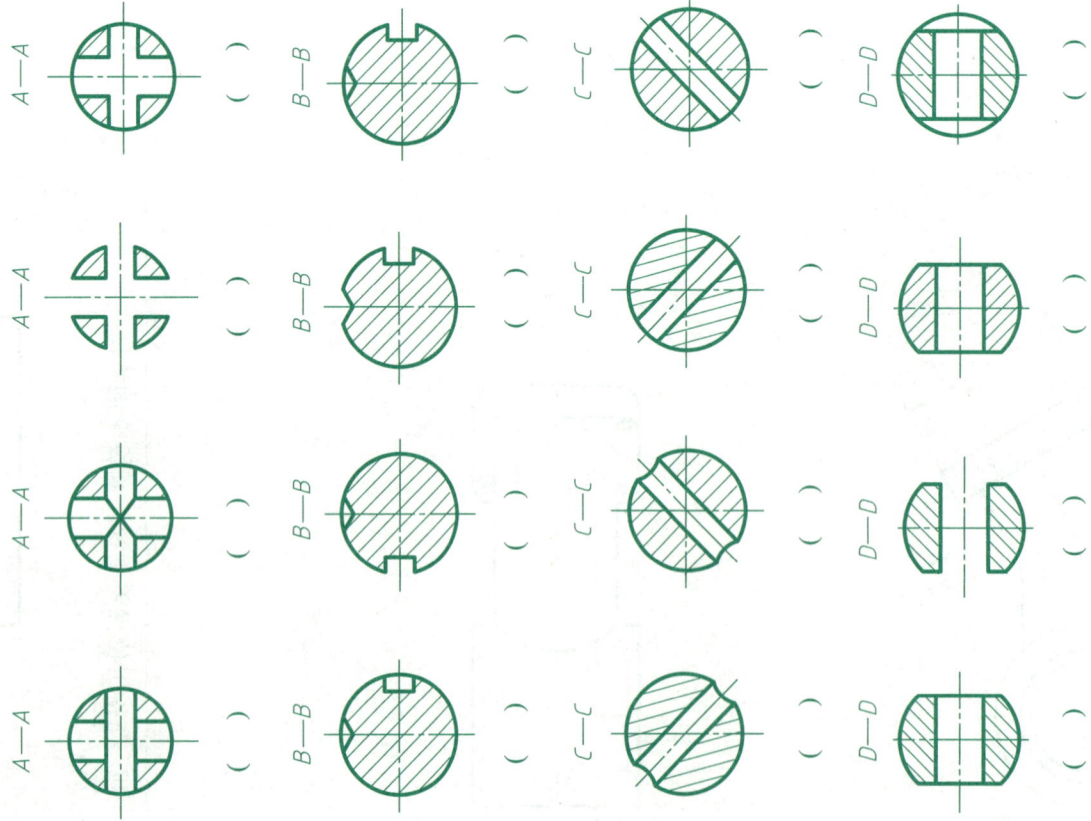

A—A（　）A—A（　）A—A（　）A—A（　）

B—B（　）B—B（　）B—B（　）B—B（　）

C—C（　）C—C（　）C—C（　）C—C（　）

D—D（　）D—D（　）D—D（　）D—D（　）

21. 看懂机件的两视图，画出指定位置的断面图：（1）画移出断面图；（2）画重合断面图。
（1）

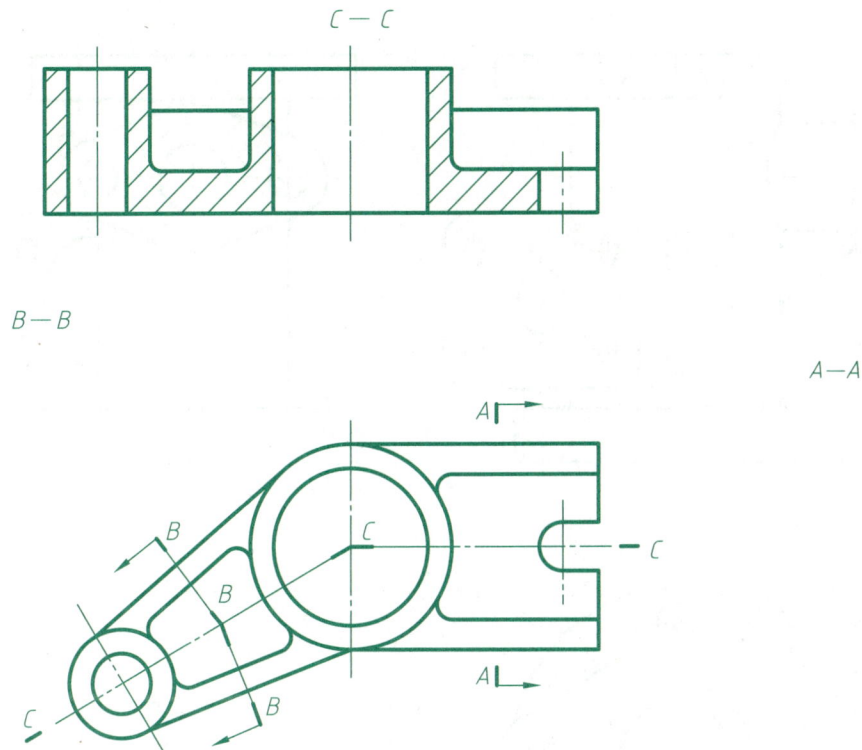

$C-C$

$B-B$

$A-A$

（2）

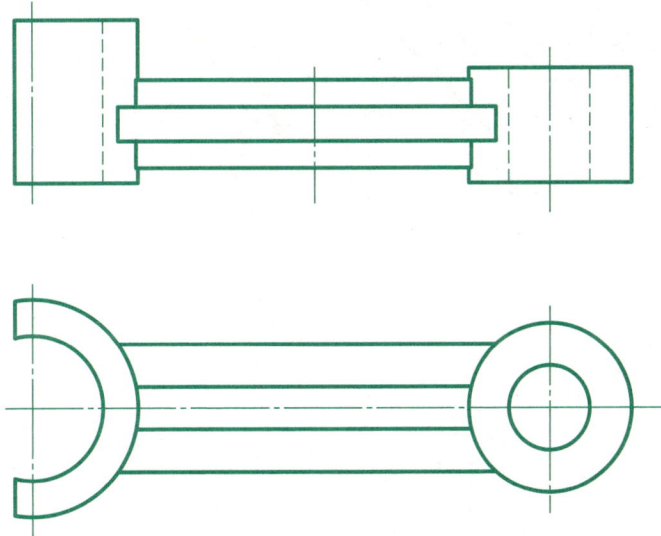

22. 分析组合体不同表达方案的优缺点，并确定最佳表达方案。
方案一　　　　　　　　　　　　　　　　　　方案二

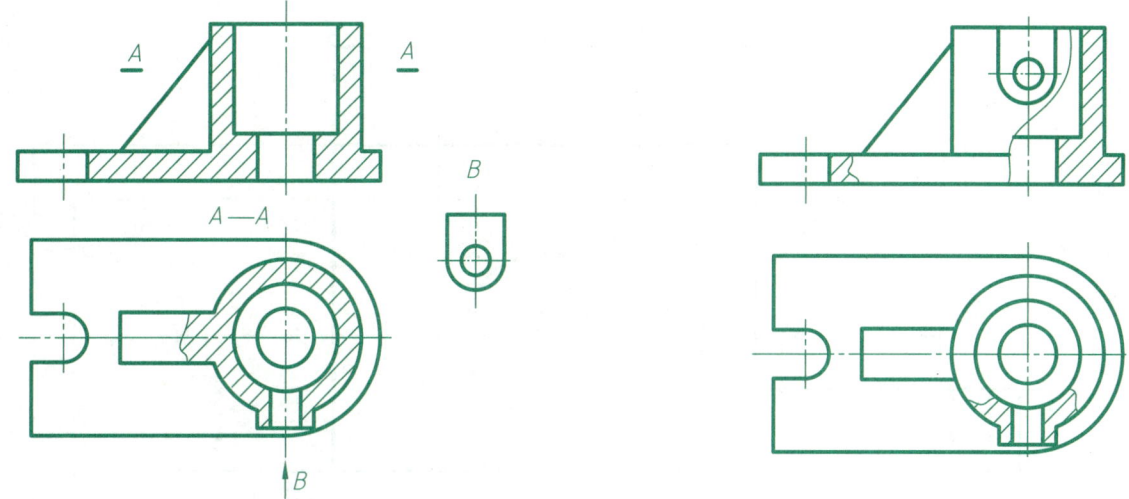

A　　　　　　A

B

$A-A$

23. 根据三视图看懂物体的形状，并画出主视图的外形图。

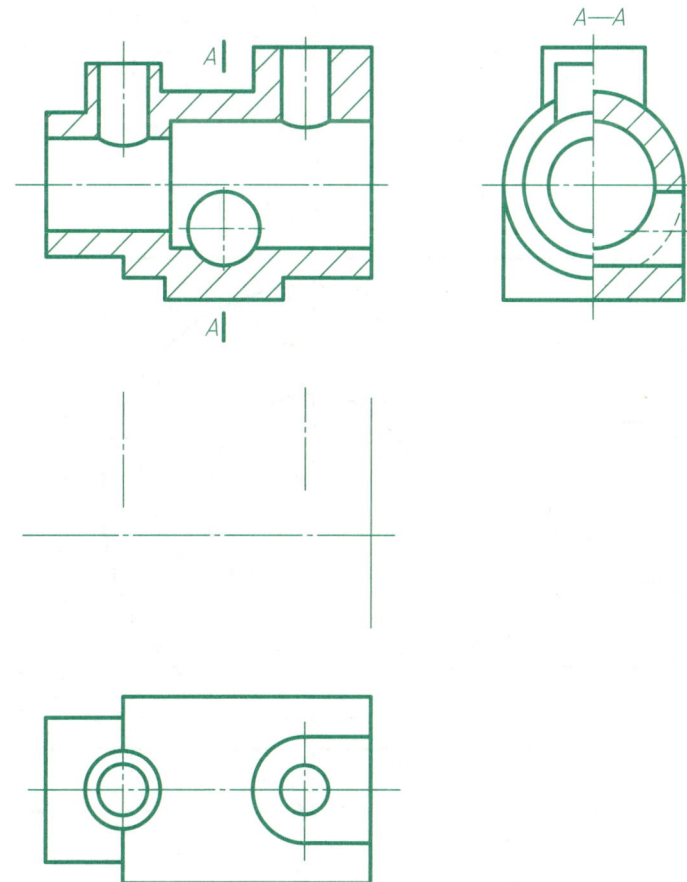

$A-A$

A

24. 根据机件的形体特点，选择适当的表达方法在 A3 图纸上表达下列机件，比例自定。(题 2 的尺寸按 1 : 1 的比例直接从图中量取)

（1）

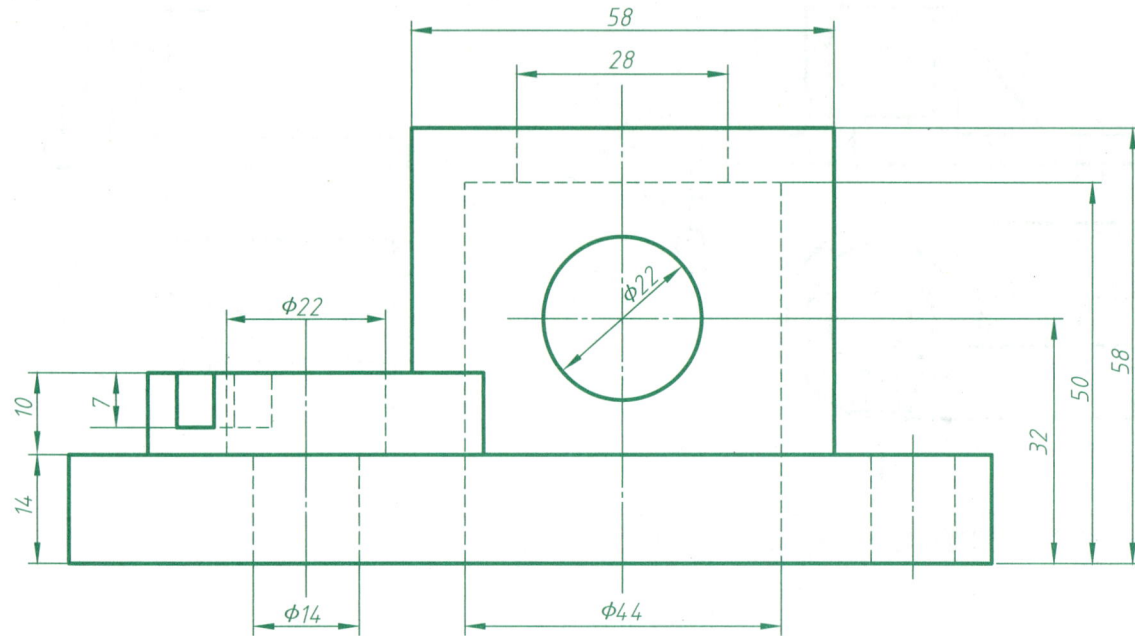

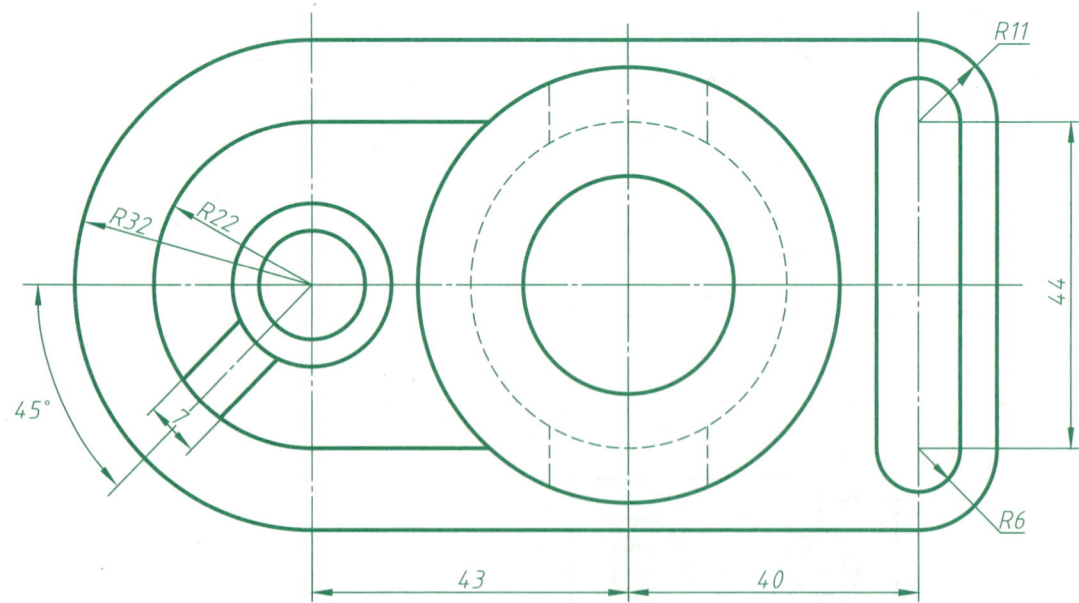

（2）

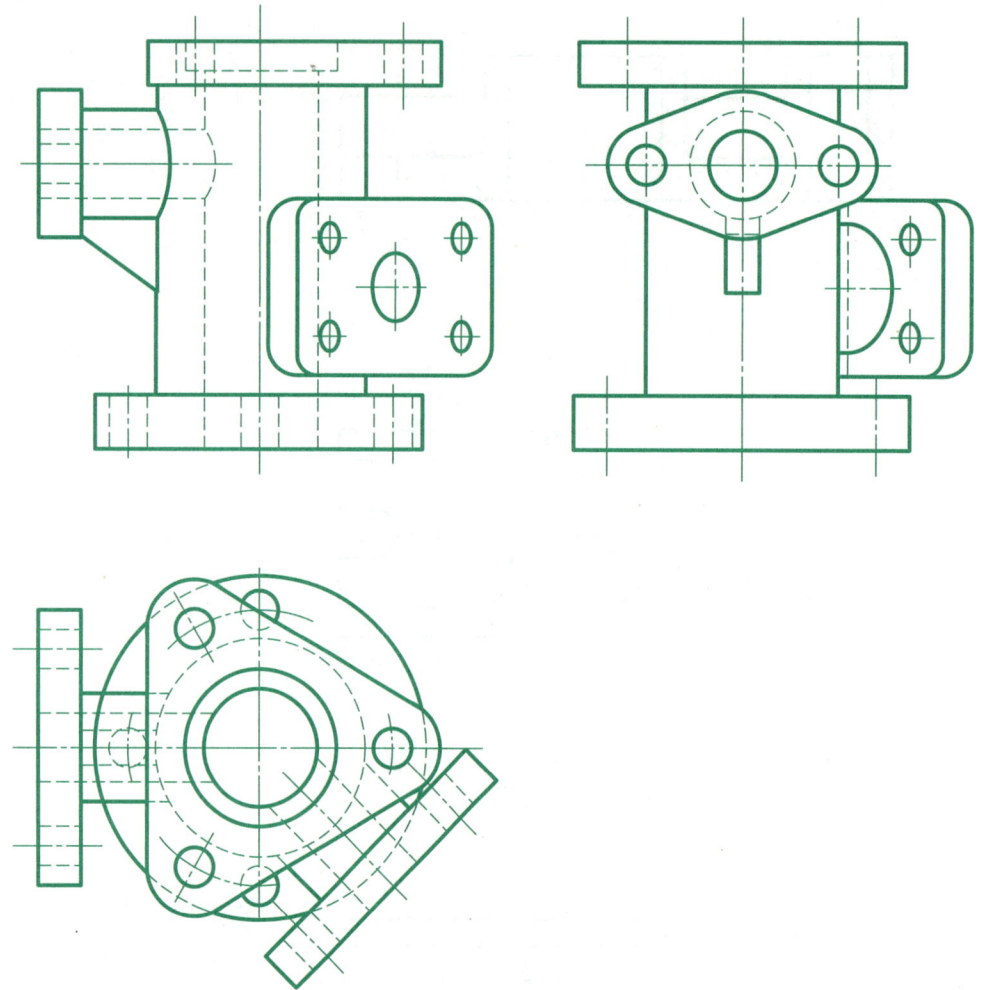

25. 标注剖视图的尺寸（数值按 1：1 的比例从图中量取并取整数）。

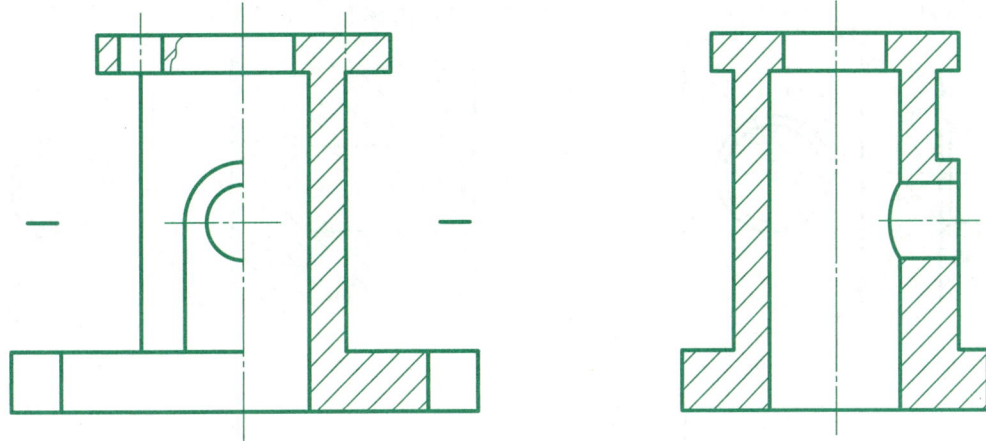

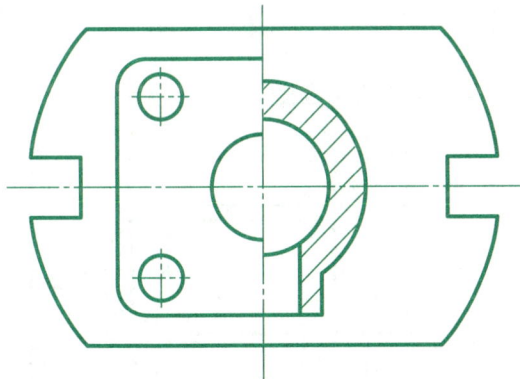

26. 根据轴测图和前视图，采用第三角投影画法画出顶视图和右视图。

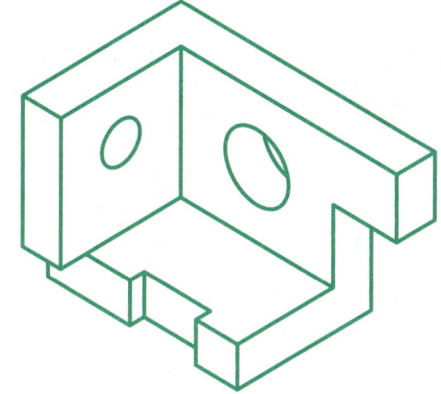

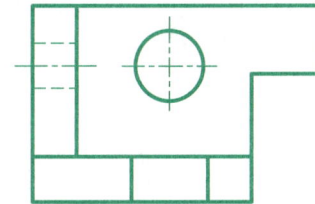

27. 根据顶视图和右视图，采用第三角投影画法画出前视图。

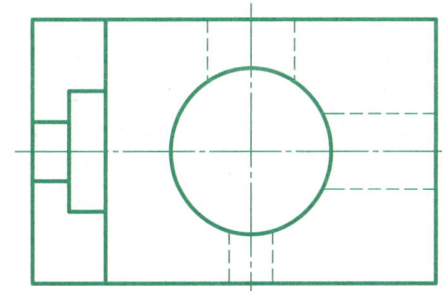

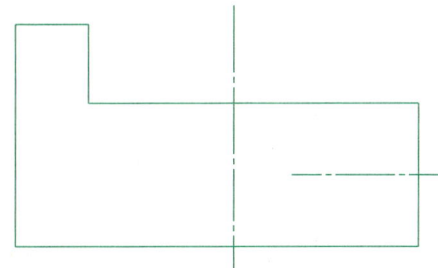

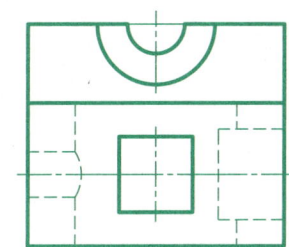

1. 分析下列螺纹的画法，在正确的图形下面打"✓"，错误的图形下面打"×"。

（1）　　　　　　　　　（2）　　　　　　　　　（3）

（　）　　　　　　　　（　）　　　　　　　　　（　）

（4）　　　　　（5）　　　　　（6）　　　　　（7）

（　）　　　　（　）　　　　（　）　　　　（　）

2. 找出下列螺纹和螺纹连接画法上的错误（打"×"），并在下方画出正确的图形。

（1）内螺纹（通孔）　　　　　　　（2）内螺纹（不通孔）

（3）内外螺纹连接（通孔）　　　　（4）内外螺纹连接（不通孔）

3. 根据规定画法，绘制螺纹的主、左两视图，比例为 1 : 1。

(1) 外螺纹的大径 20mm、螺纹长 30mm、螺杆长 40mm，头部倒角 C2。

(2) 内螺纹的大径 20mm，螺纹长 36mm，钻孔深度 46mm，螺纹孔倒角 C2。

(3) 将 3 (1) 的外螺纹调头，旋入 3 (2) 的螺孔，旋合长度为 25，作出全剖的主视图，左视图取 A—A 剖视图。

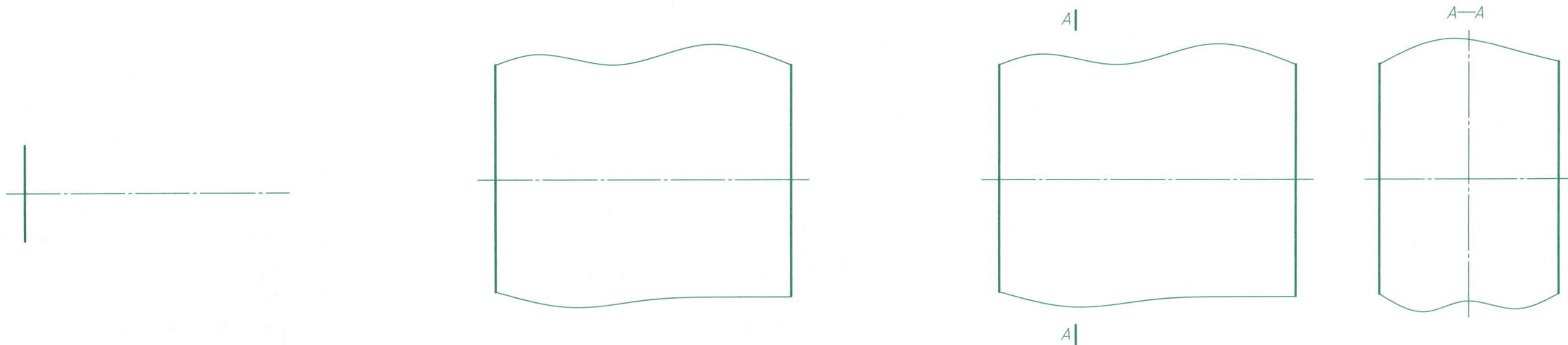

4. 在图上注出下列螺纹的规定标记。

(1) 粗牙普通螺纹，公称直径 24mm，螺距 3mm，右旋，中、顶径公差带代号分别为 5g、6g，长旋合长度。

(2) 细牙普通螺纹，公称直径 20mm，螺距 1.5mm，左旋，中、顶径公差带代号为 5H，中等旋合长度。

(3) 55°非螺纹密封的管螺纹，尺寸代号为 3/4，公差等级为 A 级，右旋。

(4) 55°密封的圆锥内管螺纹，尺寸代号为 3/8，左旋。

(5) 梯形螺纹，公称直径 24mm，螺距 3mm，导程 6mm，左旋，中径顶径公差带代号为 5h，中等旋合长度。

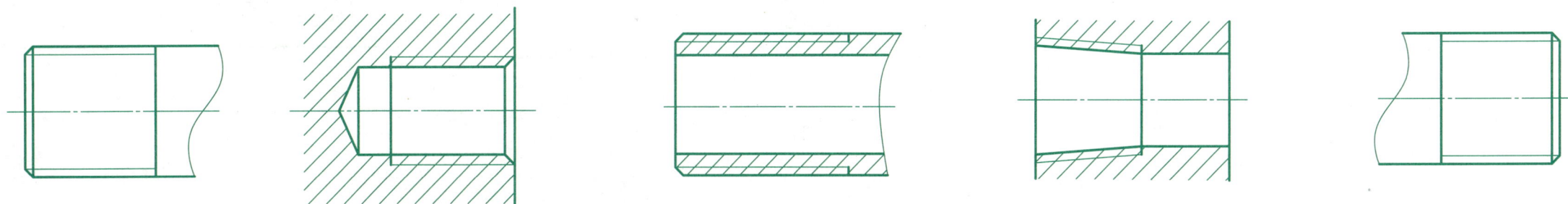

5. 根据螺纹标记，填写表内各项内容。

螺纹标记	螺纹种类	公称直径	螺距	导程	线数	旋向	公差带代号	旋合长度
M16-7h-LH								
M20×Ph2P1-5g6g-s								
Tr40×14(P7)-8H								
B40×10(P5)LH-8c-L								

螺纹标记	螺纹种类	尺寸代号	大径	螺距	旋向
Rc1/2					
G3/4A-LH					

6. 查表标注尺寸，并写出规定标记。

（1）六角头螺栓（GB/T 5782—2016）。

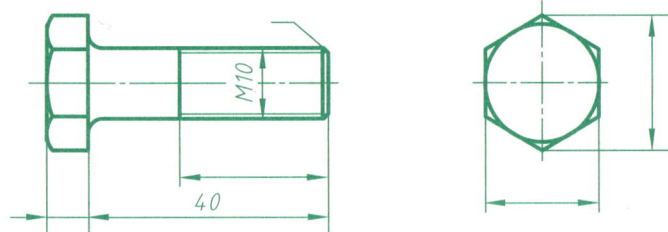

标记＿＿＿＿＿＿＿＿＿＿＿

（2）双头螺柱（GB/T 899—1988）。

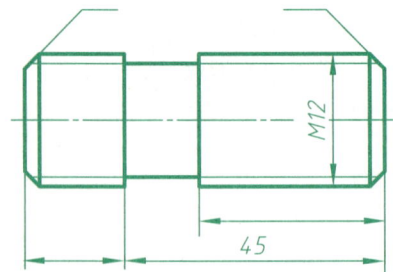

标记＿＿＿＿＿＿＿＿＿＿＿

（3）平垫圈（GB/T 97.1—2002）公称尺寸 12。

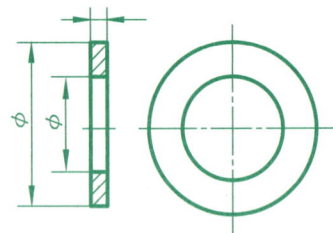

标记＿＿＿＿＿＿＿＿＿＿＿

7. 指出下列各图中的错误，并在其旁边画出正确的连接图。

（1）

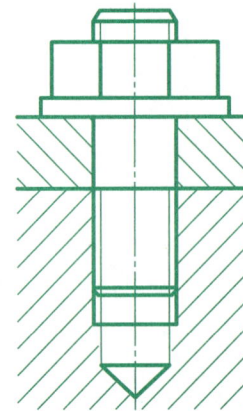 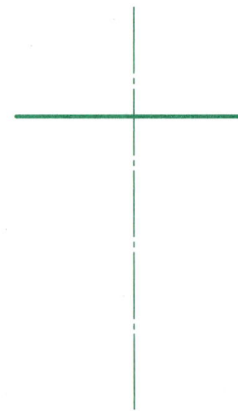

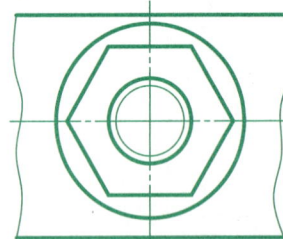 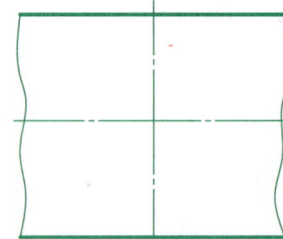

（2）

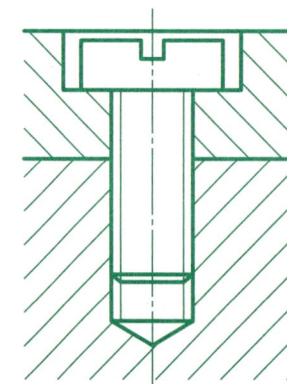 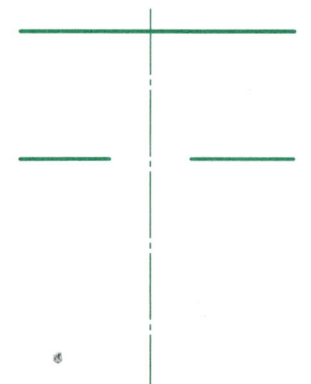

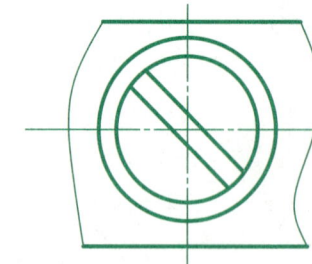 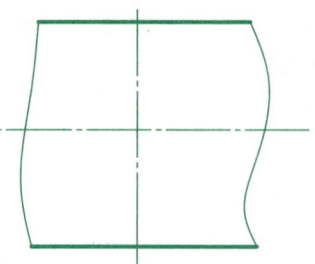

7. 指出下列各图中的错误，并在其旁边画出正确的连接图（续）。

（3）

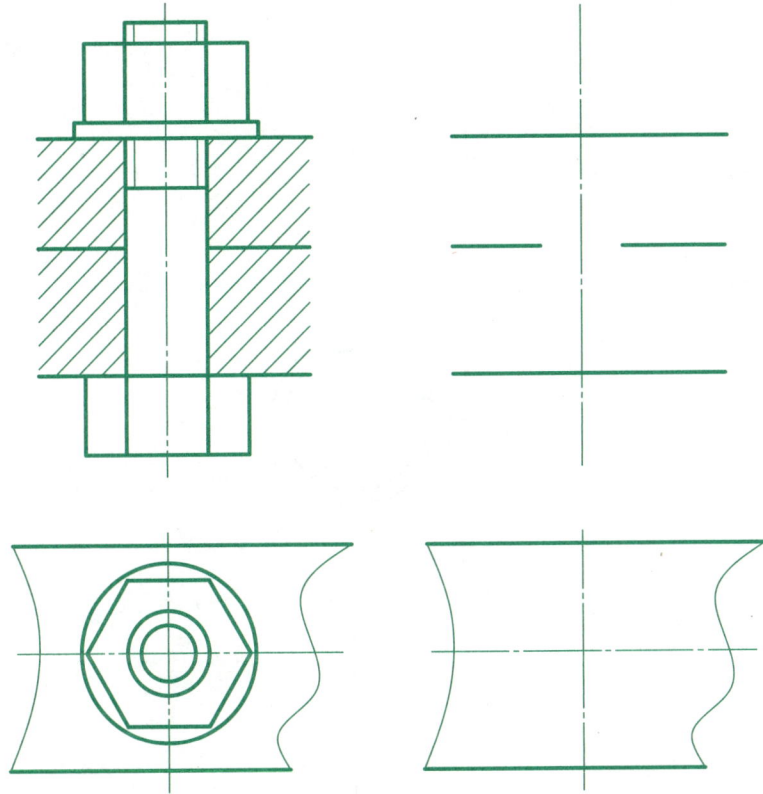

（4）

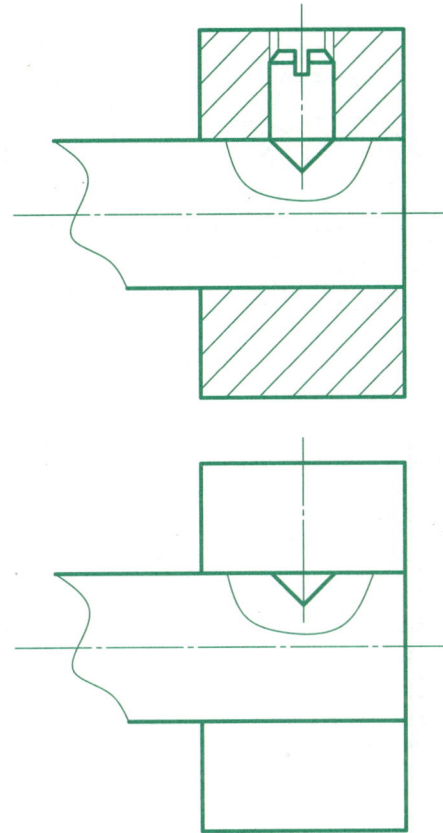

8. 已知螺钉 M8×30（GB/T 68—2016）。用比例画法作出连接后的主、左视图，采用 2∶1 的比例绘图。

9. 销连接画法及标记。

（1）选取适当长度的 φ8mm 圆柱销，并画连接图，写出其标记。

标记_____

（2）选取适当长度的 φ8mm 圆锥销，并画连接图，写出其标记。

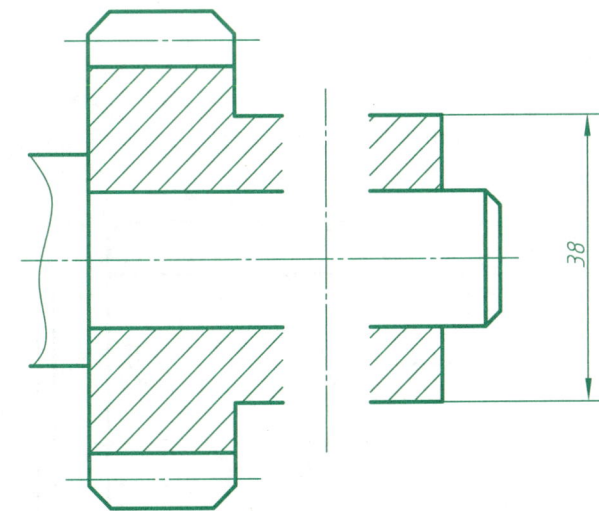

标记_____

10. 普通平键及其连接画法。已知齿轮和轴采用普通平键连接，齿轮孔径为 $\phi26$mm，键的长度为 28mm。

（1）画出轴的 A—A 断面图，并查表注全键槽的尺寸。

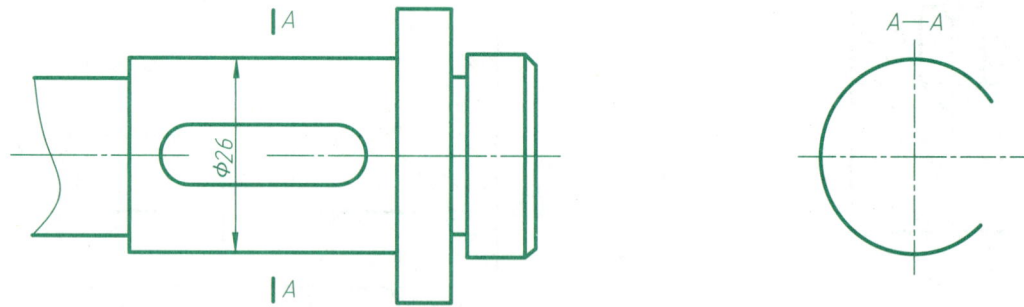

（2）画出齿轮的 A 向局部视图，并查表注出键槽的尺寸。

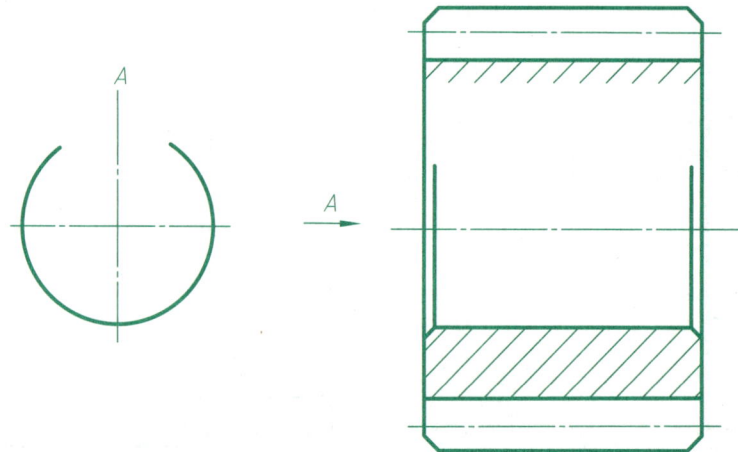

（3）将（1）、（2）题中的轴和齿轮用平键连接起来，画出其连接的主视图及 A—A 断面图，并写出平键的规定标记。

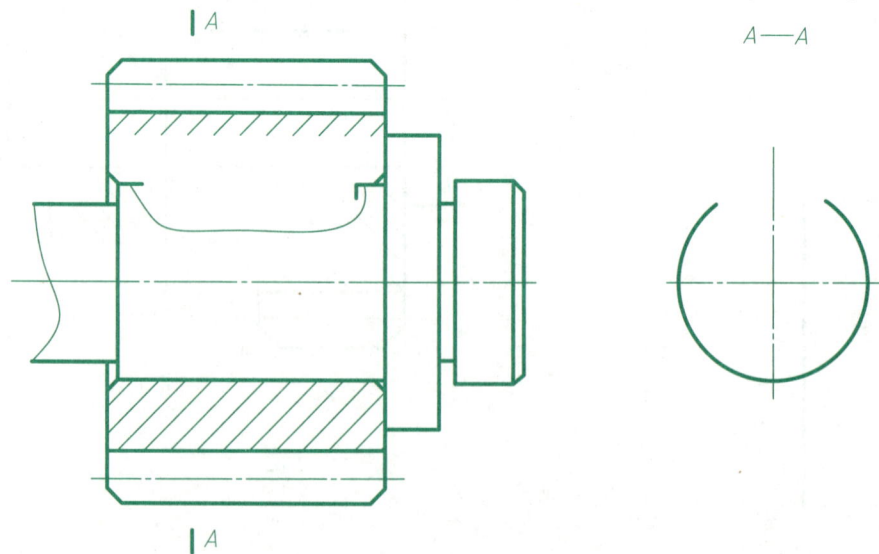

标记键_____

11. 已知标准直齿圆柱齿轮的模数 $m=5$mm，齿数 $z=20$，试计算齿轮的分度圆直径 d，齿顶圆直径 d_a 和齿根圆直径 d_f。按 1：1 的比例完成下列两视图并查表注全尺寸。

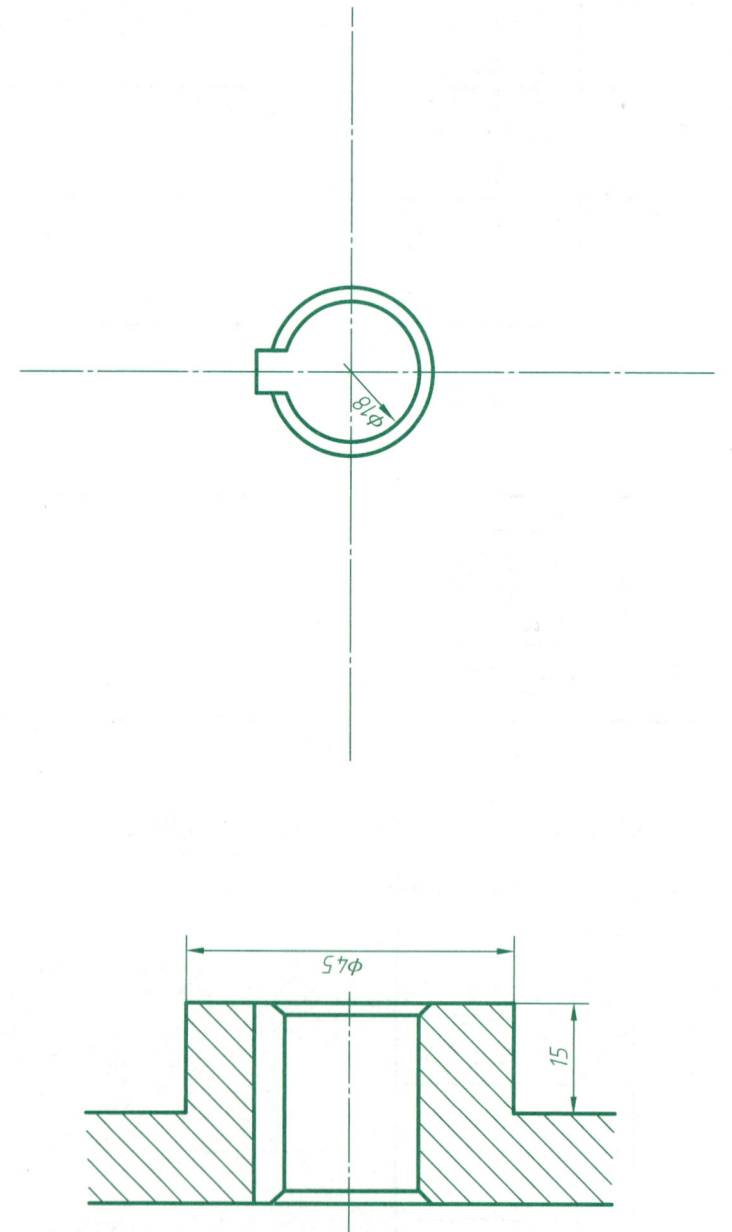

12. 已知直齿圆柱齿轮模数 $m = 4\text{mm}$，小齿轮齿数为 17，中心距为 110mm，求两齿轮的分度圆、齿顶圆和齿根圆直径，并按 1：2 的比例画出两齿轮的啮合图。

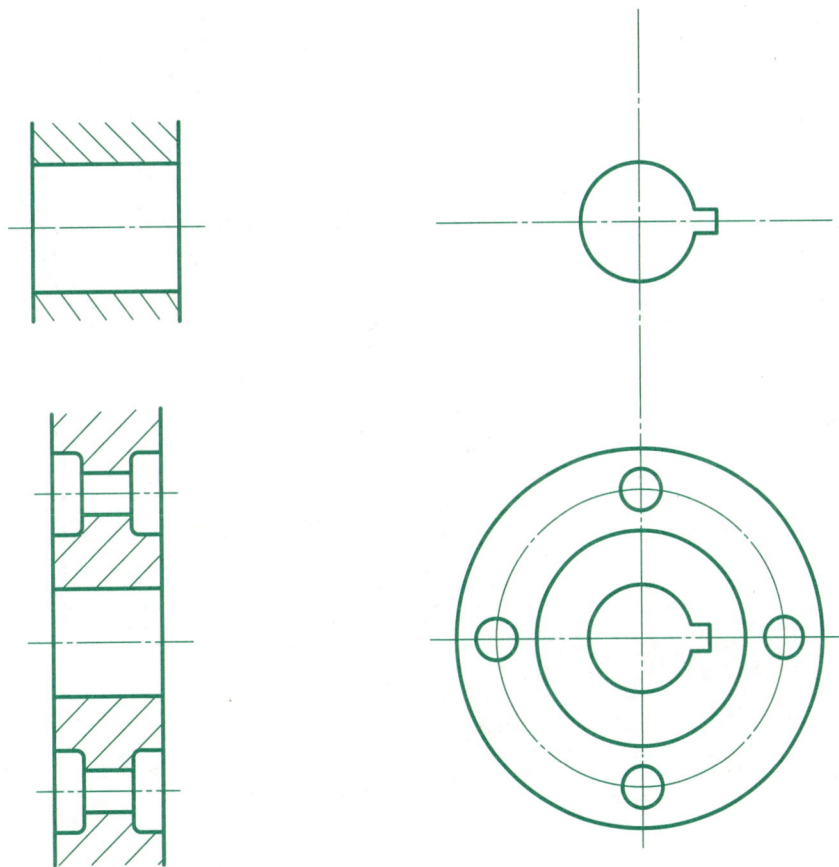

13. 试用 1：1 的比例画出圆柱螺旋压缩弹簧的全剖视图，并标注尺寸，弹簧外径 $\phi 40\text{mm}$，簧丝直径 $\phi 6\text{mm}$，节距 10mm，有效圈数 12，支承圈数 2.5，右旋。

14. 查表并用规定画法在直径为 25mm 和 20mm 处画出下列滚动轴承的剖视图，比例 1：1。

深沟球轴承6205
GB/T 276—2013

深沟球轴承6204
GB/T 276—2013

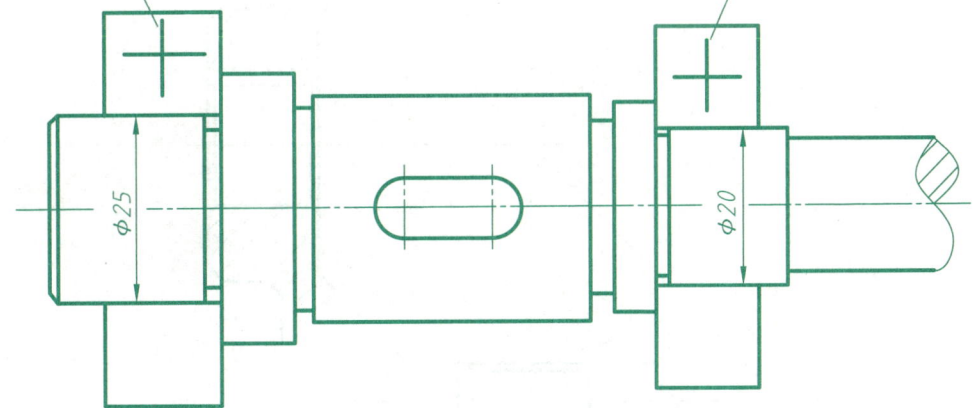

$\phi 25$

$\phi 20$

15. 已知直齿锥齿轮的模数 $m = 3\text{mm}$，齿数 $z = 23$，$\delta = 45°$，试计算后按比例 $1 : 1$ 画出其视图。

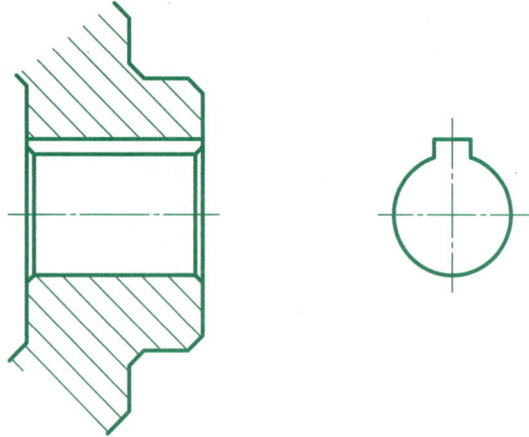

16. 一对直齿锥齿轮啮合，$m = 3\text{mm}$，$z_1 = z_2 = 26$，两轴垂直相交，试计算后画出其啮合图。

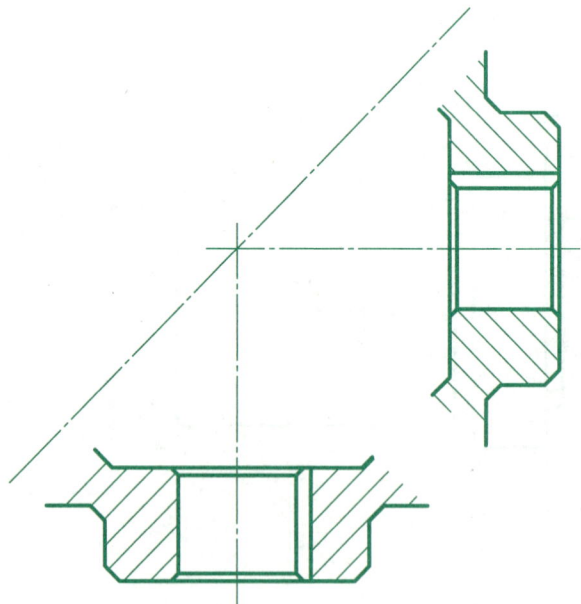

17. 作出下图中蜗轮与蜗杆的啮合图。

班级	学号	姓名

1. 按下列说明标注轴的表面粗糙度要求。

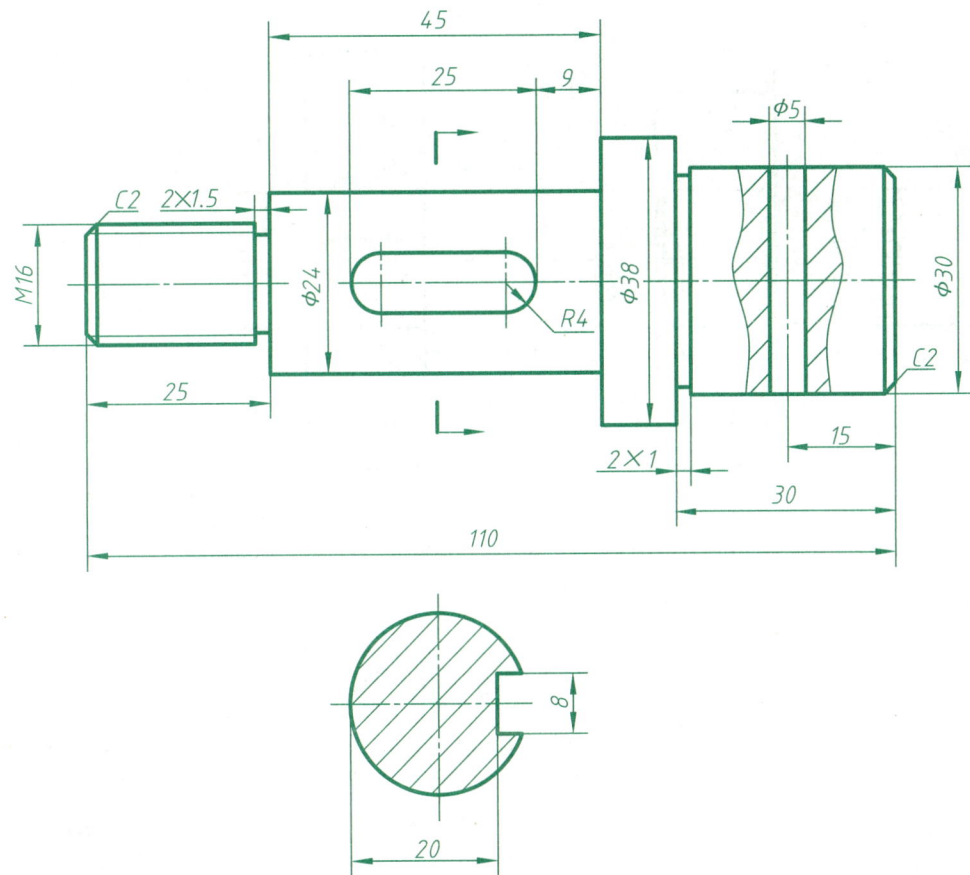

（1）φ30、φ24 圆柱表面 Ra 的上限值为 1.6μm，去除材料。

（2）M16 螺纹工作表面 Ra 的上限值为 3.2μm，去除材料。

（3）销孔内表面 Ra 的上限值为 3.2μm，去除材料。

（4）键槽两侧面 Ra 的上限值为 3.2μm，键槽底面 Ra 的上限值为 6.3μm，去除材料。

（5）除以上已说明的表面外，该轴其余表面 Ra 的上限值为 12.5μm，去除材料。

轴	材料	35

2. 按下列说明标注支座的表面粗糙度要求。

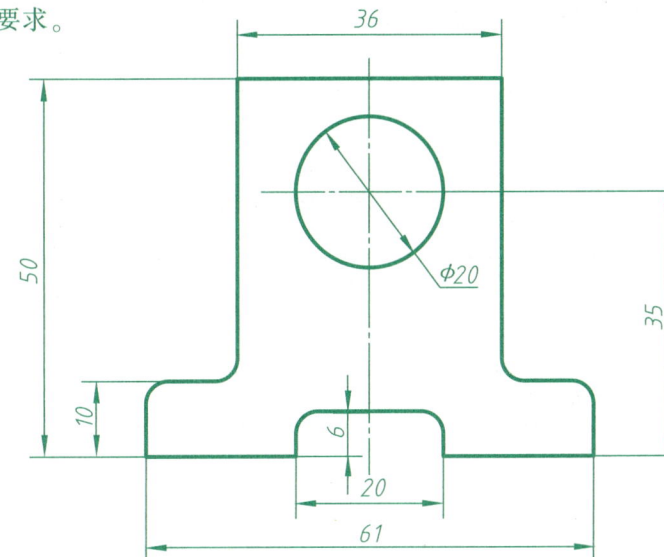

（1）φ20 孔内表面 Ra 的上限值为 3.2μm，去除材料。

（2）顶面、底面 Ra 的上限值为 6.3μm，去除材料。

（3）除以上已说明的表面外，该零件其余表面均为不去除材料表面。

支座	材料	HT150

3. 按下列说明标注齿轮的表面粗糙度要求。

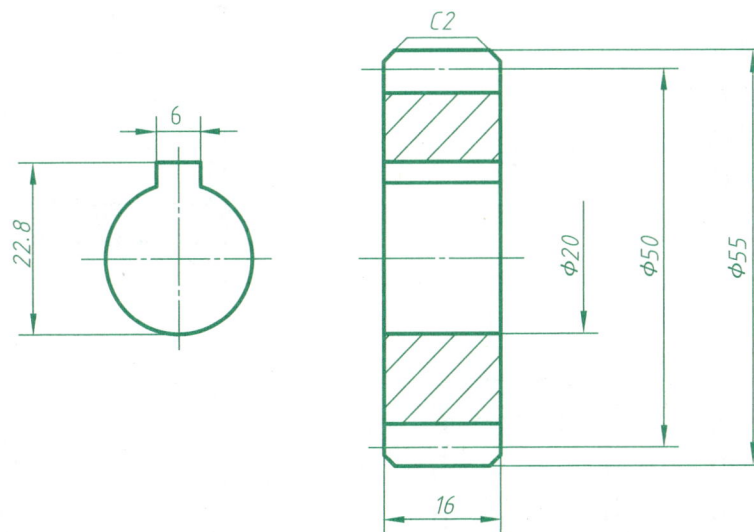

（1）齿轮轮齿齿侧（工作表面）Ra 的上限值为 0.8μm，去除材料。

（2）轴孔内表面 Ra 的上限值为 6.3μm，去除材料。

（3）键槽两侧面 Ra 的上限值为 3.2μm，键槽底面 Ra 的上限值为 6.3μm，去除材料。

（4）除以上已说明的表面外，该齿轮其余表面 Ra 的上限值为 12.5μm，去除材料。

齿轮	材料	45

4. 根据已知的公称尺寸和公差带代号，从偏差表中查出极限偏差值，并填写下列表中的内容。

公称尺寸及公差带代号	注写公称尺寸及极限偏差	公差值
$\phi50H7$	$\phi50^{+0.025}_{0}$	0.025
$\phi50h6$		
$\phi50G7$		
$\phi30k6$		
$\phi30js7$		

5. 根据零件图上标注的尺寸和极限偏差，由偏差表查出公差带代号，并在装配图上标注公称尺寸和配合代号。

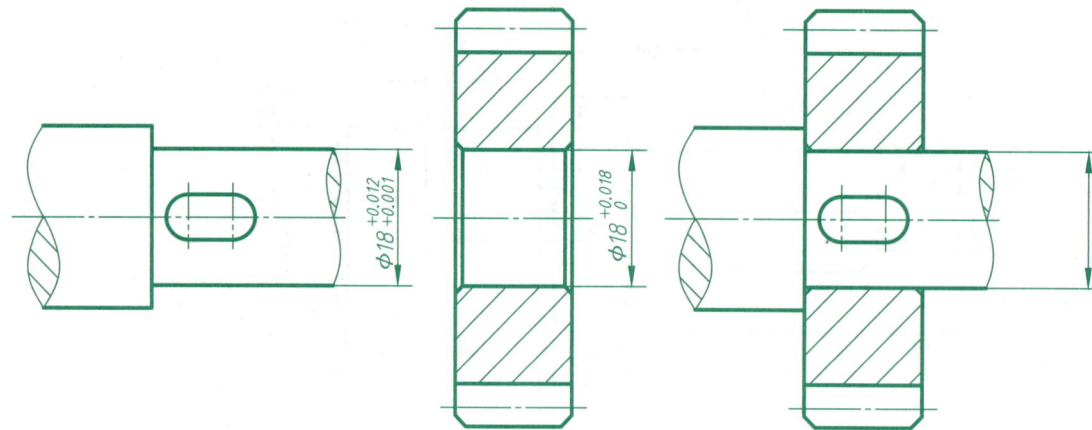

6. 根据装配图上标注的配合代号，说明其配合基准制、配合种类，并在相应的零件图上标注其公称尺寸和公差带代号。

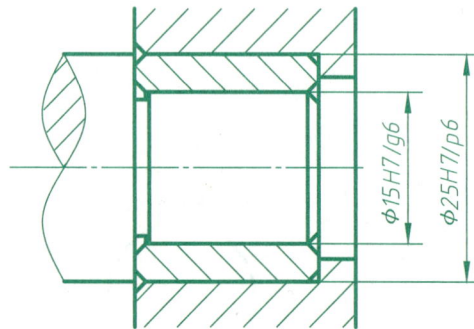

（1）$\phi15H7/g6$：基准制：＿＿＿＿＿＿＿＿，
　　　　　　　　配合种类：＿＿＿＿＿＿＿＿。

　　　$\phi25H7/p6$：基准制：＿＿＿＿＿＿＿＿，
　　　　　　　　配合种类：＿＿＿＿＿＿＿＿。

（2）$\phi10G7/h6$：基准制：＿＿＿＿＿＿＿＿，
　　　　　　　　配合种类：＿＿＿＿＿＿＿＿。

　　　$\phi10N7/h6$：基准制：＿＿＿＿＿＿＿＿，
　　　　　　　　配合种类：＿＿＿＿＿＿＿＿。

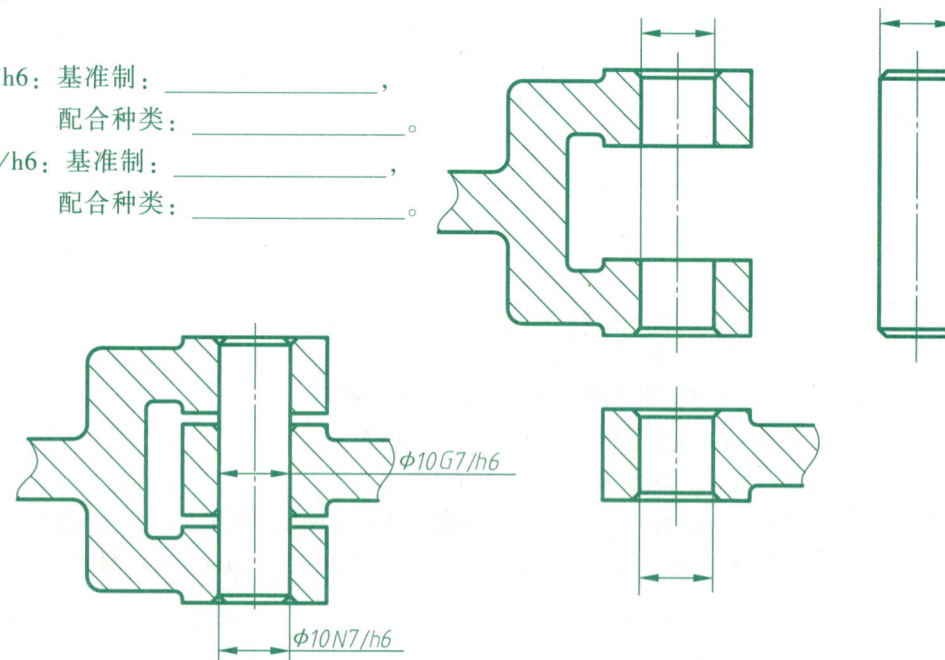

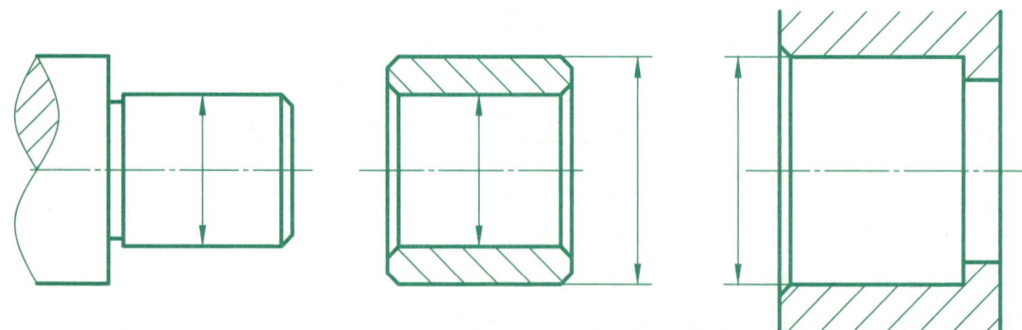

7. 按下列说明标注轴的几何公差。

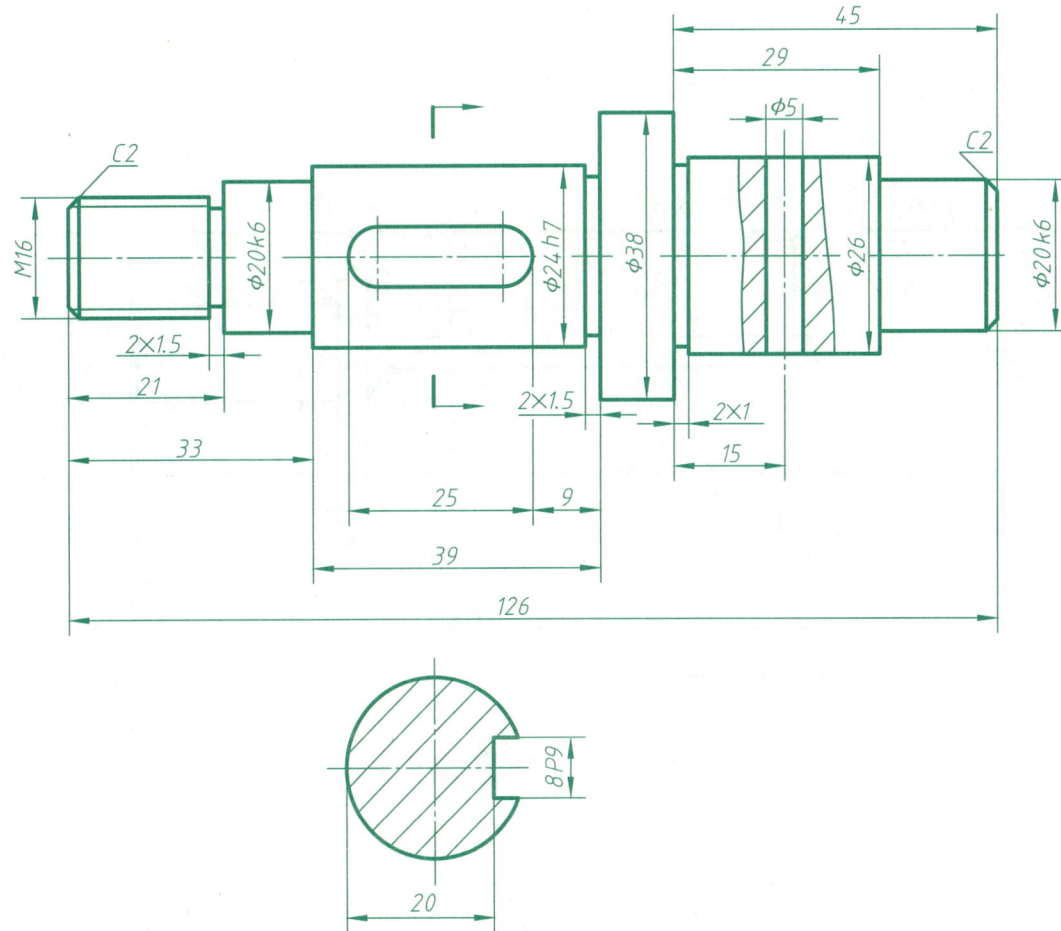

（1）φ24h7 圆柱表面轮廓线（实际被测要素）有直线度（几何公差项目）公差要求，其公差值为 0.008mm。

（2）φ20k6 圆柱的任意横截面（实际被测要素）有圆度（几何公差项目）公差要求，其公差值为 0.006mm。

（3）φ38 圆柱左侧轴肩（实际被测要素）相对于 φ24h7 圆柱轴线（基准要素）有垂直度（几何公差项目）公差要求，其公差值为 0.04mm。

（4）键槽 8P9 的中心平面（实际被测要素）相对于 φ24h7 圆柱轴线（基准要素）有对称度（几何公差项目）公差要求，其公差值为 0.03mm。

（5）φ24h7 圆柱轴线（实际被测要素）相对于两个 φ20k6 圆柱公共轴线（基准要素）有全跳动（几何公差项目）公差要求，其公差值为 0.03mm。

8. 按下列说明标注齿轮的几何公差。

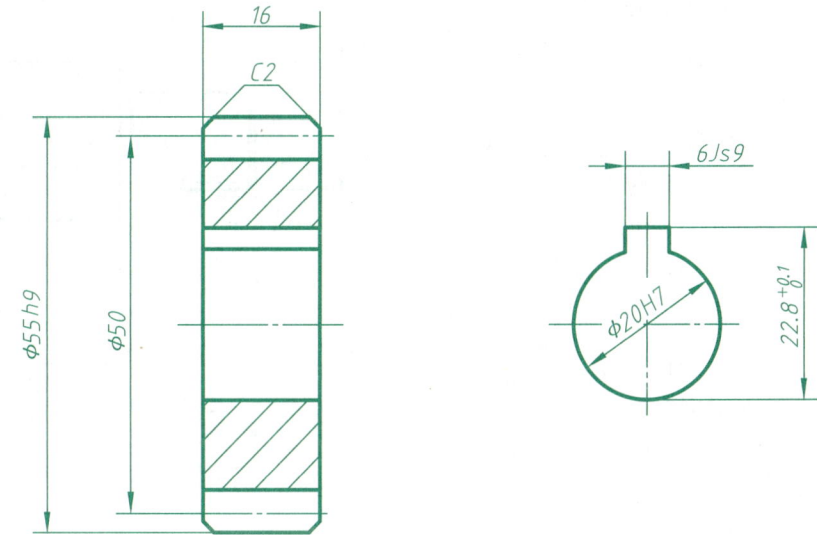

（1）齿轮两侧面（实际被测要素）相对于 φ20H7 圆柱轴线（基准要素）有圆跳动（几何公差项目）公差要求，其公差值为 0.026mm。

（2）键槽 6Js9 的中心平面（实际被测要素）相对于 φ20H7 圆柱轴线（基准要素）有对称度（几何公差项目）公差要求，其公差值为 0.03mm。

（3）齿轮左侧面（实际被测要素）相对于齿轮右侧面（基准要素）有平行度（几何公差项目）公差要求，其公差值为 0.04mm。

9. 读主轴零件图并回答下列问题。

（1）该零件的主视图是＿＿＿＿＿＿＿剖视图，还通过＿＿＿＿＿＿图，＿＿＿＿＿＿图来补充。

（2）零件中 φ26h6 段的长度为＿＿＿＿＿＿＿，表面粗糙度代号是＿＿＿＿＿＿。

（3）轴上键槽的长度为＿＿＿＿＿＿＿，宽度为＿＿＿＿＿＿，深度为＿＿＿＿＿＿，定位尺寸为＿＿＿＿＿＿。

（4）在图上标出轴向和径向的尺寸基准。

（5）φ26h6 ($_{-0.013}^{0}$) 的公称尺寸是＿＿＿＿＿＿，公差带代号是＿＿＿＿＿＿，基本偏差代号是＿＿＿＿＿＿，公差等级代号是＿＿＿＿＿＿，上极限尺寸是＿＿＿＿＿＿，下极限尺寸是＿＿＿＿＿＿，公差是＿＿＿＿＿＿。

（6）M16-6g 螺纹与 φ26h6 轴之间有一尺寸为 2×1.5 的结构，该结构被称为＿＿＿＿＿＿。

（7）在指定位置画出 C—C 断面图。

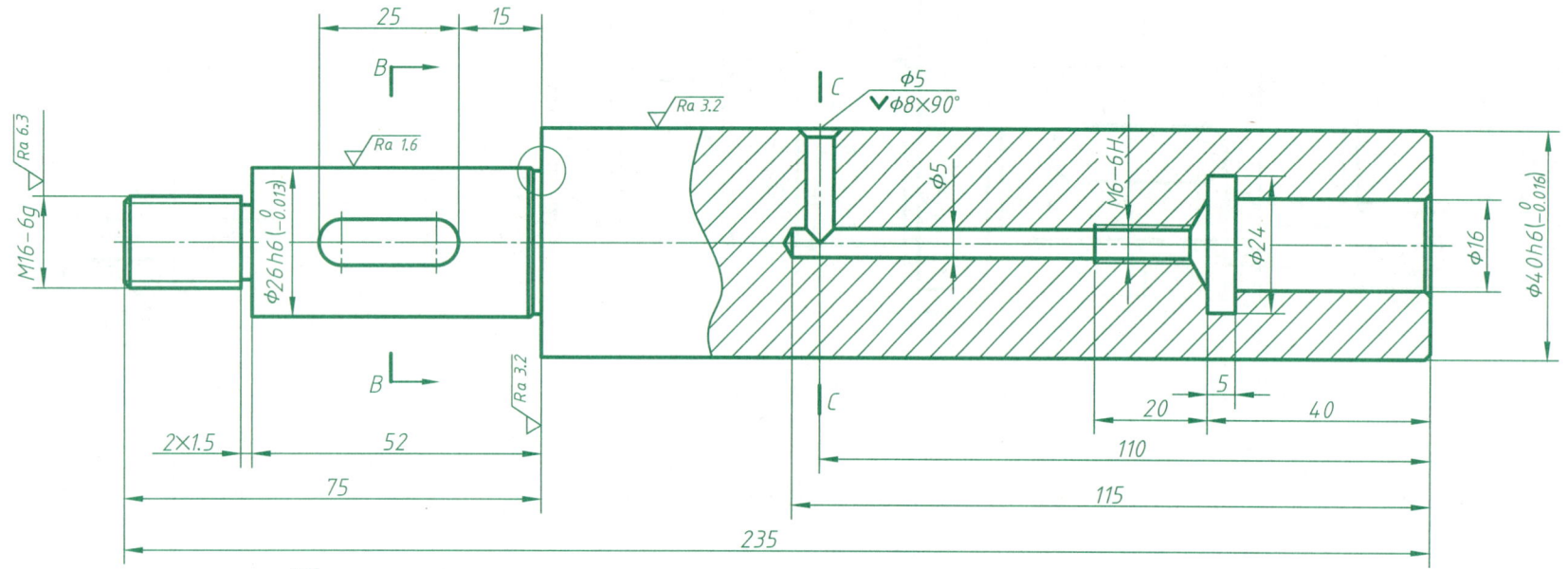

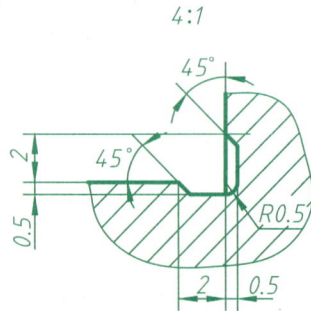

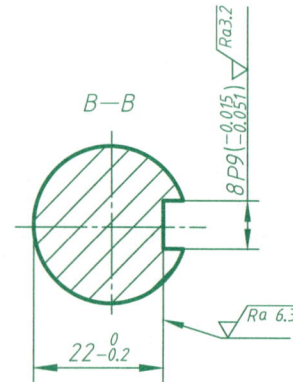

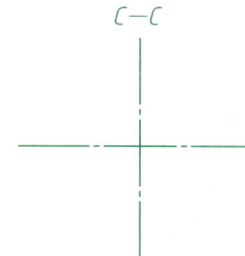

4:1

C—C

技术要求
未注倒角C1。

$\sqrt{Ra\ 12.5}$ ($\sqrt{\ }$)

主　轴	材料	45	比例	
	数量		图号	
制图				
审核				

班级	学号	姓名

294±0.2

142±0.1

64

20±0.1

6×M6-6H▼8
EQS

6×M6-6H▼10
EQS

□36

49

Ra 1.6

B

C

D

D

φ95h6

φ78

φ60H7

□36

R4

φ78

φ85

φ75

φ95

φ132±0.2

Ra 3.2

A

◎φ0.04 A

67

40

B

Ra 3.2

8±0.1

C—C

φ40

16

φ40

85

B—B

4:1

4

R0.5

φ95

φ93

√Ra 6.3 (√)

技术要求
锐边倒钝，未注倒角C1。

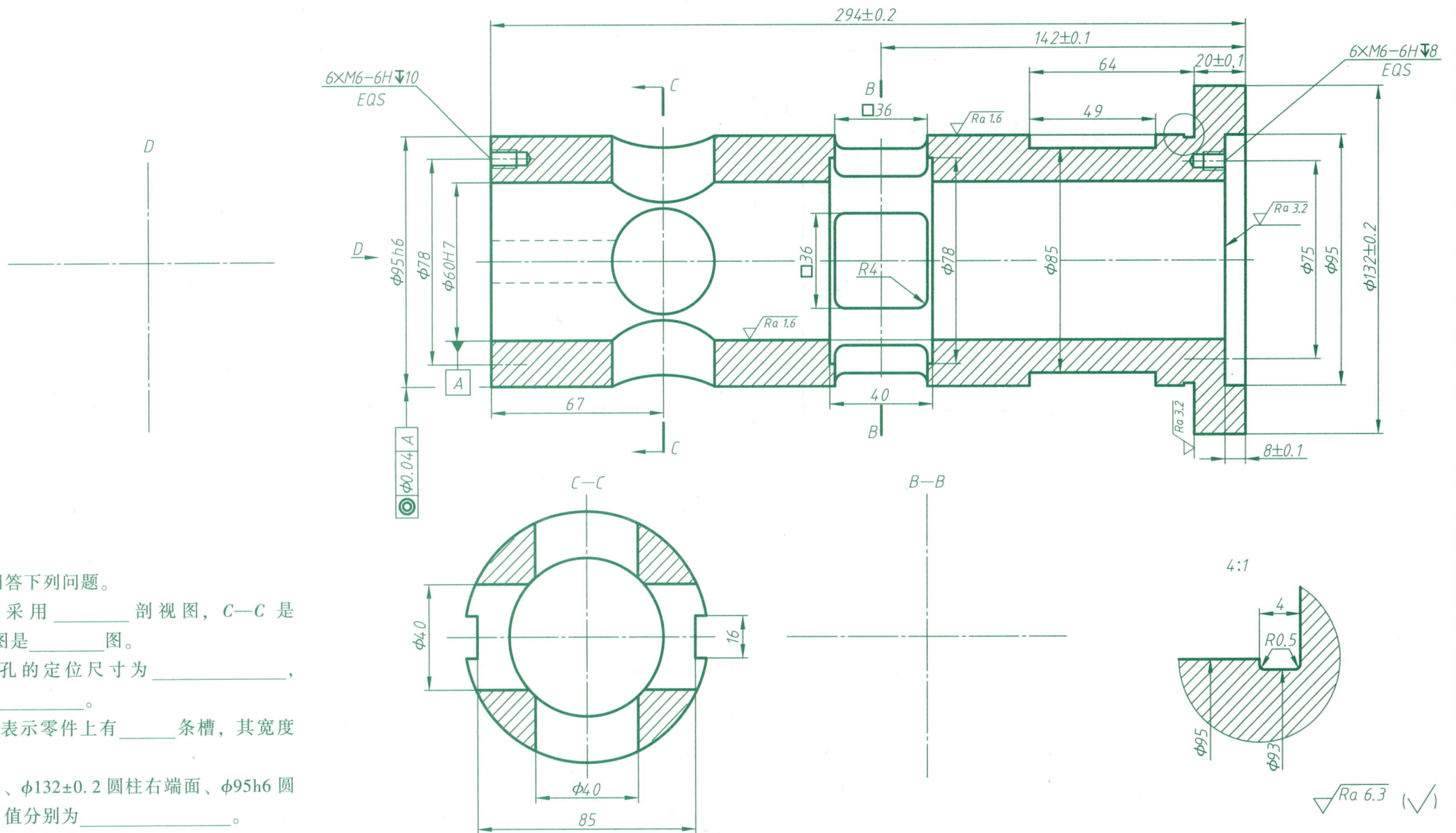

10. 读套筒零件图并回答下列问题。

（1）该零件主视图采用 _____ 剖视图，C—C 是 _____ 图，还有一个视图是 _____ 图。

（2）套筒上 □36 方孔的定位尺寸为 _____，φ40 圆孔的定位尺寸为 _____。

（3）主视图中的虚线表示零件上有 _____ 条槽，其宽度为 _____。

（4）零件上 φ60H7 孔、φ132±0.2 圆柱右端面、φ95h6 圆柱左端面的表面粗糙度 Ra 值分别为 _____。

（5）解释 6×M6-6H▼10EQS 的含义：_____。该螺纹结构的定位尺寸为 _____。

（6）图中 φ95h6 表示是基 _____ 制，φ95 是 _____ 尺寸，h6 是 _____，h 是 _____，6 是 _____。

（7）解释 ◎φ0.02 A 的含义：被测要素为 _____，基准要素为 _____，几何公差项目为 _____，公差值为 _____。

（8）分别在指定位置画出 B—B 断面图及 D 向局部视图。

套　筒	材料	45	比例	
	数量		图号	
制图				
审核				

班级	学号	姓名

11. 读盖零件图并回答问题。

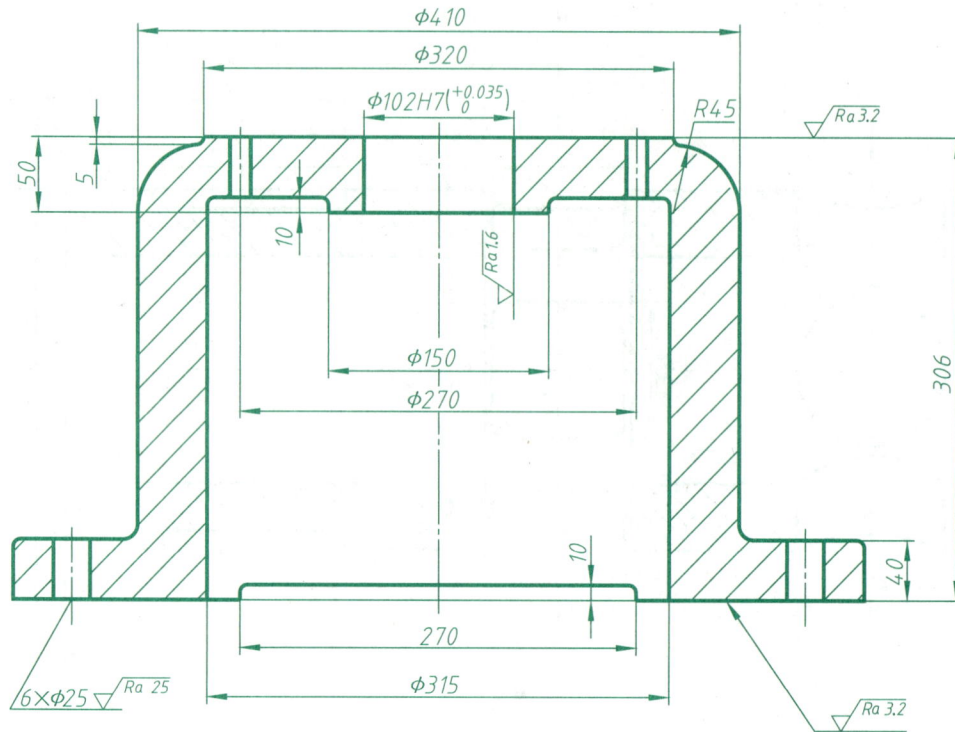

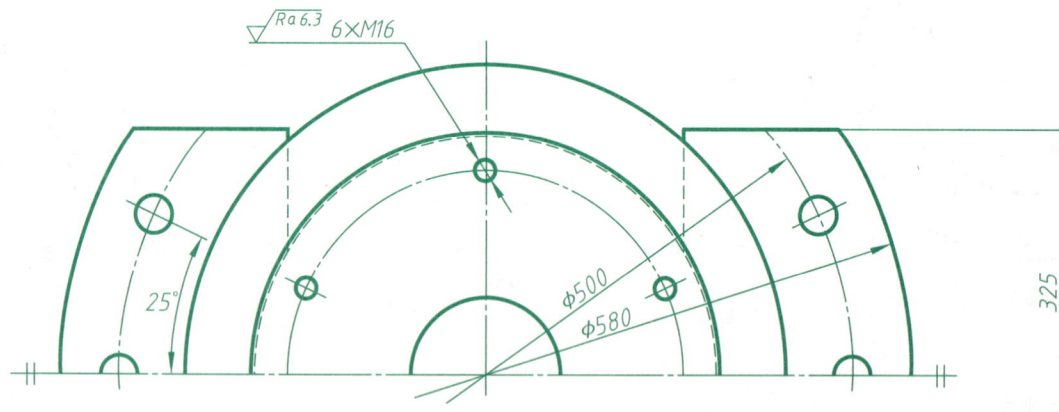

φ410
φ320
φ102H7($^{+0.035}_{0}$)
R45
Ra 3.2
50
5
10
Ra 1.6
φ150
φ270
306
10
40
270
φ315
6×φ25 Ra 25
Ra 3.2

Ra 6.3 6×M16
25°
φ500
φ580
325

技术要求
1.铸件应进行人工稳定化处理。
2.铸造圆角R1～R3。
3.孔口倒角C1, Ra 12.5。

$\sqrt{\ }$ ($\sqrt{\ }$)

盖	材料	HT150	比例	
	数量		图号	
制图				
审核				

读懂 P76 中盖的零件图，回答下列问题：

(1) 主视图属于_____剖视图，为什么不作标注？

_____。

(2) 底部共有_____个供连接用的光孔，它们的定位尺寸是_____，定形尺寸是_____。

(3) 零件名称是_____，属于_____类零件。

(4) $\phi 102H7$ $\binom{+0.035}{0}$ 表示公称尺寸为_____，公差带代号为_____，其中基本偏差代号为_____，其数值为_____；标准公差等级代号为_____，上极限偏差为_____，下极限偏差为_____，上极限尺寸为_____，下极限尺寸为_____，公差为_____。

(5) 俯视图是采用的哪种简化画法？_____。

(6) 该零件底部有一个长 270mm，高 10mm 的结构，请说明该结构有什么作用？

_____。

(7) 在指定位置画出主视图（仅画出可见部分）。

班级	学号	姓名

12. 读端盖零件图并回答问题。

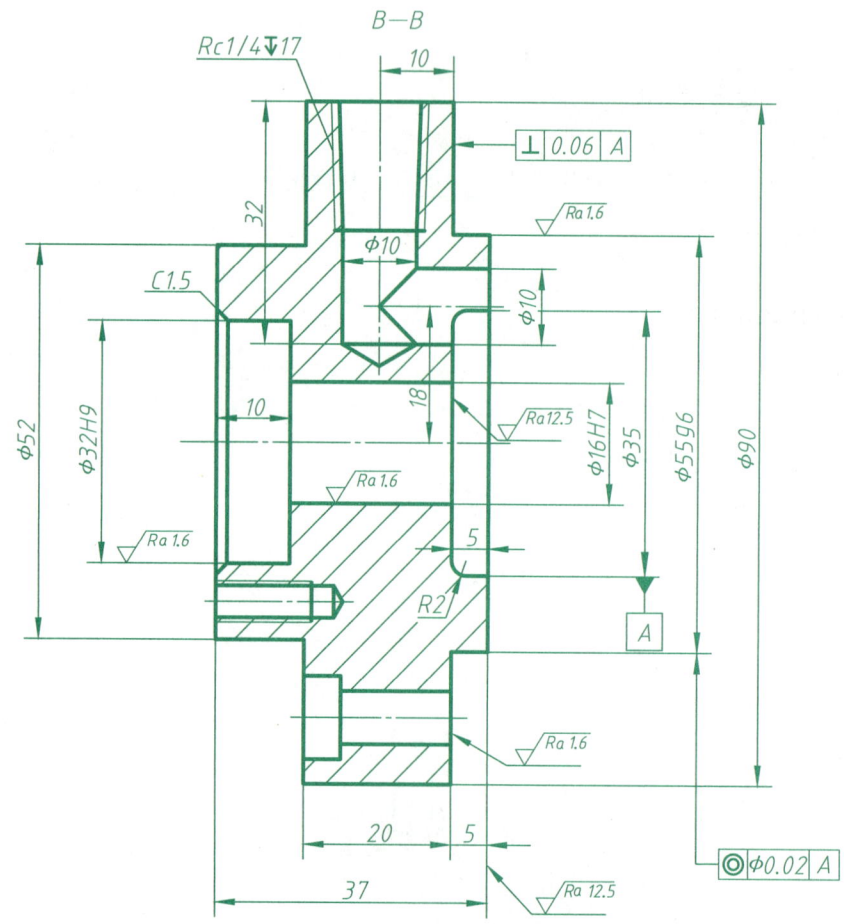

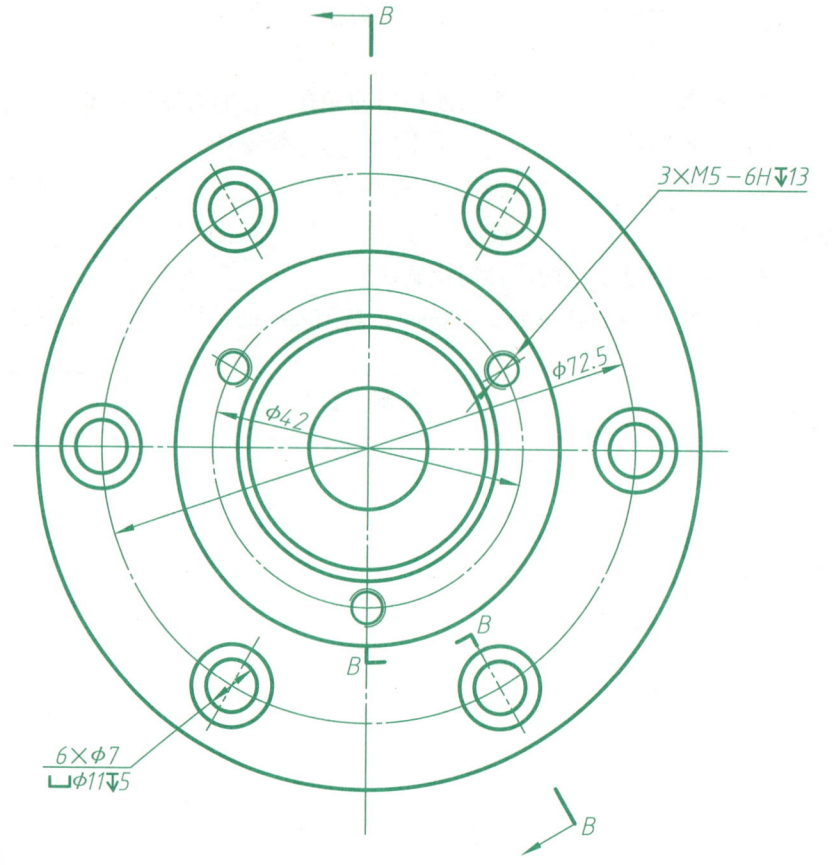

技术要求
1.铸件不得有砂眼、裂纹等缺陷。
2.铸件应进行人工稳定化处理。

端　盖	材料	HT250	比例	
	数量		图号	
制图				
审核				

读懂 P78 中端盖的零件图，回答下列问题：

（1）该零件的主视图是采用_____剖切面剖切得到的_____剖视图。

（2）零件长度方向的主要尺寸基准是 $\phi90$ 圆柱的_____端面；其径向尺寸基准为_____。

（3）解释图中 Rc1/4▽17 的含义：Rc_____，1/4_____，▽17_____，其定位尺寸是_____。

（4）解释 $\phi55g6$ 的含义：$\phi55$ 为_____，g6 为_____代号，其中 g 为_____代号，6 为_____代号，其下极限偏差为_____（<0，=0，>0）。上极限偏差为_____（>0，=0，<0）。公差为_____，该圆柱的表面粗糙度要求为_____。

（5）零件上有两处几何公差要求：

解释 ◎ $\phi0.02$ A 的含义：

被测要素为_____，基准要素为_____，几何公差项目为_____，公差值为_____。

解释 ⊥ 0.06 A 的含义：

被测要素为_____，基准要素为_____，几何公差项目为_____，公差值为_____。

（6）在指定位置画出右视图（仅画出可见部分）。

班级	学号	姓名

13. 读托架零件图，并回答问题。

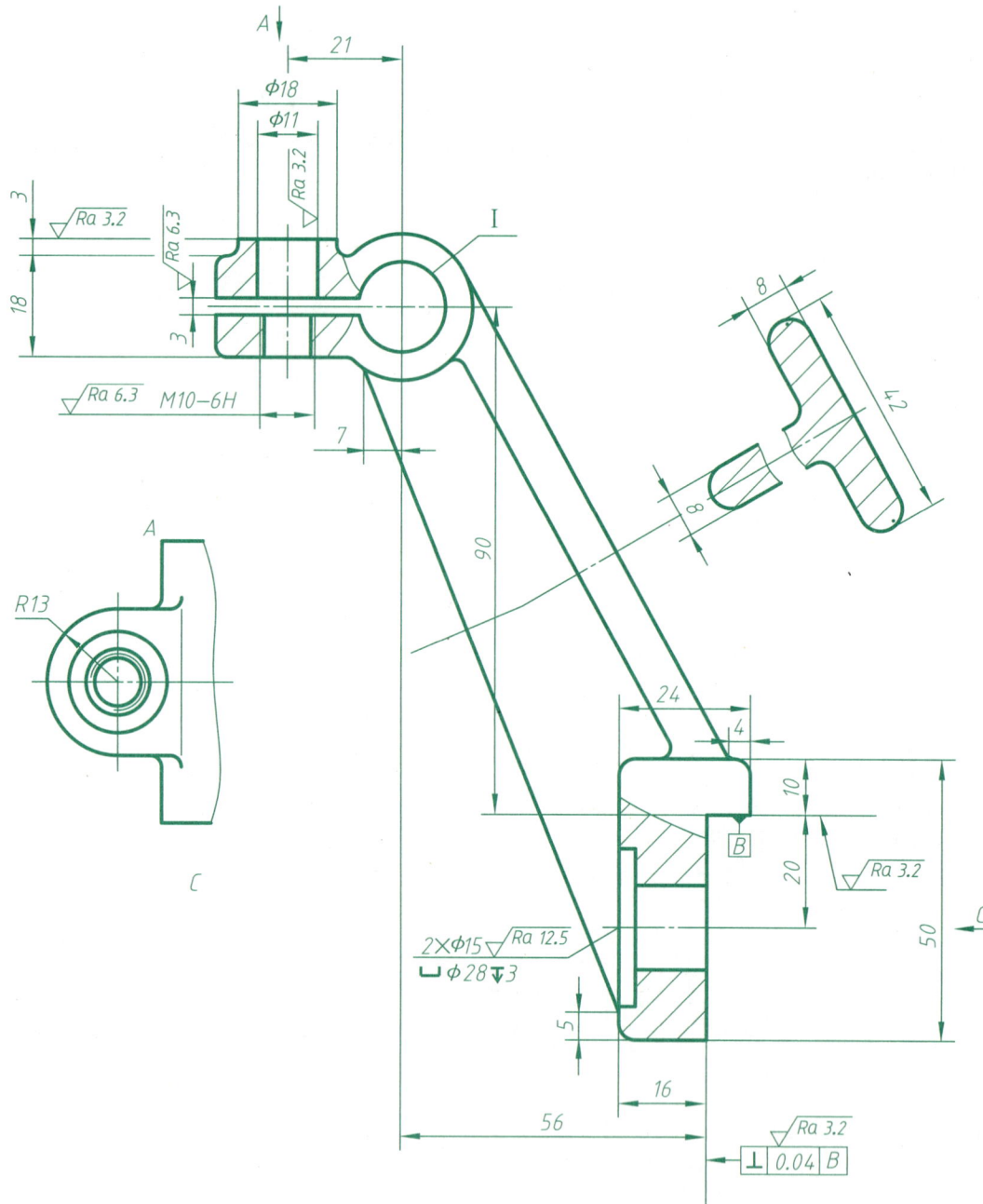

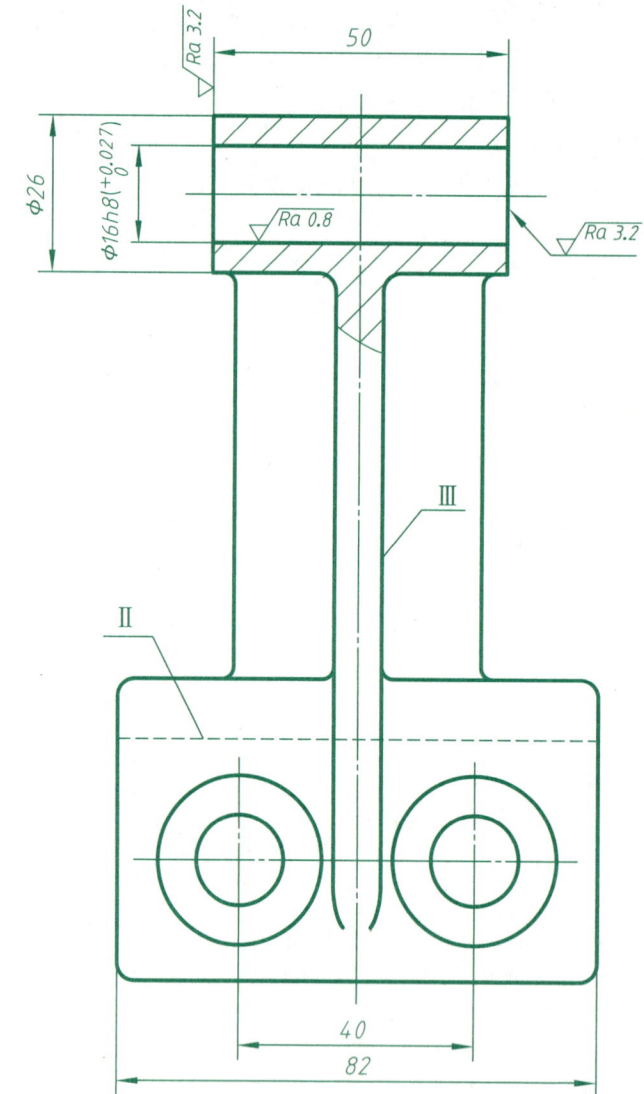

A

21

Φ18
Φ11
Ra 3.2

3
Ra 3.2
Ra 6.3
18
3

Ⅰ

8
42
8

Ra 6.3　M10-6H

7

R13

90

A

C

24
4

B

10

20

Ra 3.2

50

2×Φ15　Ra 12.5
⊔Φ28↧3

5

56
16

Ra 3.2
⊥ 0.04 B

技术要求
未注铸造圆角 R2～R3。

∀/(√)

Ra 3.2
50

Φ26
Φ16h8(+0.027/0)

Ra 0.8

Ra 3.2

Ⅱ

Ⅲ

40
82

托　架	材料	HT150	比例	
	数量		图号	
制图				
审核				

班级	学号	姓名

读懂 P80 上的托架零件图，回答下列问题：

（1）该零件采用了_____个图形表达？

　　　它们分别是_____剖视的_____图，_____剖视的_____图，_____图和_____图。

（2）标出长、宽、高三个方向的主要尺寸基准。

（3）零件上螺纹孔的定形尺寸为_____，螺纹孔的定位尺寸是_____。2×ϕ15 圆孔的定位尺寸是_____。

（4）解释 $\phi16h8$ ($^{+0.027}_{0}$) 的含义：公称尺寸是_____，公差带代号是_____，基本偏差代号是_____，公差等级代号是_____。其下极限偏差为_____，上极限偏差为_____，公差为_____，上极限尺寸为_____，下极限尺寸为_____。

（5）面Ⅰ、Ⅱ、Ⅲ的表面粗糙度要求分别是_____，_____，_____。该零件所有加工表面中表面粗糙度要求最高的参数为_____，表面粗糙度要求最低的参数为_____。

（6）在指定位置画出 C 向局部视图。

班级	学号	姓名

14. 读拨爪壳零件图并回答问题。

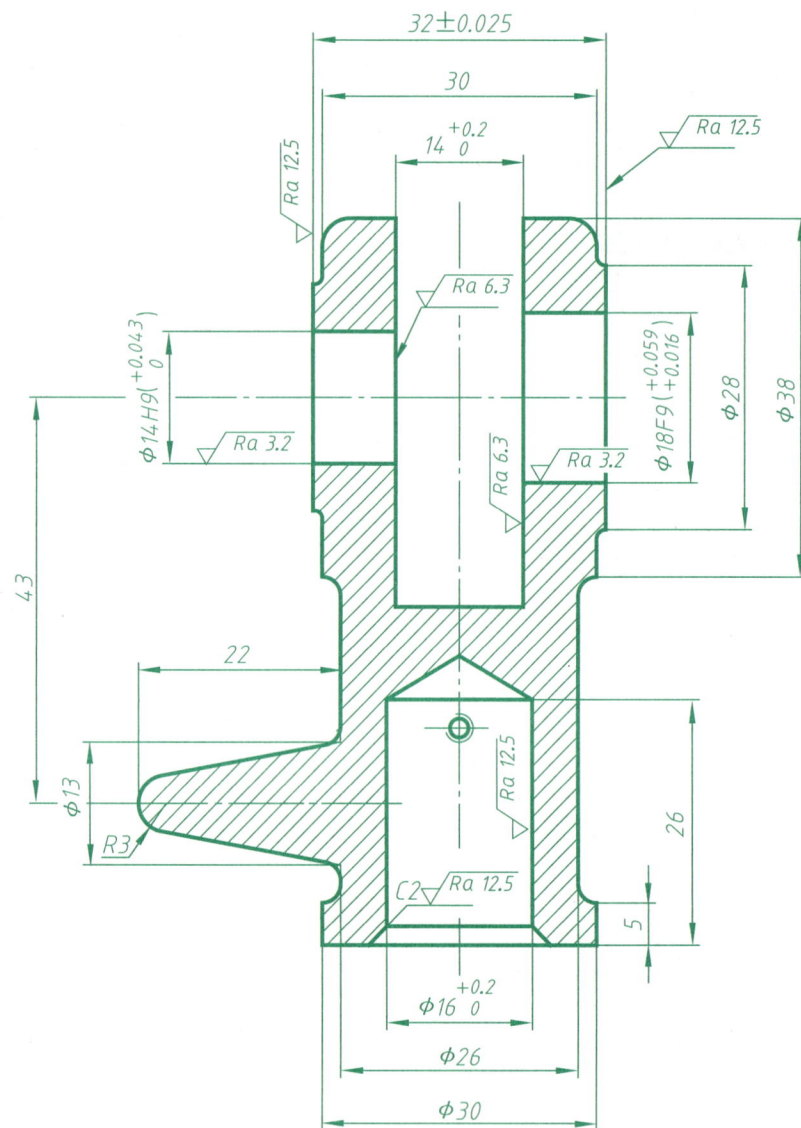

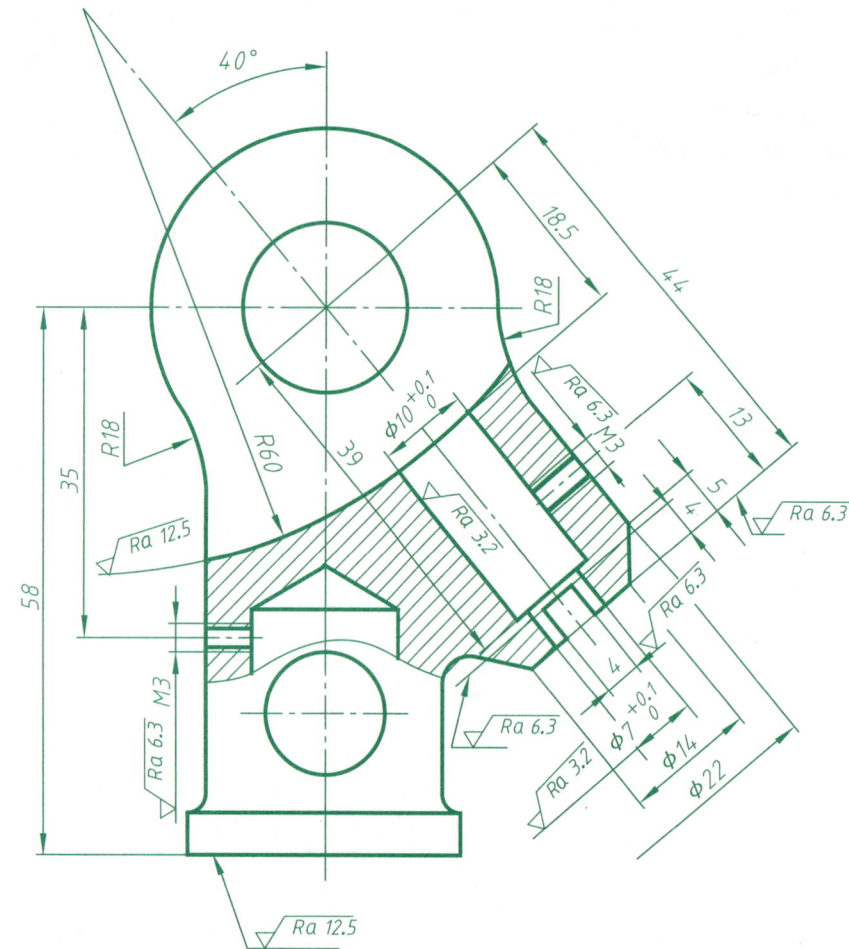

32±0.025
30
14 +0.2 0
Ra 12.5
Ra 12.5
Ra 6.3
φ14H9(+0.043 0)
Ra 3.2
φ18F9(+0.059 +0.016)
φ28
φ38
Ra 6.3
Ra 3.2
43
22
Ra 12.5
φ13
R3
C2 Ra 12.5
26
5
φ16 +0.2 0
φ26
φ30

40°
18.5
R18
44
R18
R60
35
39
φ10 +0.1 0
Ra 6.3 M3
13
5
4
Ra 3.2
Ra 6.3
58
Ra 12.5
Ra 6.3 M3
φ7 +0.1 0
4
Ra 3.2
Ra 6.3
φ14
φ22
Ra 12.5

技术要求
1.铸件不得有裂纹、缩孔、疏松等缺陷。
2.未注圆角R1～R3。

√(√)

拨爪壳		材料	KTH330-08	比例	
		数量		图号	
制图					
审核					

第八章　零件图	班级	学号	姓名

读懂 P82 上的拨爪壳零件图，回答下列问题：

（1）该零件用了＿＿＿＿＿＿个图形表达，其中主视图是＿＿＿＿＿＿剖视图，左视图是＿＿＿＿＿＿剖视图。

（2）图中有＿＿＿＿＿处螺纹结构，它们的定形尺寸是＿＿＿＿＿，它们的定位尺寸分别是＿＿＿＿＿，＿＿＿＿＿。

解释 M3 的含义为：（粗牙，细牙）螺纹，线数为（单线，多线），旋向为（左旋，右旋），旋合长度为（L，N，S）。（注：在正确的选项上打✓）

（3）ϕ14H9 的含义：ϕ14＿＿＿＿＿，H9＿＿＿＿＿，其上极限偏差＿＿＿＿＿（>0，=0，<0），下极限偏差＿＿＿＿＿（>0，=0，<0）。

ϕ18F9 的含义：公称尺寸＿＿＿＿＿，公差带代号＿＿＿＿＿，基本偏差代号＿＿＿＿＿，其值＿＿＿＿＿（>0，=0，<0），标准公差等级代号＿＿＿＿＿。

（4）图中最高和最低的粗糙度要求分别是＿＿＿＿＿，＿＿＿＿＿。（写出代号即可）

（5）技术要求第二条中的圆角指的是＿＿＿＿＿＿＿＿圆角，是一种＿＿＿＿＿＿＿＿工艺结构。

（6）解释标题栏附近符号√（√）的含义：＿＿＿＿＿＿＿＿＿＿＿＿＿＿＿＿＿＿＿＿。

15. 读箱体零件图并回答问题。

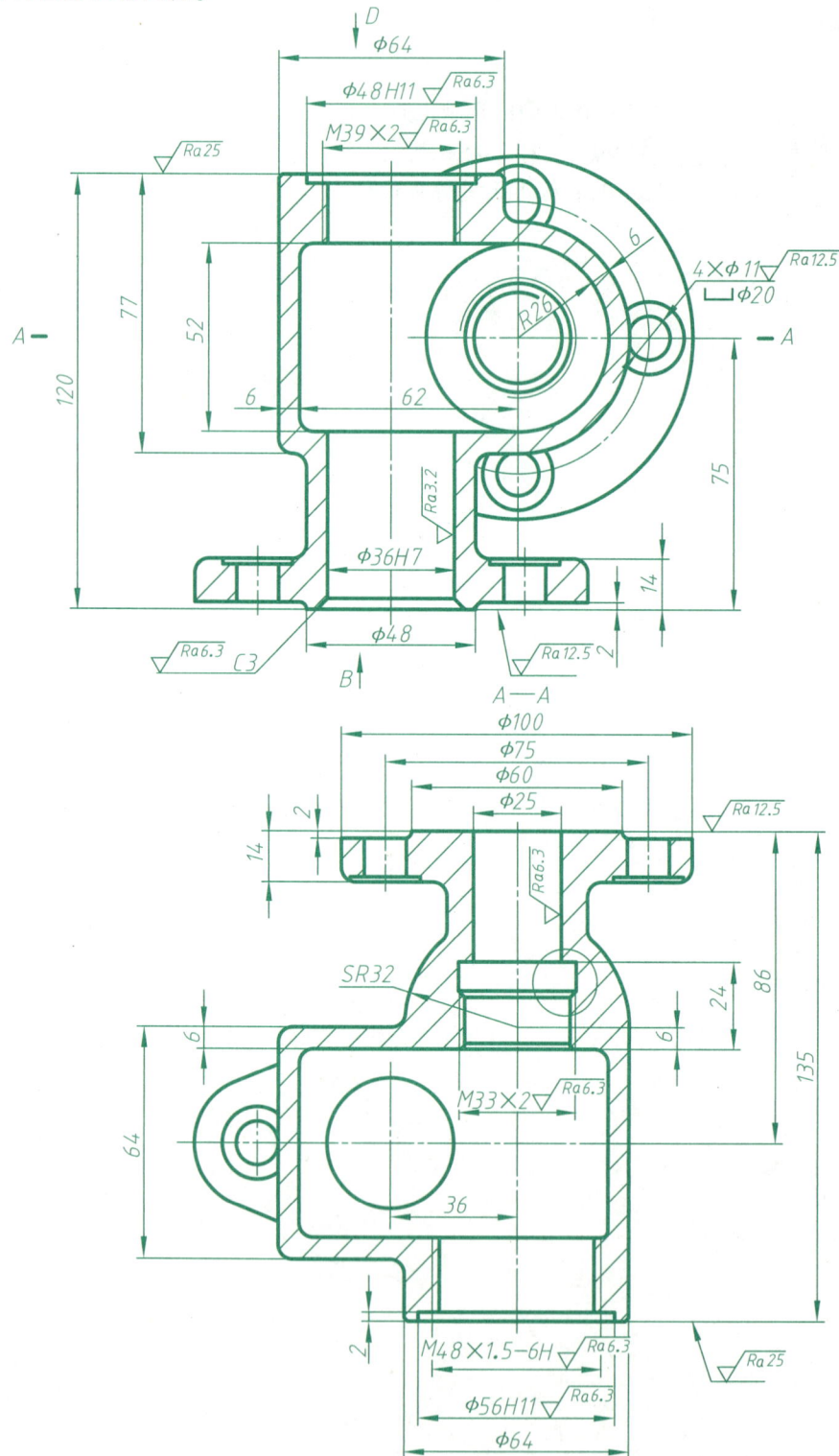

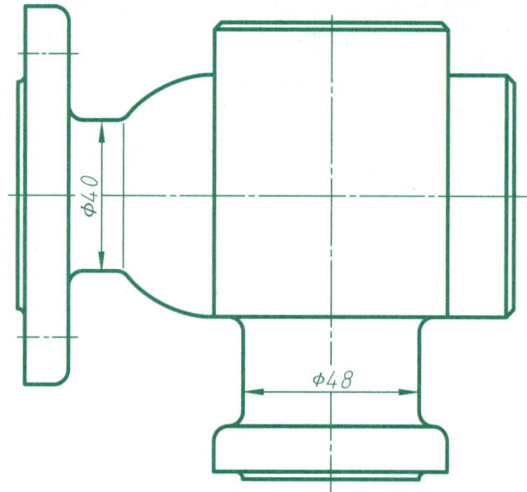

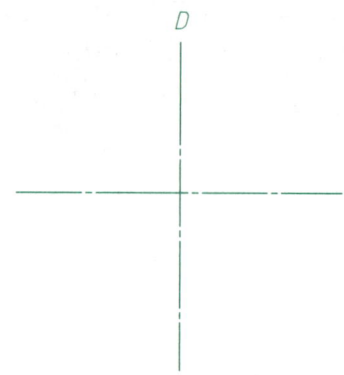

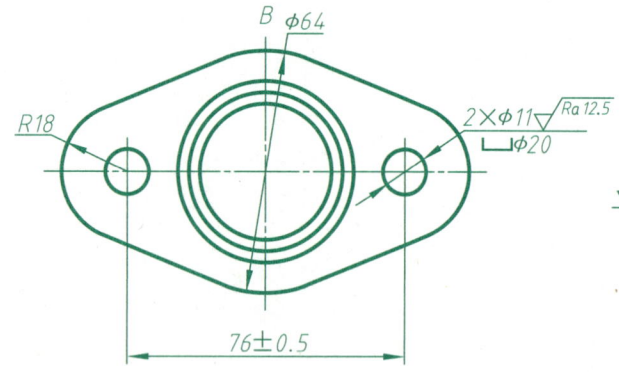

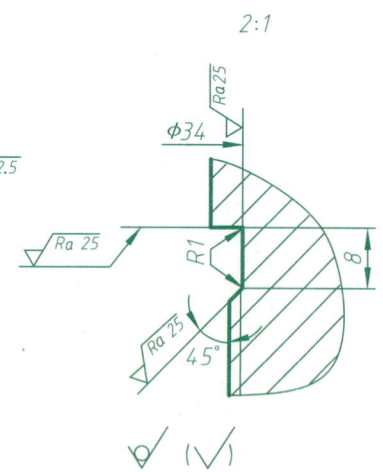

技术要求
1. 未注倒角C1。
2. 铸造圆角R2～R5。
3. 未加工表面涂防锈漆。

箱　　　体		材料	HT200	比例	
		数量		图号	
制图					
审核					

读懂 P84 上的箱体零件图，回答下列问题：

（1）分析该零件的表达方案，由_____个图形组成，它们的具体名称分别是什么？_____。

（2）箱体中共有_____处螺纹结构？它们的尺寸分别是_____。

$\underline{M39 \times 2}\sqrt{Ra6.3}$ 的含义为：_____牙_____螺纹，公称直径为_____，螺距为_____，_____旋，_____线，_____旋合长度。

其中 $\sqrt{Ra6.3}$ 符号的含义为：_____。

（3）表达方案中哪个图形表达底座的形状？_____。哪个图形表达后部法兰盘的形状？_____。

（4）图中未标注表面粗糙度代号的表面，其表面粗糙度要求为_____。

（5）解释 $\frac{4 \times \phi 11}{\llcorner\phi 20}\sqrt{Ra12.5}$ 的含义：4×φ11_____，$\llcorner\phi20$_____。

其中 $\sqrt{Ra12.5}$ 符号的含义为：_____。

（6）该零件的材料牌号 HT150 的含义为：HT_____150_____。

（7）表达方案中局部放大图表达的是什么结构？_____，该结构的宽度尺寸为_____，深度尺寸为_____。

（8）在指定位置画出箱体上部 D 向局部视图。

班级	学号	姓名

16. 读泵体座零件图并回答问题。

技术要求
未注铸造圆角R2~R4。

泵体座	材料	HT150	比例	
	数量		图号	
制图				
审核				

班级	学号	姓名

读懂 P86 上的泵体座零件图，回答下列问题：

（1）表达该零件结构形状共用了_____个图形，它们分别是_____，_____，_____，_____。

（2）该零件中共有_____种螺纹结构，它们的规格分别是_____，_____，_____。

　　　　它们的定位尺寸分别是_____，_____，_____。

（3）解释 $\sqcup \phi20$ 的含义：_____。

　　　　　　　 $2\times\phi9$

（4）图中有一宽为 42mm、深为 4mm 的结构，在零件中起什么作用？_____。

（5）图中 2×φ4 是_____孔，它的作用是_____。

（6）图中尺寸 φ52H7 所表示的孔是_____孔，其上极限偏差_____（>0，=0，<0），下极限偏差_____（>0，=0，<0）。

（7）在全部加工表面中，表面粗糙度要求最高和最低的代号分别是_____和_____。

（8）在指定位置画出主视图（仅画出可见部分）。

1. 找出装配结构中的错误，并将正确的装配图画在右边。

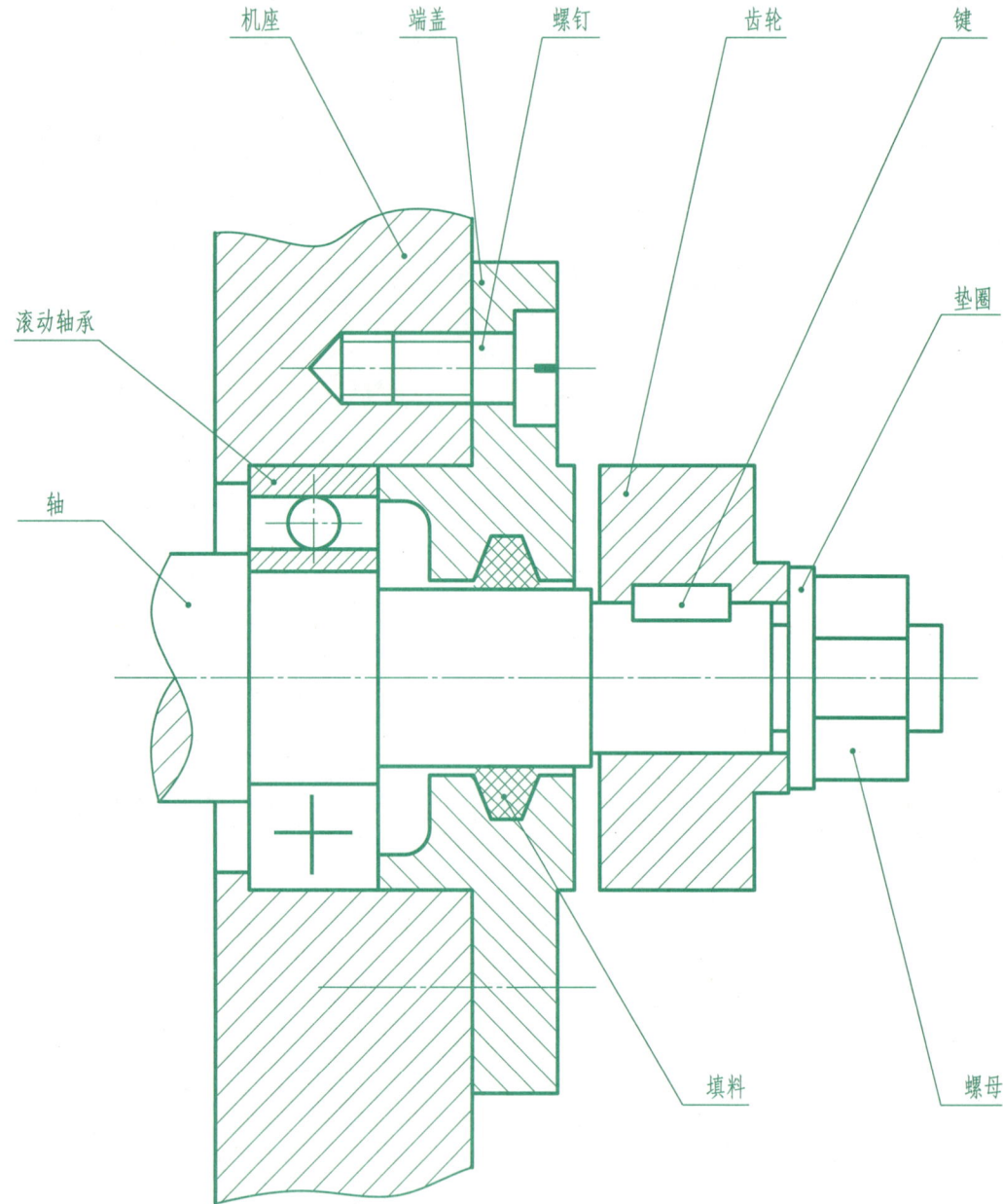

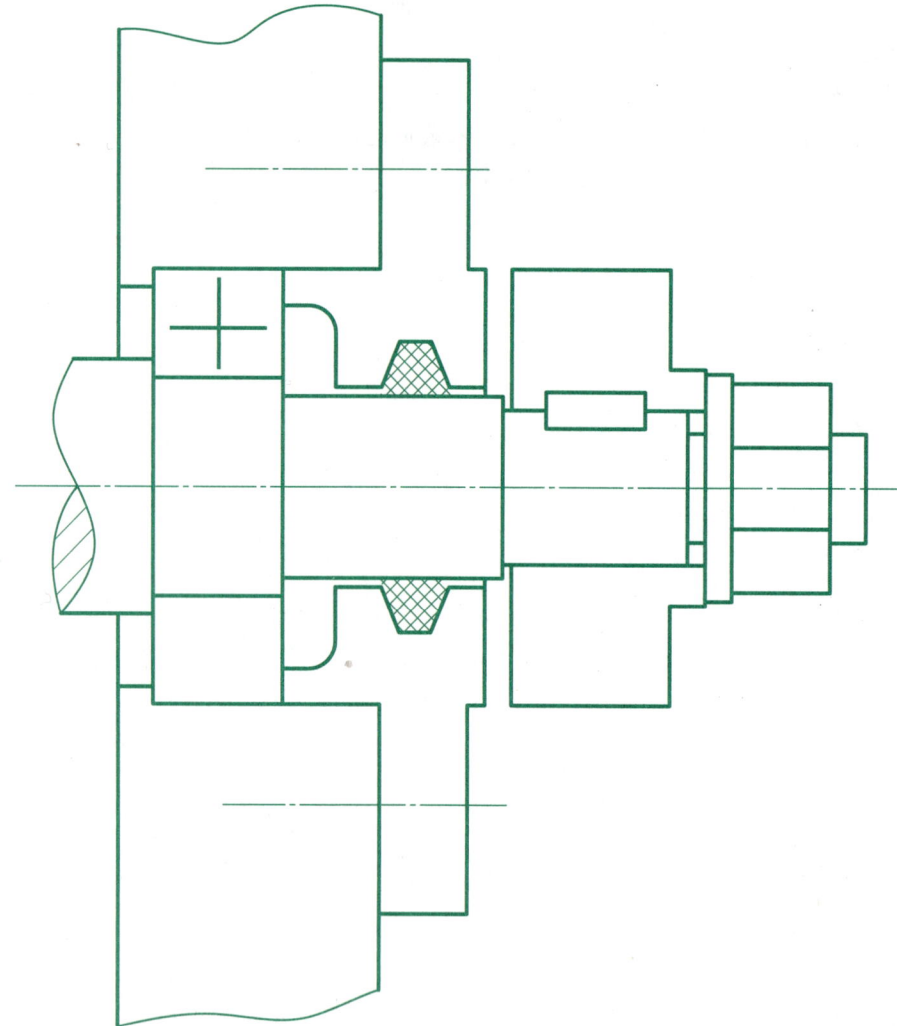

机座　　端盖　　螺钉　　齿轮　　键

滚动轴承

垫圈

轴

填料　　螺母

2. 根据旋塞的零件图和轴测图画出旋塞的装配图。（比例 1：1，A3 图纸）

工作原理及结构说明：

旋塞是管路中的一种开关，特点是开关动作比较迅速。它的法兰用螺栓与外管道连接。用扳手将塞子搬动 90°，就可以完全打开管路。

在锥形塞与壳体之间填满石棉盘根填料，再装上压盖，然后拧动双头螺柱上的螺母，使其压紧填料，用来防止泄漏。

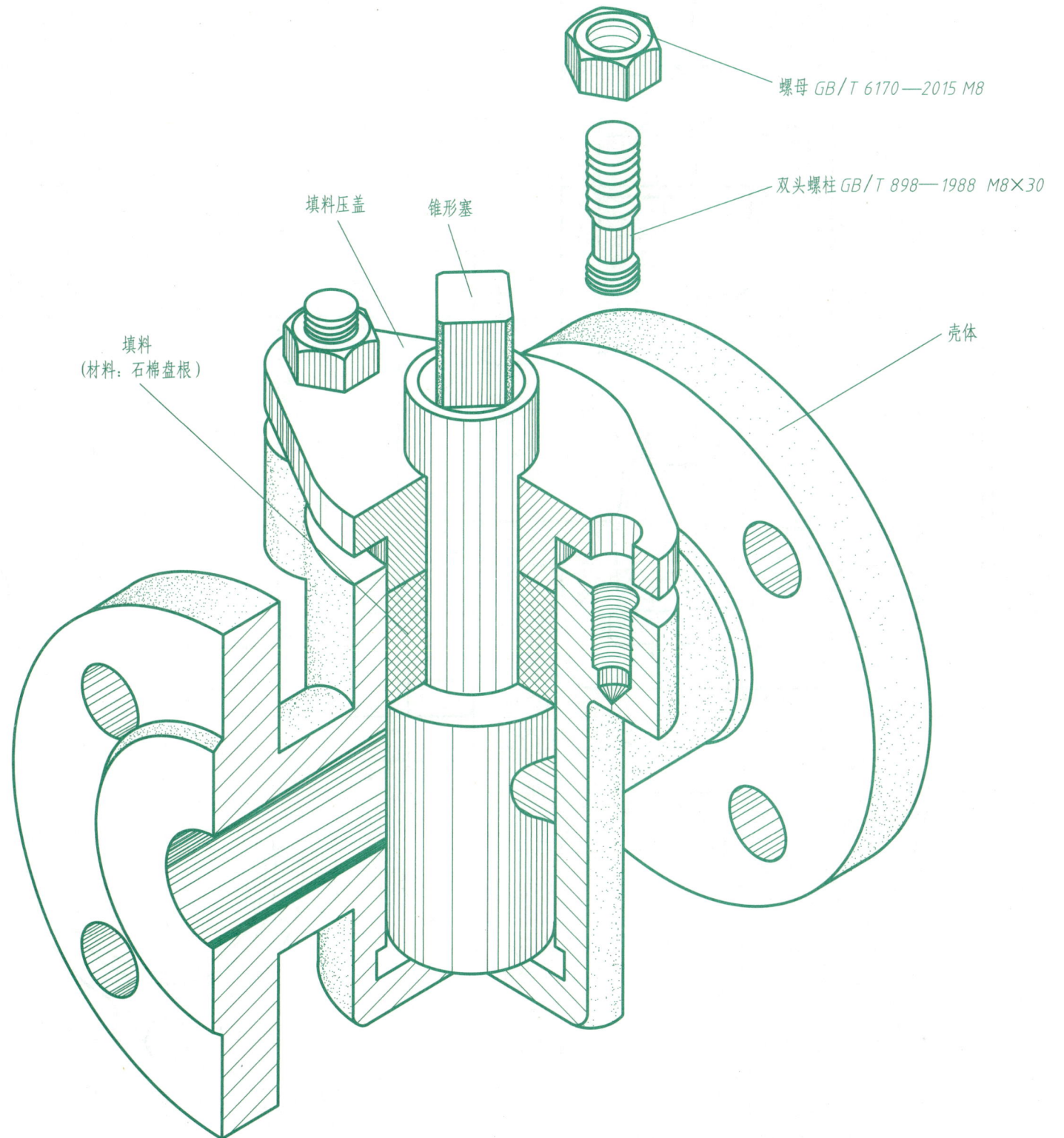

螺母 GB/T 6170—2015 M8

双头螺柱 GB/T 898—1988 M8×30

填料压盖　　锥形塞

填料
（材料：石棉盘根）

壳体

班级	学号	姓名

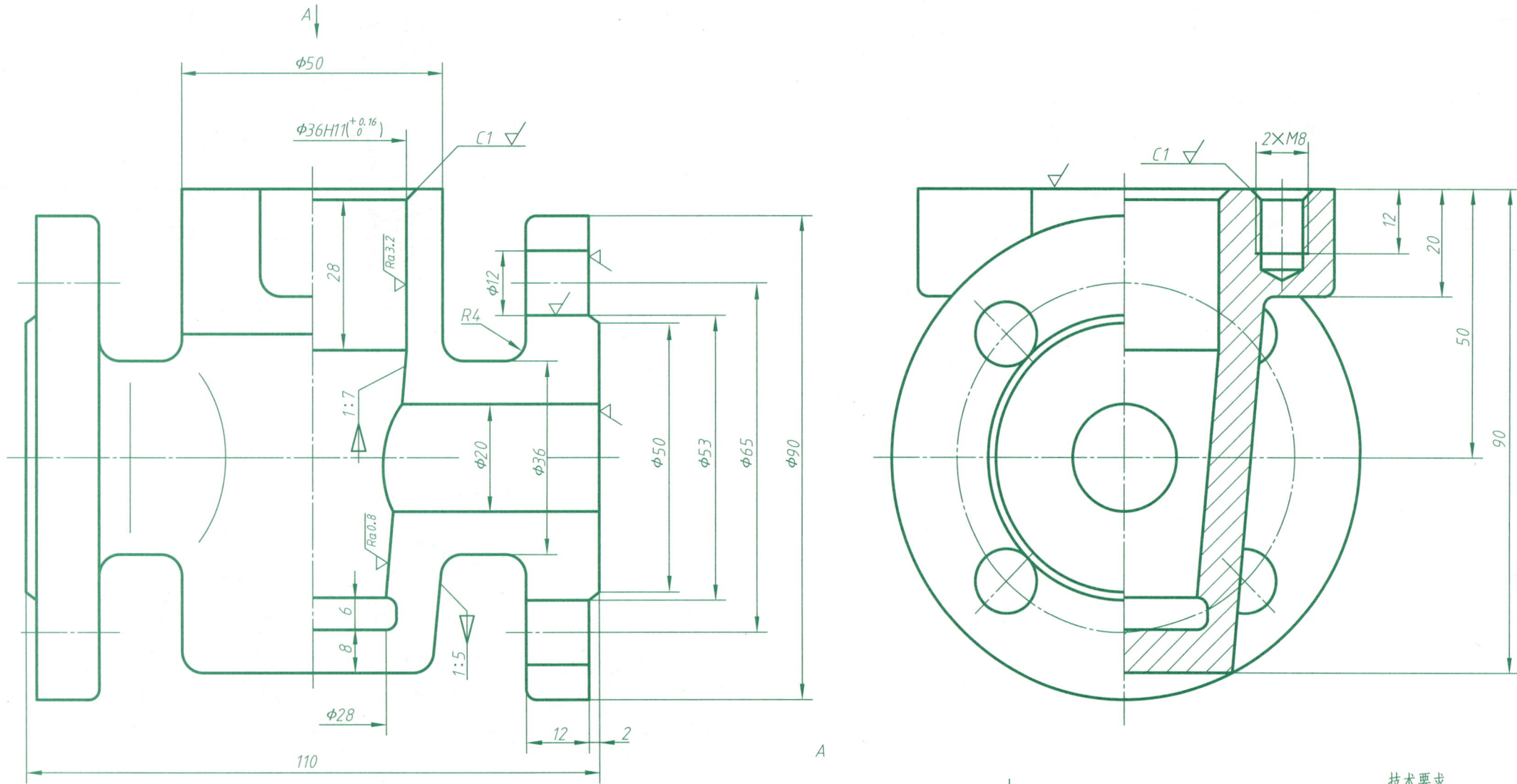

$\phi 50$

$\phi 36H11\left({}^{+0.16}_{0}\right)$

$C1$

$2\times M8$

$C1$

28

Ra 3.2

1:7

$\phi 12$

R4

Ra 0.8

$\phi 20$

$\phi 36$

$\phi 50$

$\phi 53$

$\phi 65$

$\phi 90$

6

8

1:5

$\phi 28$

12   2

110

12

20

50

90

A

60

R10

技术要求
未注圆角R2。

$\forall = \sqrt{Ra\,12.5}$

$\phi\,(\sqrt{\ })$

名称	壳体	比例	1：1
数量	1	材料	HT200

班级	学号	姓名

3. 根据千斤顶的装配示意图、轴测图和零件图，用 1：1 的比例画出千斤顶的装配图。

工作原理及结构说明：

千斤顶通过螺纹传动来顶起重物，是汽车修理和机械安装等工作中常用的一种起重或顶压工具。工作时，转动穿在螺杆孔中的铰杠，使螺杆在螺套中上、下移动，上升时，顶垫上的重物被顶起。螺套由螺钉定位，磨损后便于更换修配。顶垫由螺钉与螺杆连接而固定，这样可防止顶垫随螺杆一起旋转时脱落。

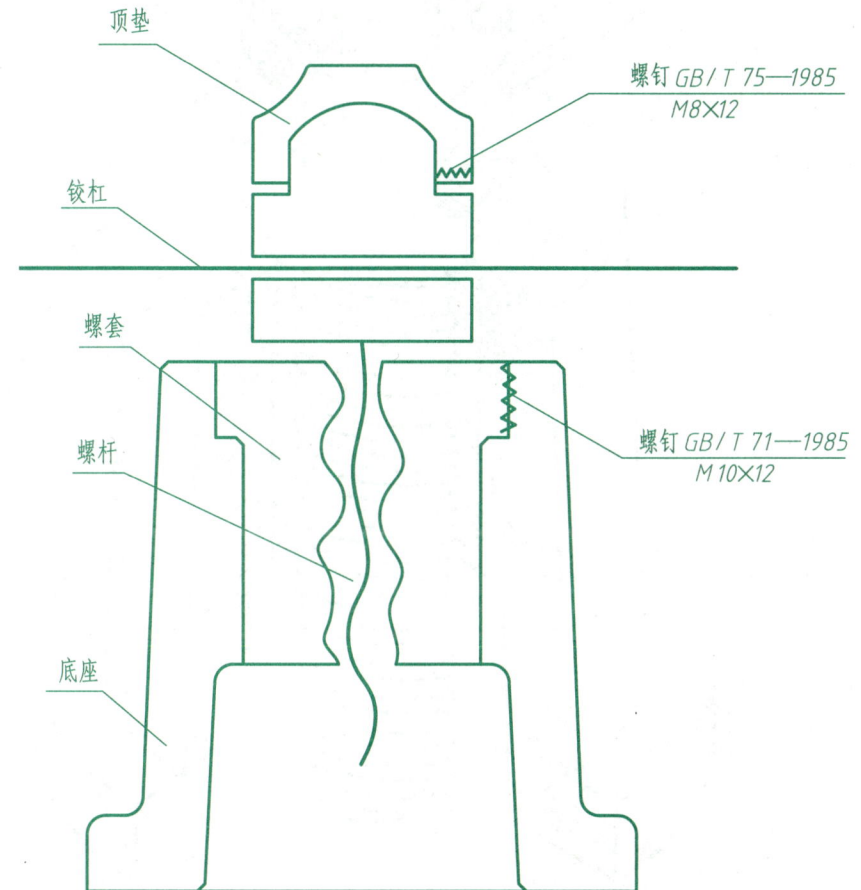

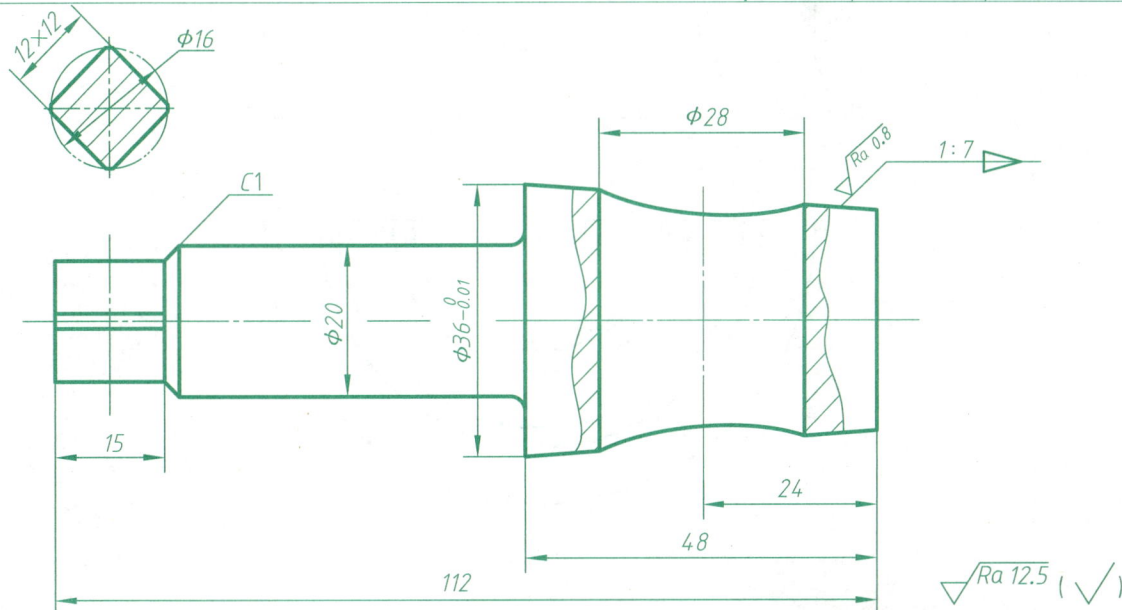

$\sqrt{Ra\ 3.2}$

C1

120°

$\phi 36d11(^{-0.08}_{-0.24})$

$\phi 22$

13

20

2×$\phi 9$

ϕ

60

$\phi 50$

$\sqrt{Ra\ 12.5}\ (\sqrt{\ })$

R10

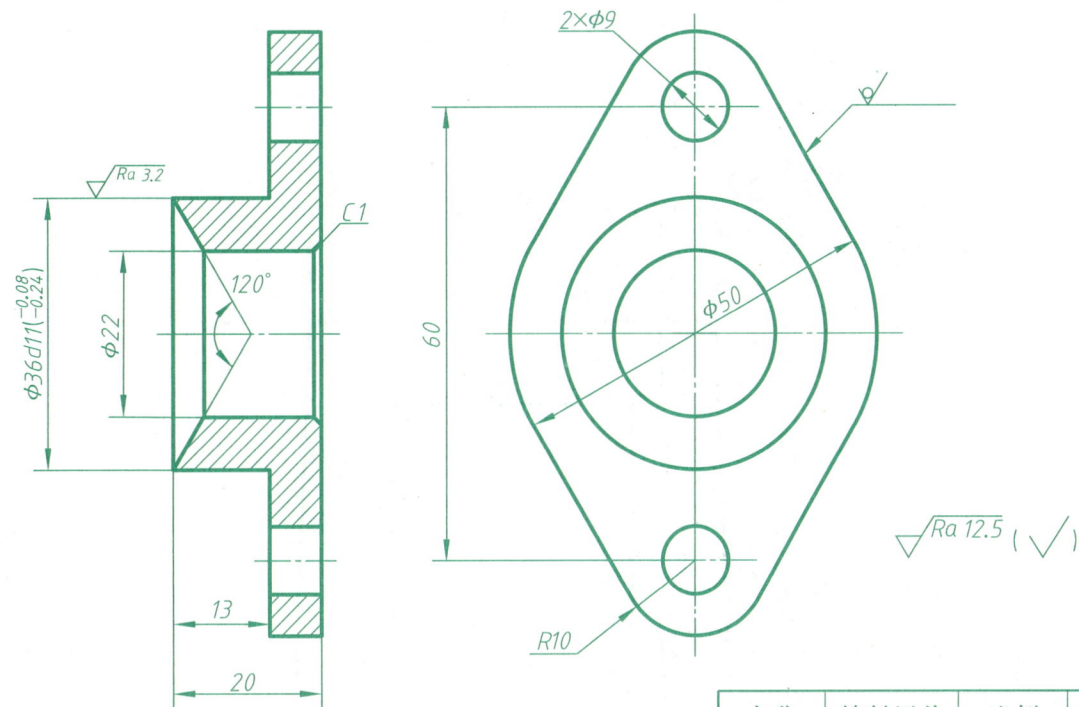

名称	填料压盖	比例	1：1
数量		材料	HT200
1			

12×12

$\phi 16$

C1

$\phi 28$

$\sqrt{Ra\ 0.8}$

1：7

$\phi 20$

$\phi 36^{\ 0}_{-0.01}$

15

24

48

112

$\sqrt{Ra\ 12.5}\ (\sqrt{\ })$

名称	锥形塞	比例	1：1
数量	1	材料	HT200

顶垫

螺钉 GB/T 75—1985
M8×12

铰杠

螺套

螺杆

螺钉 GB/T 71—1985
M 10×12

底座

班级	学号	姓名

顶垫

螺钉

螺杆

铰杠

螺钉

螺套

底座

$\phi110$

$\phi80$

$M10-6H$ $\sqrt{Ra\ 3.2}$

$\sqrt{Ra\ 3.2}$

20

17

15

C2

C2

$\phi65H8$ $\sqrt{Ra\ 1.6}$

$\phi80$

$\phi120$

R5

R5

R5

C2

140

60

20

$\phi86$

$\phi150$

$\sqrt{Ra\ 6.3}$

$\sqrt{} = \sqrt{Ra\ 12.5}$

$\sqrt[0]{}$ $(\sqrt{})$

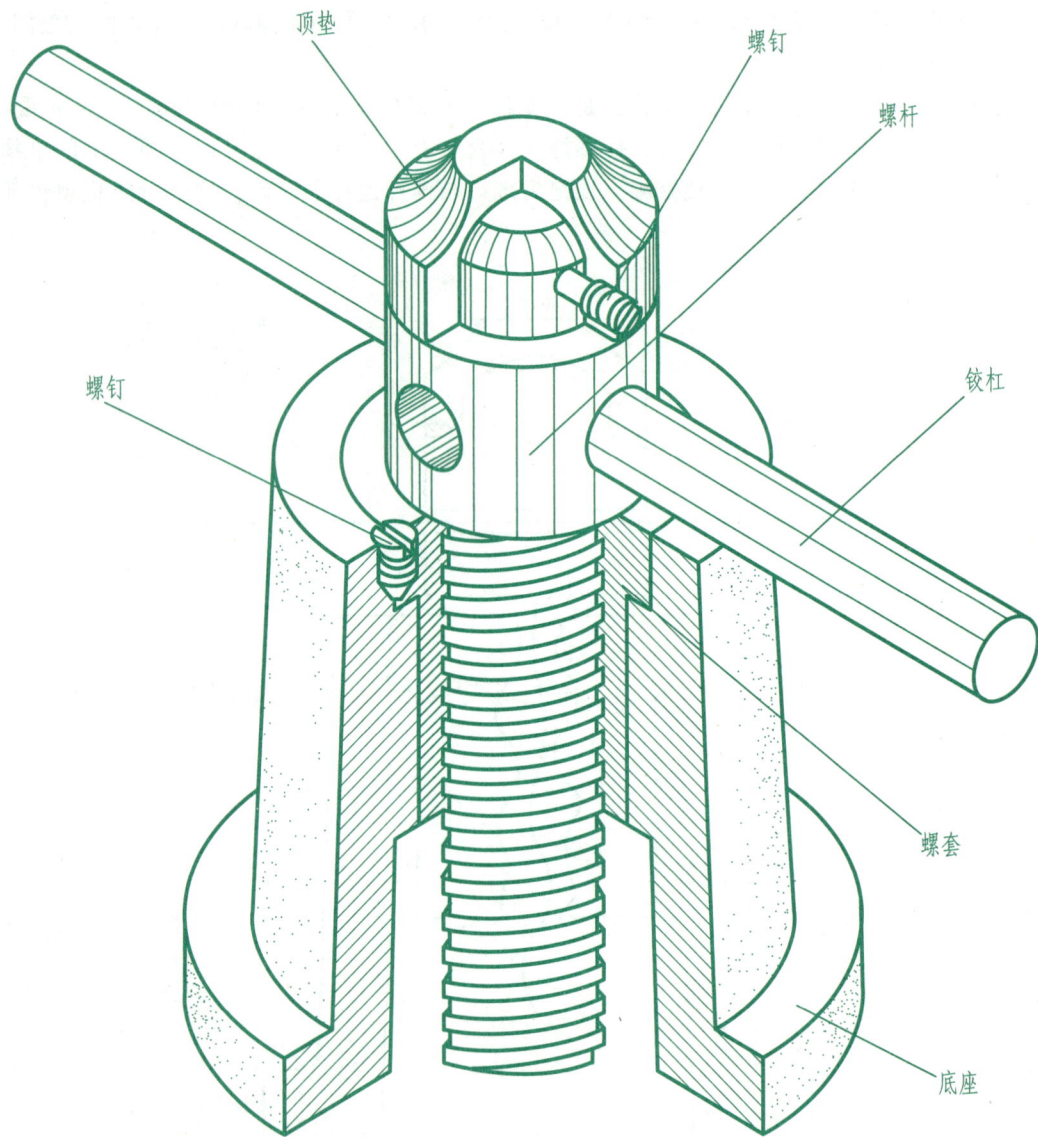

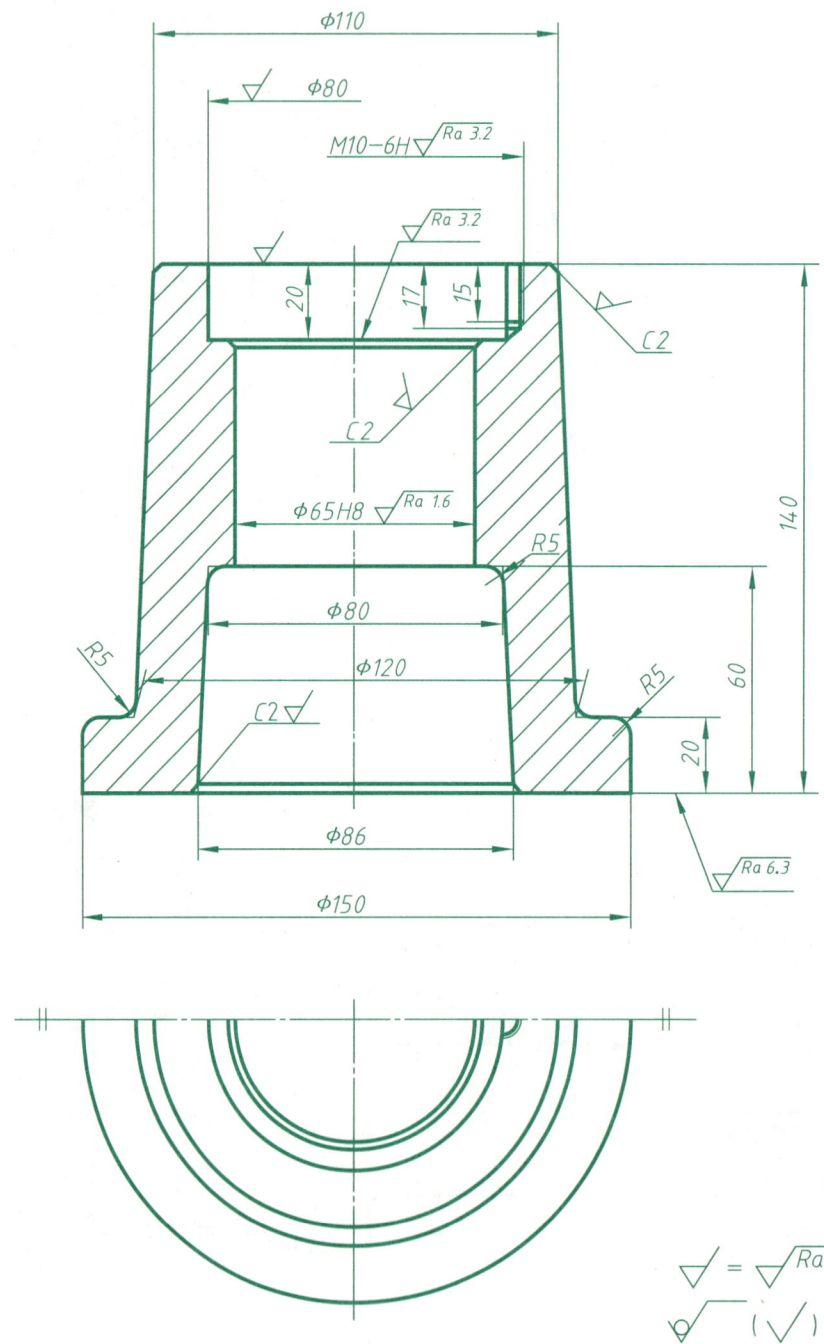

名称	底座	比例	1 : 2
数量	1	材料	HT200

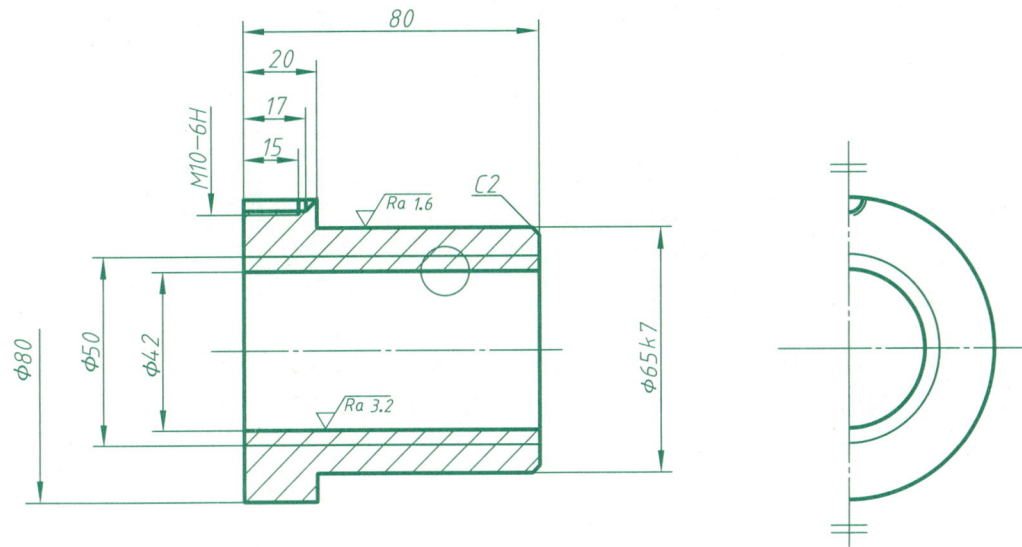

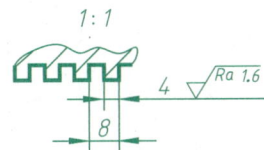

班级	学号	姓名

80
20
17
15
M10—6H
Ra 1.6
C2
Φ80
Φ50
Φ42
Φ65k7
Ra 3.2

Ra 6.3 (√)

1:1
4 Ra 1.6
8

名称	螺套	比例	1：2
数量	1	材料	ZCuAl10Fe3

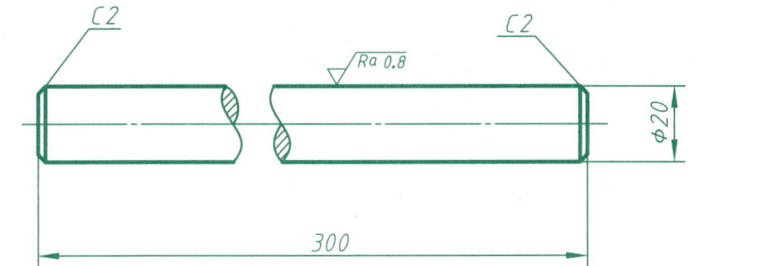

C2
Ra 0.8
C2
Φ20
300

Ra 6.3 (√)

名称	铰杠	比例	1：2
数量	1	材料	Q235

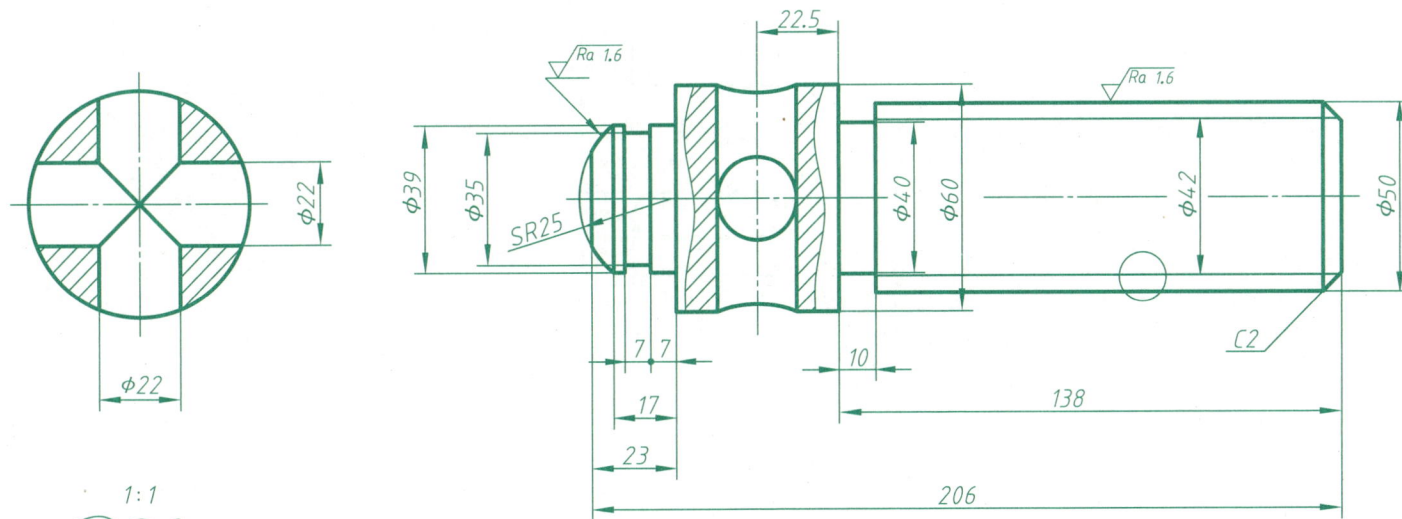

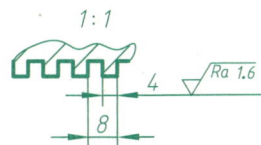

22.5
Ra 1.6
Ra 1.6
Φ22
Φ39
Φ35
SR25
Φ40
Φ60
Φ42
Φ50
Φ22
7 7
10
C2
17
23
138
206

Ra 6.3 (√)

1:1
4 Ra 1.6
8

名称	螺杆	比例	1：2
数量	1	材料	Q235

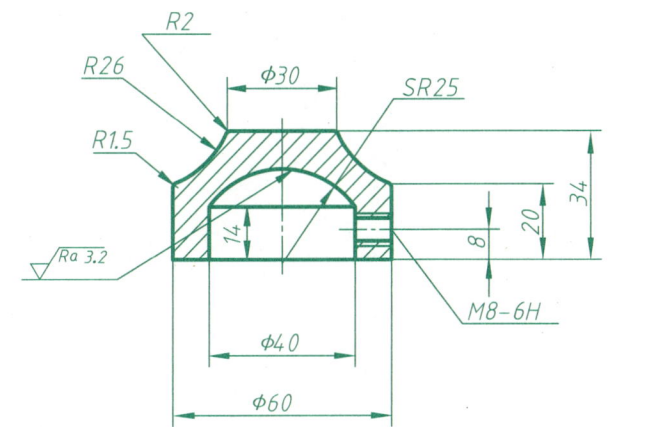

R2
R26
Φ30
SR25
R1.5
34
Ra 3.2
14
8
20
M8—6H
Φ40
Φ60

Ra 6.3 (√)

名称	顶垫	比例	1：2
数量	1	材料	Q235

4. 读 P95 的定位器装配图，回答下列问题并拆画件 6 零件图。作图要求：不改变原装配图的表达方法；除标注装配图中与该零件有关的尺寸外，其他尺寸及技术要求一律不标注。

（1）左视图是采用_____剖视，采用_____剖切平面剖切得到的，它的剖切位置可从_____视图中找到。

（2）若将调整螺钉（件 1）的伸出距离再向左伸出 10mm，请说出其调整顺序_____。

（3）图中 M14-7H/7g-L 属于_____尺寸；

　　　　　150 属于_____尺寸；

　　　　　10×10 属于_____尺寸；

　　　　　26 属于_____尺寸；

　　　　　70 属于_____尺寸。

（4）若将调整螺钉（件 1）的左端方体改为直径为 14mm 的圆柱体，与其相配合的手柄（不属于本装配体）中的方孔同时变为直径为 14mm 的圆孔，两者之间的配合尺寸为 φ14H8/h7，试说出它的含义：基_____制，_____配合，其中孔的公差带代号为_____，轴的公差带代号为_____，并在零件图中注出相应的尺寸和偏差值。

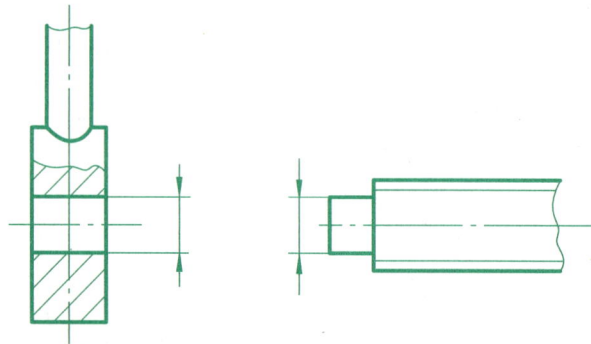

（5）根据螺母 GB/T 6170—2015 M14，查出有关尺寸填入下图。

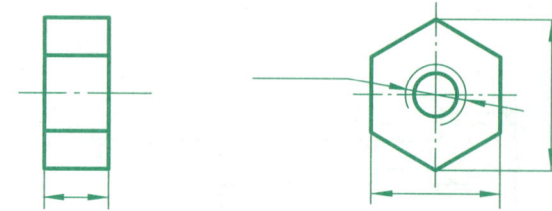

（6）若螺钉（件 1）的左端与不属于本装配体的手柄之间改成直径为 14mm 的圆孔、圆轴后，采用平键连接，试查出键连接装配画法的有关尺寸填入下图。

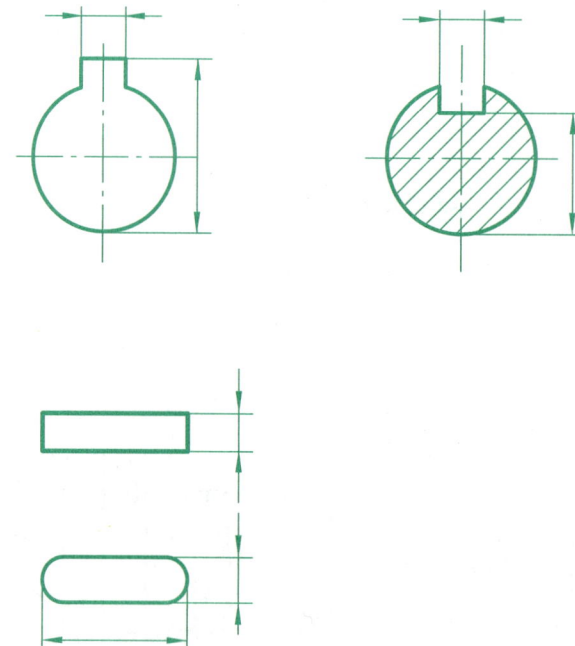

班级	学号	姓名

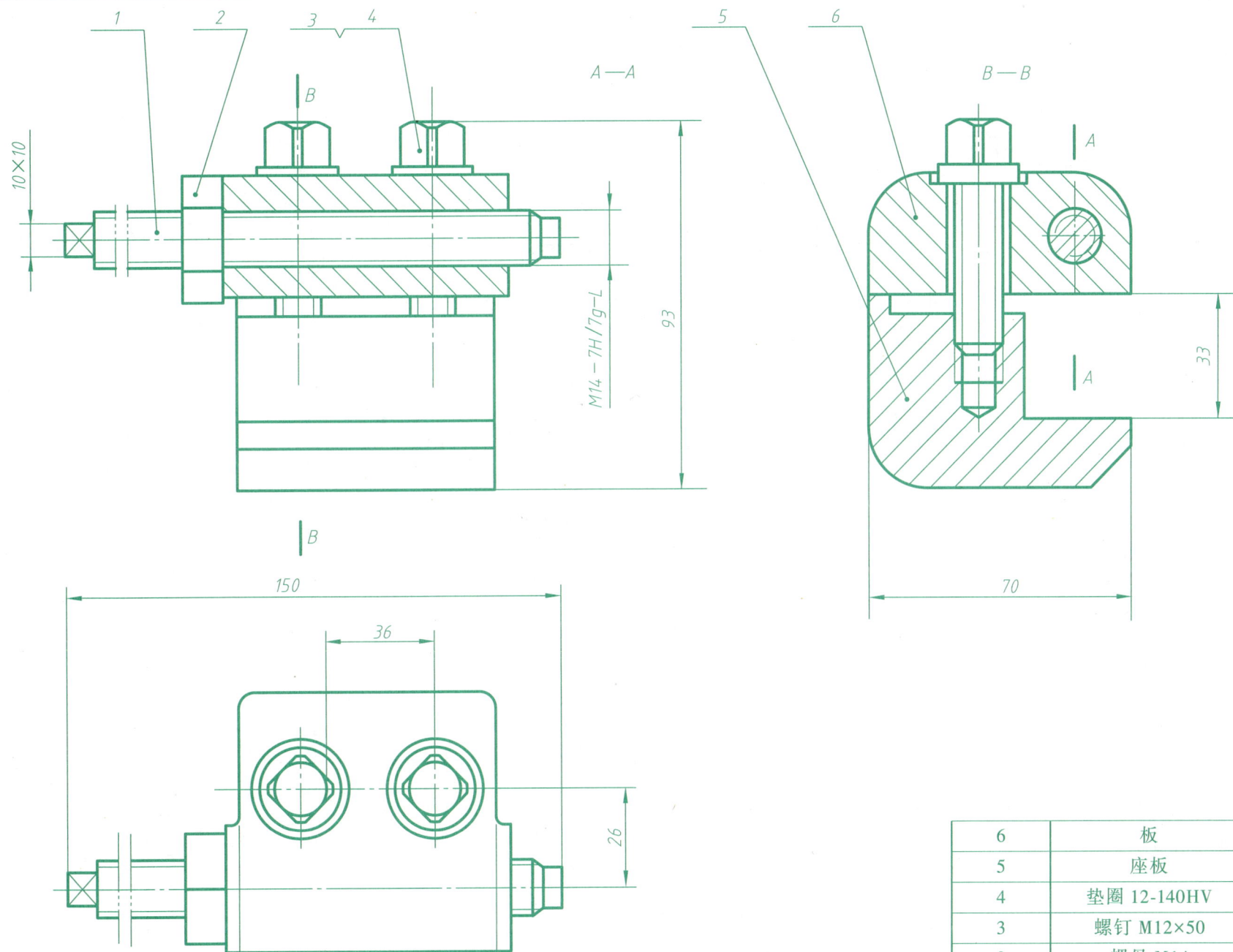

10×10

A—A

B—B

M14—7H/7g—L

93

33

70

150

36

26

工作原理及结构说明：
　　定位器是加工零件时限制刀架移动位置的一种装置。通过旋紧螺钉（件3）可将定位器安装在车床导轨上，调整螺钉（件1）时，应先旋松用于防松的螺母（件2）。

6	板	1	HT150	ZD10-3
5	座板	1	HT150	ZD10-2
4	垫圈 12-140HV	2	35	GB/T 848—2016
3	螺钉 M12×50	2	35	GB/T 821—2018
2	螺母 M14	1	35	GB/T 6170—2015
1	螺钉	1	45	ZD10-1
序号	名称	数量	材料	备注

定位器		班级		比例	
		学号		图号	
制图			（校名）		
审核					

5. 读钻模装配图并回答下列问题。

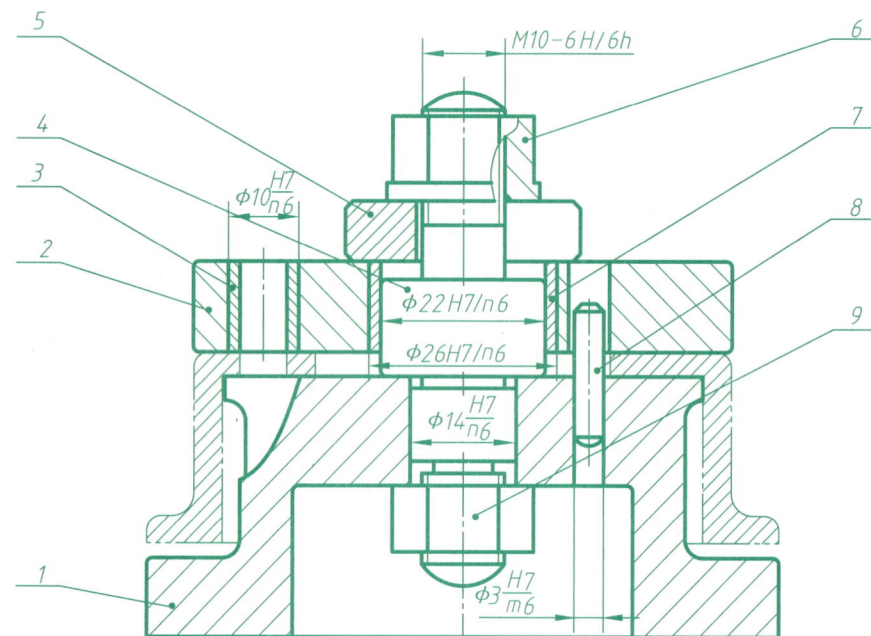

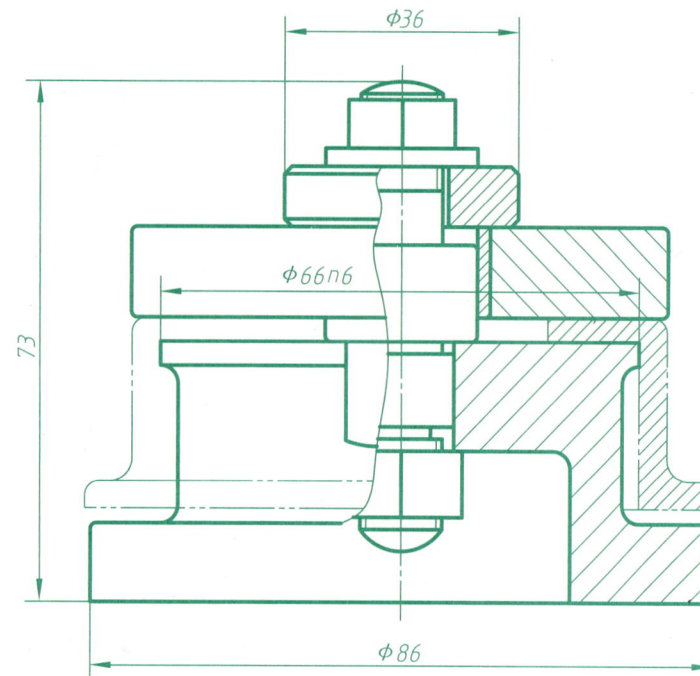

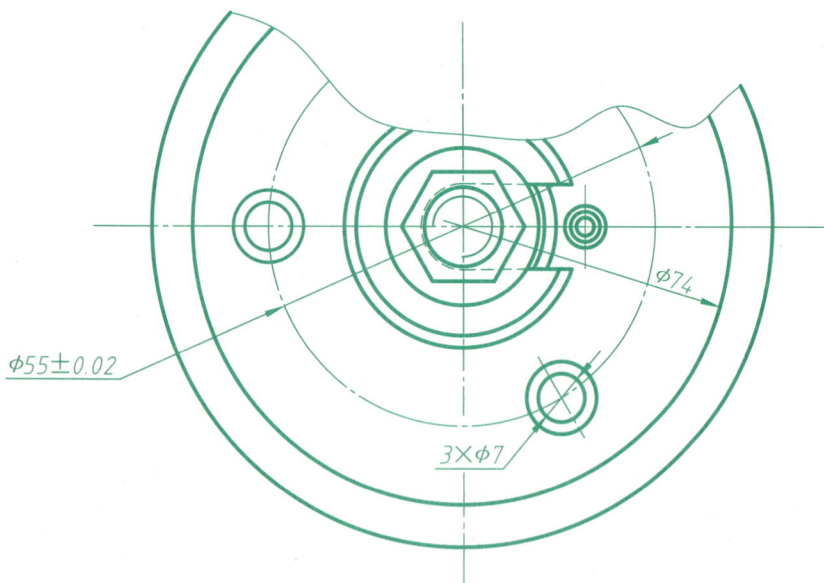

图中标注：
- M10-6H/6h
- φ36
- φ10 H7/n6
- φ22H7/n6
- φ26H7/n6
- φ66n6
- φ14 H7/n6
- 73
- φ3 H7/m6
- φ86
- φ74
- φ55±0.02
- 3×φ7

件号：5、4、3、2、1、6、7、8、9

（1）本装配图共用了＿＿个图形表达，主视图采用了＿＿剖，左视图采用了＿＿剖。

（2）图中的双点画线表示＿＿零件，该零件上有＿＿处需要钻孔。

（3）件 8 的作用是固定件＿＿与件＿＿之间的位置。

（4）φ22H7/n6 表示件＿＿与件＿＿之间的配合，属＿＿制＿＿的配合。孔的公差等级是＿＿级，轴的公差等级是＿＿级。在零件图上标注这一尺寸时，孔的尺寸是＿＿，轴的尺寸是＿＿。

（5）在主视图中件 1 的左上角空白处的结构在该零件上共有＿＿处，其作用是＿＿。

（6）明细栏中，HT200 表示＿＿，35 表示＿＿。

（7）以 1：1 的比例在 A3 图纸上画出件 1 的一组视图，尺寸从图中量取。

9	螺母 M10	1	35	GB/T 6170—2015
8	销 3 m6×28	1	40	GB/T 119.1—2000
7	衬套	1	45	
6	特制螺母	1	35	
5	开口垫圈	1	40	
4	轴	1	40	
3	钻套	3	T8	
2	钻模板	1	40	
1	底座	1	HT200	
序号	名称	数量	材料	备注

钻　　模	班级		比例	
	学号		图号	
制图		(校名)		
审核				

工作原理及结构说明：

钻模用于装夹、定位工件（图中双点画线所示），以便钻头在工件上钻孔。将工件装在钻模上，即可用钻头钻孔。在钻完孔后旋松特制螺母，取出开口垫圈，即可将钻模板取出，从而拿出工件。

6. 读膨胀阀装配图并回答 P98 的问题。

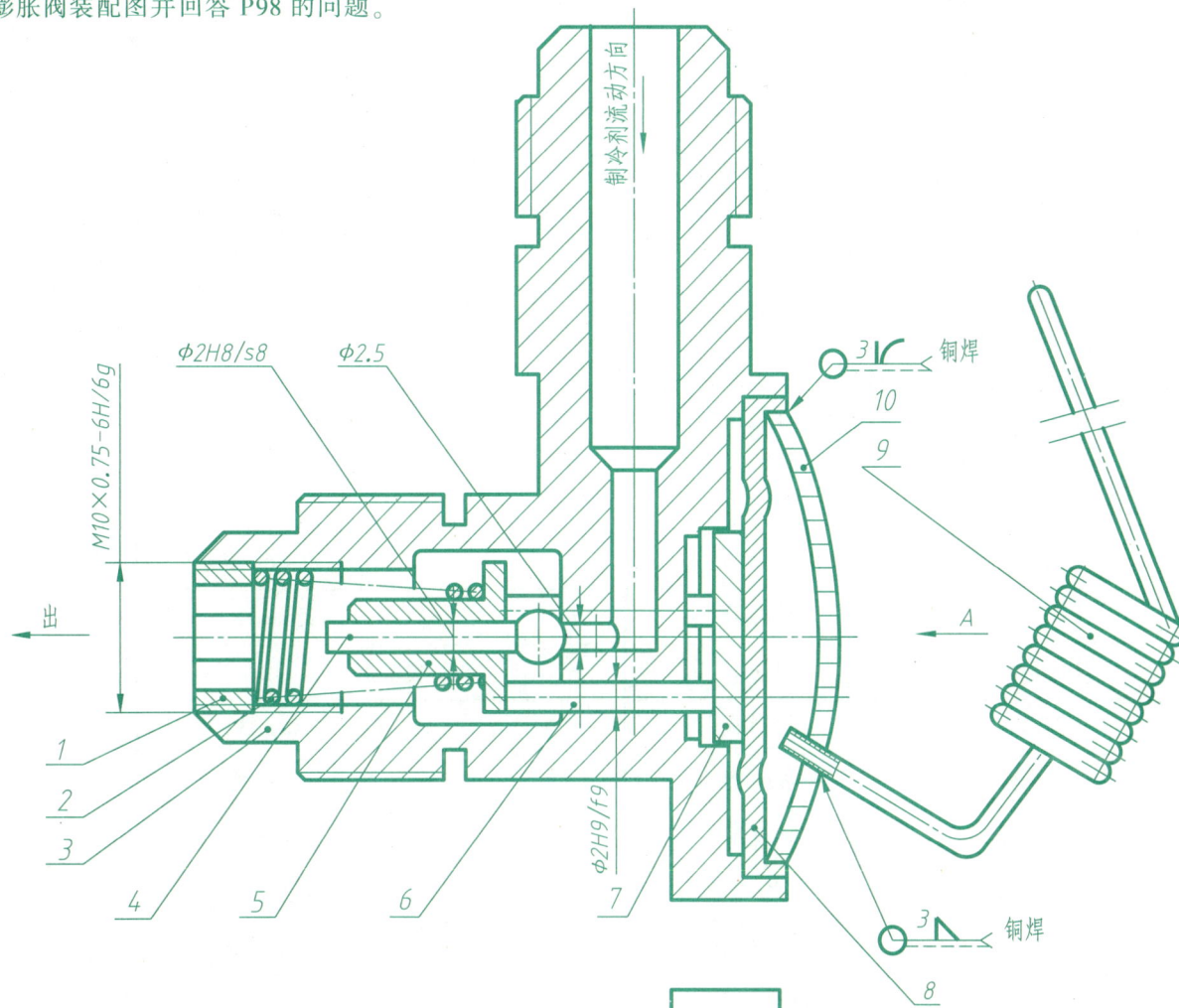

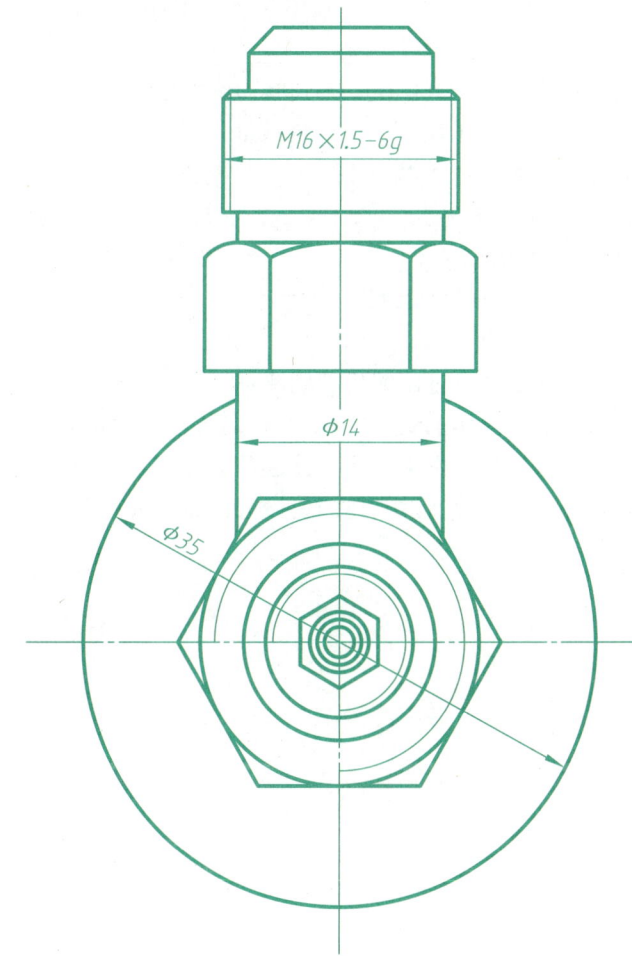

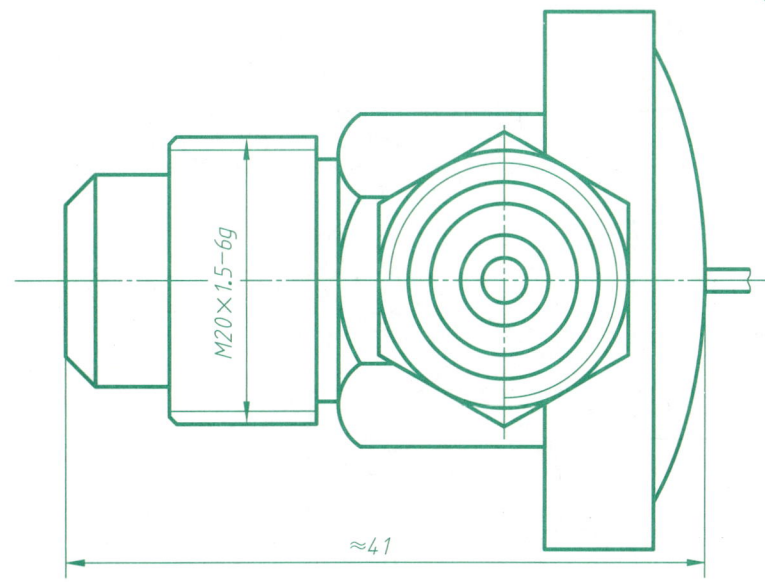

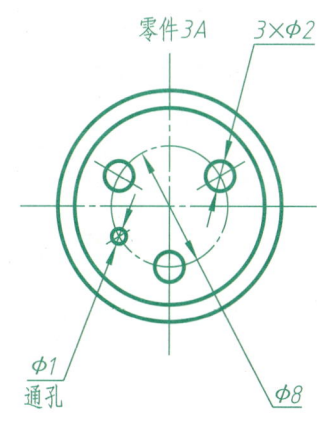

制冷剂流动方向

$\phi 2H8/s8$　$\phi 2.5$

$M10\times 0.75-6H/6g$

出

$\phi 2H9/f9$

1
2
3
4
5
6
7

$3\sqrt{\ }$　铜焊

10
9

A

$3\sqrt{\ }$　铜焊
8

$M20\times 1.5-6g$

≈ 41

零件3A　$3\times \phi 2$

$\phi 1$
通孔

$\phi 8$

$M16\times 1.5-6g$

$\phi 14$

$\phi 35$

技术要求
1. 感温包盖、感温管等应焊牢，保证密封件不泄漏。
2. 充灌制冷剂后封牢，充前干燥处理。
3. 感温管温度在 $-10\sim 5℃$ 内，球阀应动作灵敏。

| | 班级 | | 学号 | | 姓名 | |

(1) 看懂膨胀阀的装配图，拆画阀体 3 的零件图，尺寸、表面粗糙度等省略不注。

(2) 膨胀阀的性能规格尺寸是_____，_____，_____。

(3) 装配图中有尺寸 M10×0.75-6H/6g，该尺寸是_____尺寸。

(4) 件 1 与件 3 之间采用_____连接。

(5) 在膨胀阀装配图所示状态下，制冷剂能流动吗？

(6) 感温包盖 10 的材料是_____，它是_____金属（黑色、有色）。

(7) 件 9 与件 10 的连接是_____，其中件 10 的零件类型是_____。

(8) 件 4 与件 5 之间能运动吗？为什么？

工作原理及结构说明：

　　制冷机是利用系统中经过压缩机的制冷剂在高压下通过膨胀阀转化成气态大量吸热而制冷的。膨胀阀是制冷系统中广泛采用的一种控制冷库温度的装置。阀体上装有感温管与感温包，感温管中充满了对温度非常敏感的四氯化碳气体，当冷库温度变化时，冷库中感温管内的四氯化碳气体体积会发生变化，使膜片 8 膨胀，推动垫块 7 和推杆 6，使弹簧座 5 压缩锥形弹簧 2 向左移动，从而带动芯杆 4，调整其与阀体 3 的间隙，使通过阀体的制冷剂流量增大或者减小，以调整冷库中的温度达到规定要求。

10	LOB04.10	感温包盖	1	ZCuZn38	
9	LOB04.09	感温管	1	T2 φ3×1	
8	LOB04.08	膜片	1	T2	
7	LOB04.07	垫块	1	ZCuZn38	
6	LOB04.06	推杆 φ2×12 液针	3	Q235A	
5	LOB04.05	弹簧座	1	Q235A	
4	LOB04.04	芯杆	1	Q235A	
3	LOB04.03	阀体	1	ZCuZn38	
2	LOB04.02	锥形弹簧	1	65Mn	
1	LOB04.01	螺母	1	ZCuZn38	
序号	代号	名称	数量	材料	备注

标记	处数	分区	更改文件号	签名	年、月、日			膨胀阀
设计	（签名）	（年月日）	标准化	（签名）	（年月日）	阶段标记	重量	比例	
审核								2:1	
工艺			批准			共 张 第 张		LOB04HH3

注：本题中的标题栏采用国家标准 GB/T 10609.1—2008 推荐的格式，用于练习。

7. 读摆动台装配图并回答 P100 的问题。

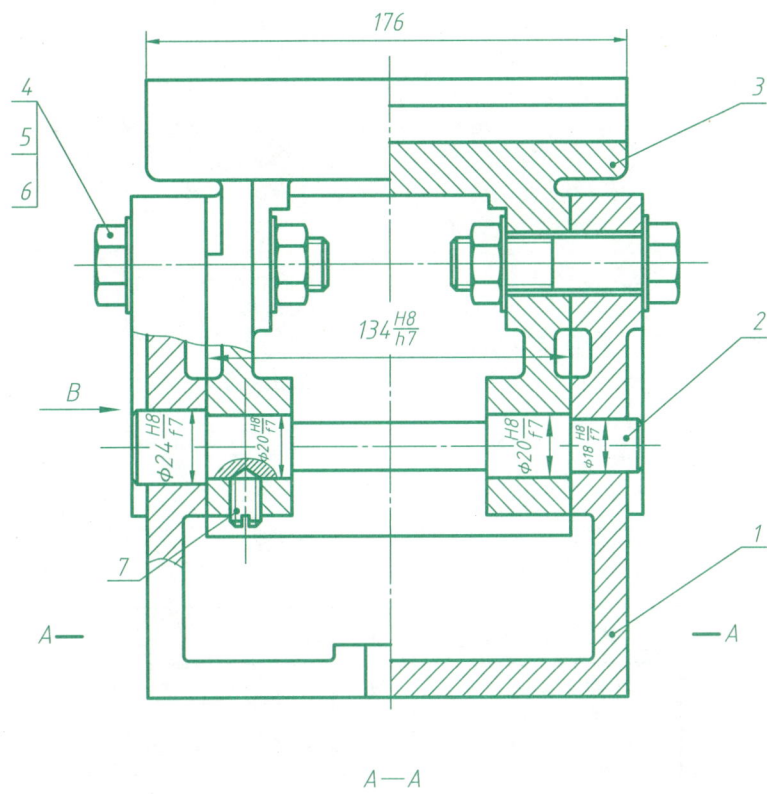

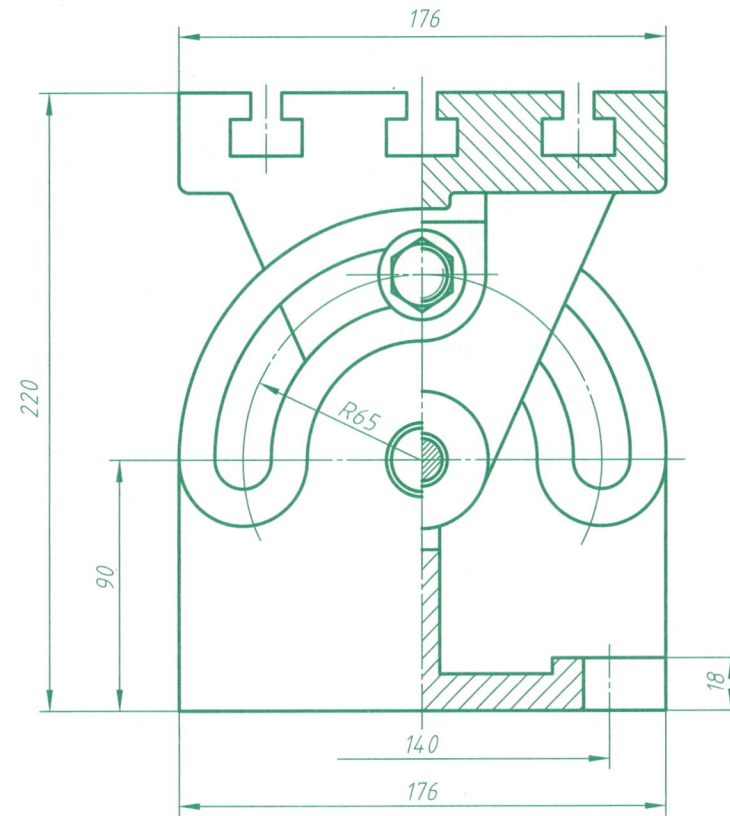

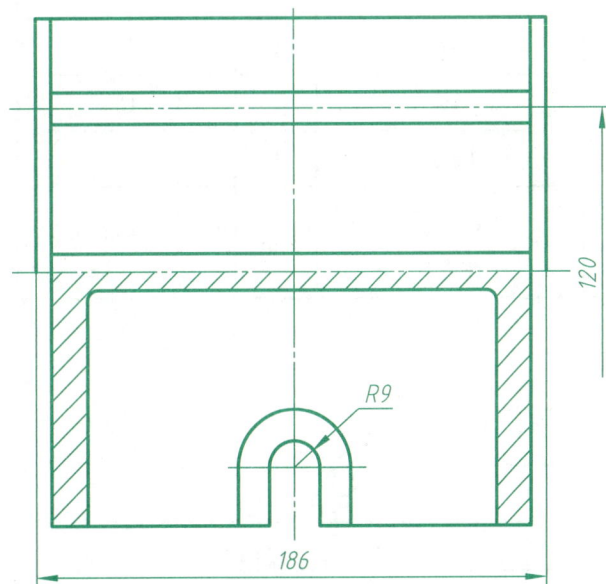

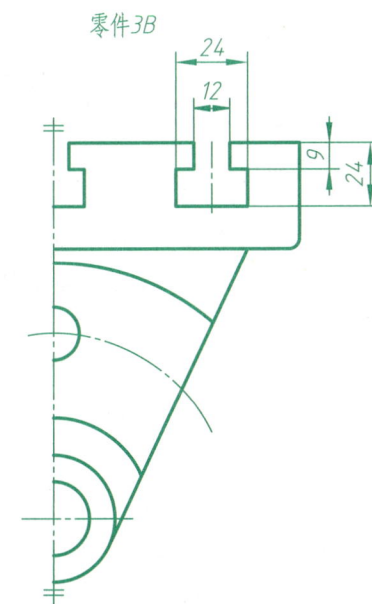

$134\frac{H8}{h7}$

$\phi24\frac{H8}{f7}$　$\phi20\frac{H8}{f7}$　$\phi20\frac{H8}{f7}$　$\phi18\frac{H8}{f7}$

176

B

A — A

A — A

176

220

90

140

176

18

R65

186

120

R9

零件3B

24

12

9

24

班级	学号	姓名

（1）拆画底座 1 的零件图，要求选用合适的表达方法表示形体，尺寸、表面粗糙度等均省略。

（2）摆动台共由_____种零件组成，其中标准件有_____种。

（3）主视图为_____剖视图，俯视图为_____剖视图，左视图为_____剖视图。

（4）"零件 3B" 这个图形是装配图的_____特殊表达方法。

（5）轴 2 与台 3 之间采用_____连接，在标准件中该零件的具体名称是_____。

（6）摆动台的安装尺寸是_____，_____。

（7）摆动台的外形尺寸注出_____个，它们是_____。

（8）配合尺寸 $\phi 18H8/f7$ 属于_____制的_____配合。

工作原理及结构说明：

　　摆动台是用来固定工件呈一倾斜位置的装置，将螺栓 4 和螺母 5 旋松，即可使台 3 绕中心摆动到所需要的倾斜位置，然后旋紧螺栓和螺母使台夹紧。

7		螺钉 M10×20	1				GB/T 71—1985
6		垫圈 16-140HV	4				GB/T 97.1—2002
5		螺母 M16	2				GB/T 6170—2015
4		螺栓 M16×80	2				GB/T 5782—2016
3	LOB06-03	台	1	45			
2	LOB06-02	轴	1	15			
1	LOB06-01	底座	1	HT150			
序号	代号	名称	数量	材料	单件	总计	备注
					重量		

标记	处数	分区	更改文件号	签名	年、月、日			摆动台
设计			标准化			阶段标记	重量	比例
审核								
工艺			批准			共 张 第 张		

注：本题中的标题栏采用国家标准 GB/T 10609.1—2008 推荐的格式，用于练习。

8. 读车床尾架装配图回答 P102 的问题。

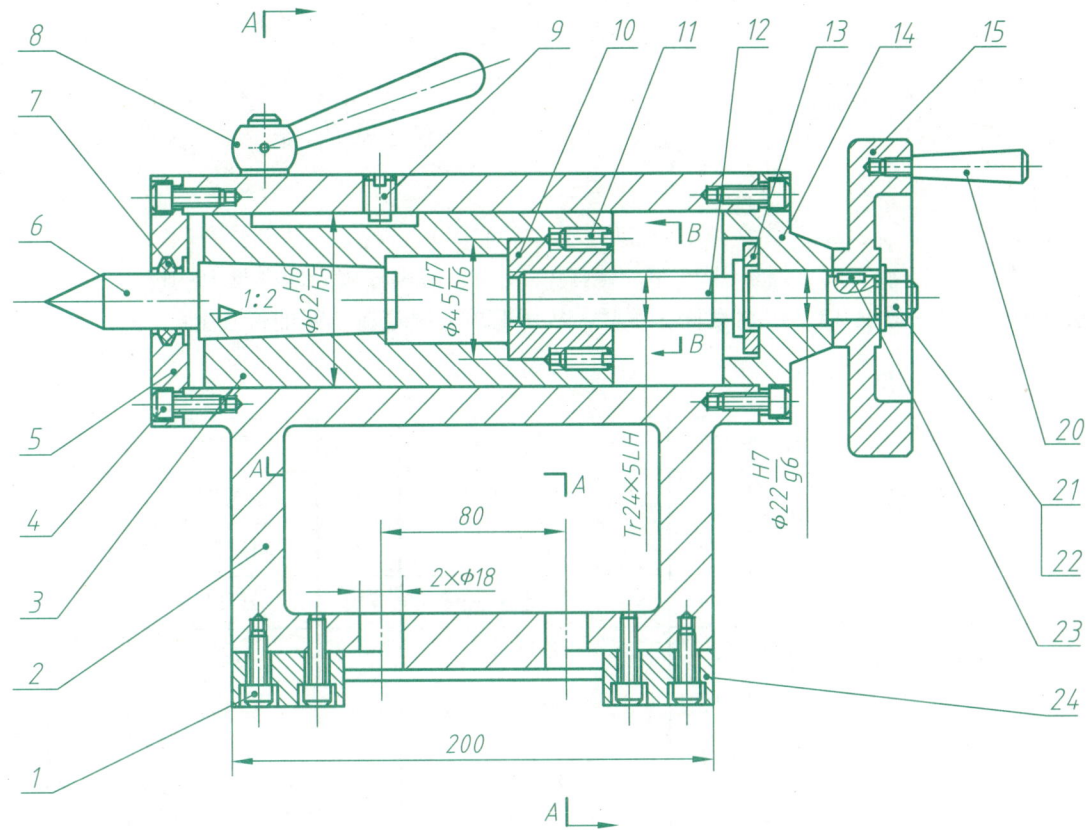

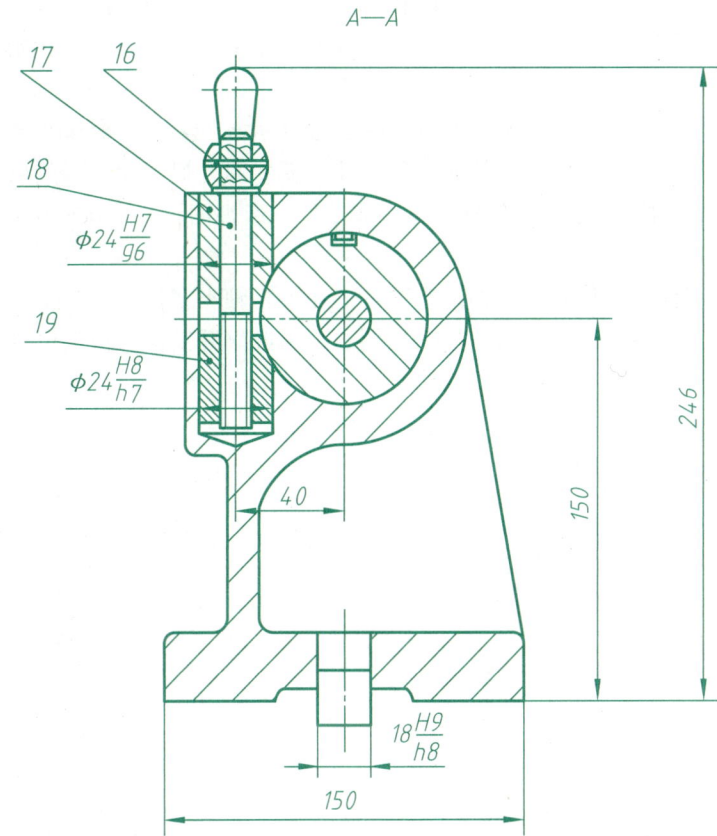

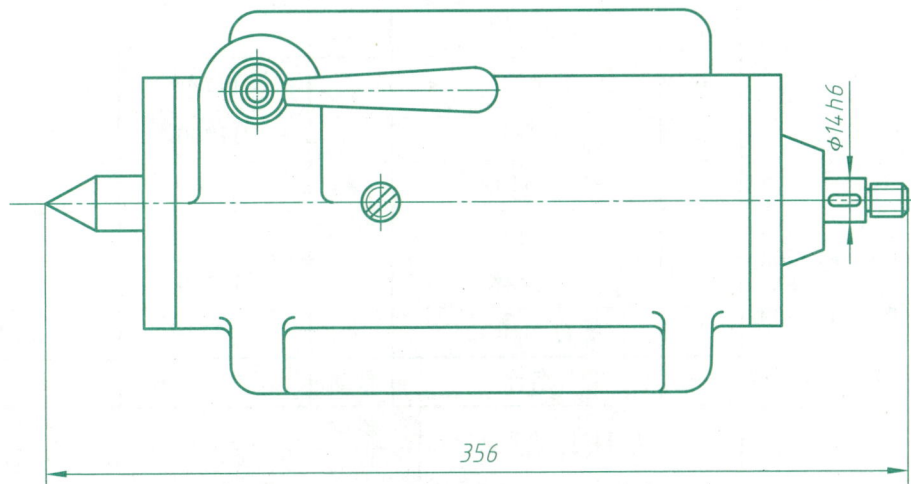

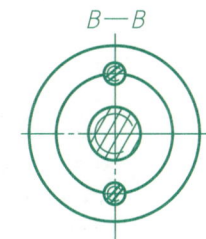

A—A

$\phi 24\frac{H7}{g6}$

$\phi 24\frac{H8}{h7}$

40

150

246

$18\frac{H9}{h8}$

150

$\phi 62\frac{H6}{h5}$

1:2

$\phi 45\frac{H7}{h6}$

$\frac{H7}{h6}$

Tr24×5LH

$\phi 22\frac{H7}{g6}$

80

2×ϕ18

200

$\phi 14h6$

356

B—B

	班级	学号	姓名

（1）说明拆卸螺杆 12 的过程。

（2）尾座体 2 和套筒 3 的配合尺寸 $\phi62H6/h5$ 属于_____配合，H 表示_____，6 表示_____，h 表示_____。

（3）车床尾架用了_____个视图表达？其中主视图表达了_____内容。左视图表达了_____内容。

（4）Tr24×5LH 是_____螺纹，起_____作用。

（5）图中共标注了多少个尺寸？其中哪些属配合尺寸？哪些属零件间的连接尺寸？

哪些属重要的相对位置尺寸？哪些属安装尺寸？哪些属外形尺寸？哪些属其他重要尺寸？

（6）在 A3 图纸上按 1：1 的比例拆画尾座体 2 的一组视图，尺寸从图中量取。

工作原理及结构说明：

车床尾架是精密仪器及仪表车床的配套装置，在加工轴类零件时用它来顶紧工件。当用手把 20 使手轮 15 旋转时，通过键 23 带动螺杆 12 转动，与螺杆旋合的螺母 10 则左右移动，同螺母固定连接在一起的套筒 3 则随之在尾座体内移动，带动顶尖 6 顶紧或松开工件。顶尖位置调整好以后，旋转手柄 8，使夹紧套 17、19 将套筒 3 锁紧，从而把顶尖固定在调好的位置上。

17	夹紧套	1	Q235	
16	圆柱销 4m6×12	1	Q275	GB/T 119.1—2000
15	手轮	1	HT200	
14	后端盖	1	HT200	
13	垫圈	1	Q235	
12	螺杆	1	45	
11	螺钉 M8×16	2	Q235	GB/T 71—1985
10	螺母	1	ZCuSn10Pb1	
9	螺钉 M10×20	1	Q235	GB/T 75—1985
8	手柄	1	45	
7	密封圈	1	毛毡	
6	顶尖	1	T12A	
5	前端盖	1	HT200	
4	螺钉 M10×25	8	Q235	GB/T 70.1—2008
3	套筒	1	45	
2	尾座体	1	HT200	
1	螺钉 M10×25	4	Q235	GB/T 70.1—2008

24	定位键	2	45	
23	键 6×6×14	1	Q235	GB/T 1096—2003
22	垫圈 12	1	Q235	GB/T 97.1—2002
21	螺母 M12	1	Q235	GB/T 6170—2015
20	手把	1	Q235	
19	夹紧套	1	Q275	
18	螺杆	1	Q275	
序号	名称	数量	材料	备注

车床尾架	班级		比例	
	学号		图号	
制图				
审核		（学校名称）		

第十章　计算机绘图基础	班级	学号	姓名

1. 画出下列图形（尺寸自定）。

（1）

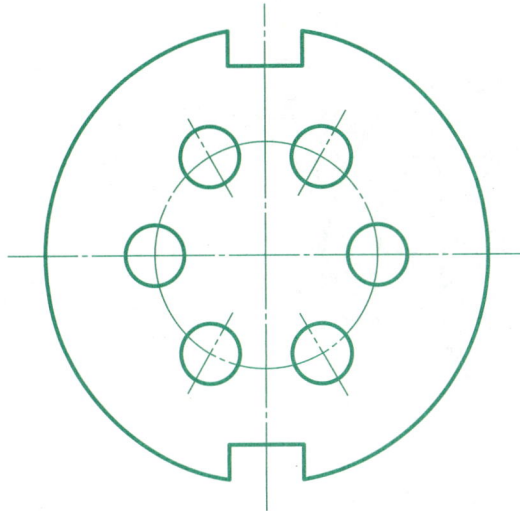

（2）

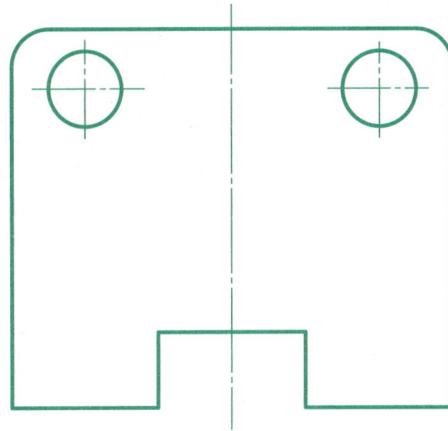

（3）

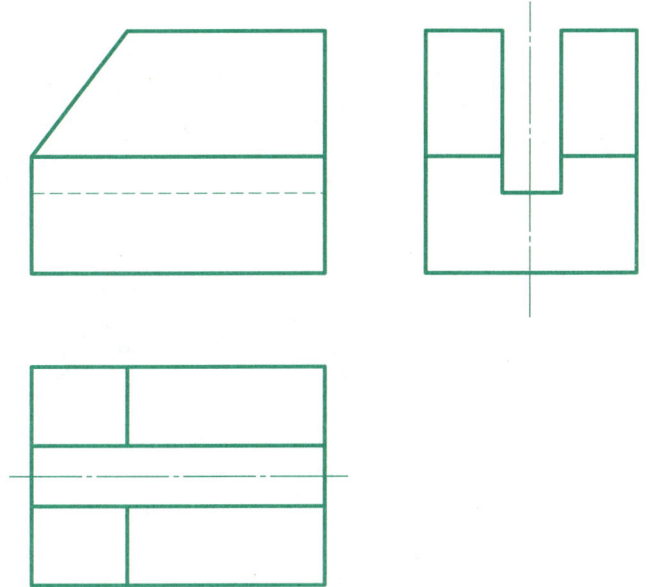

2. 按图示尺寸画出下列图形。

（1）

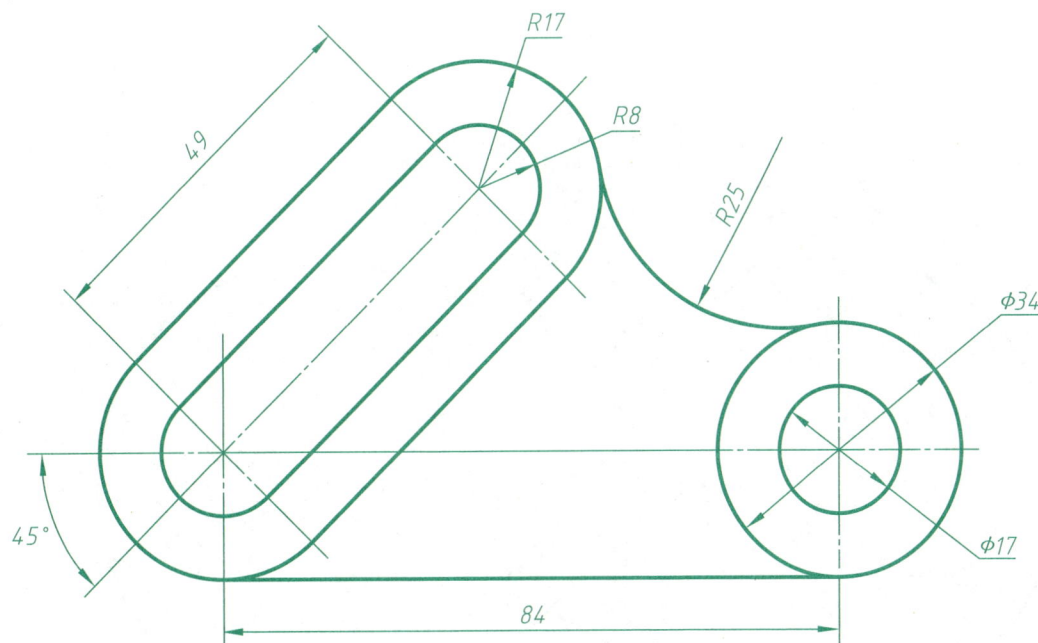

（2）

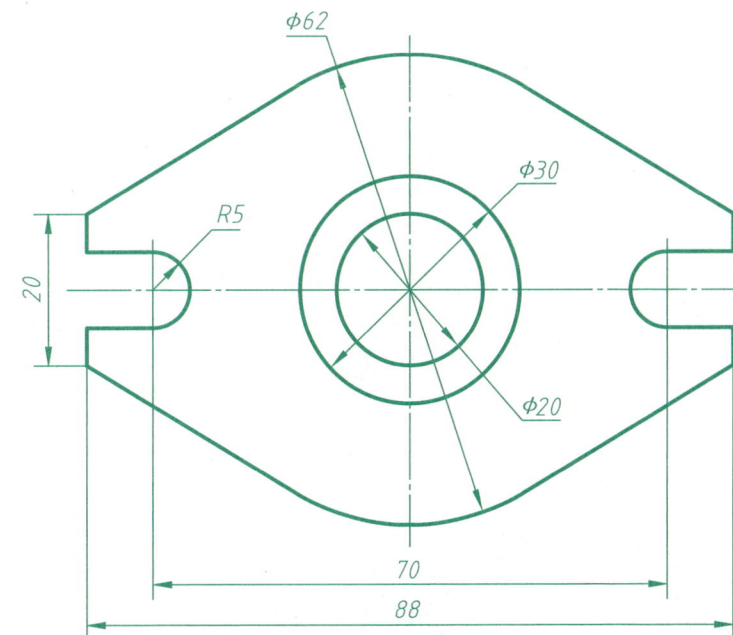

班级	学号	姓名

2. 按图示尺寸画出下列图形（续）。

（3）

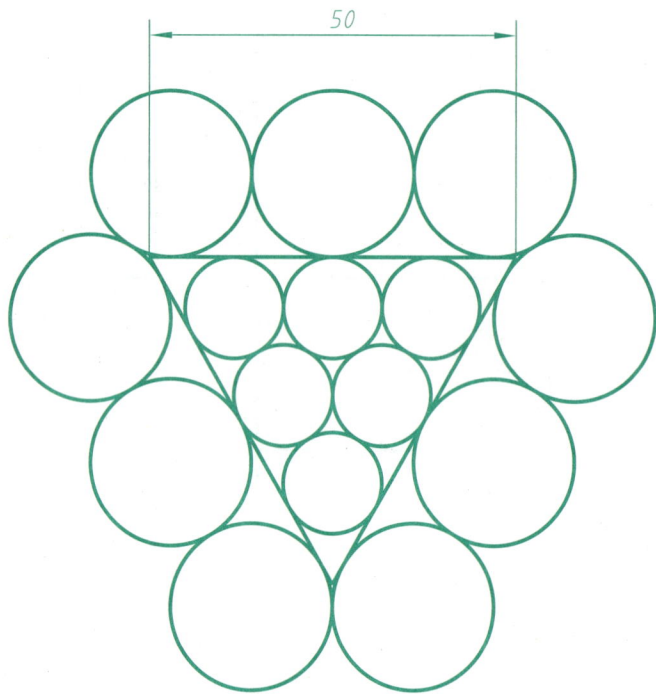

（4）

3. 按图示尺寸画出下列图形，并算出阴影部分面积。

（1）

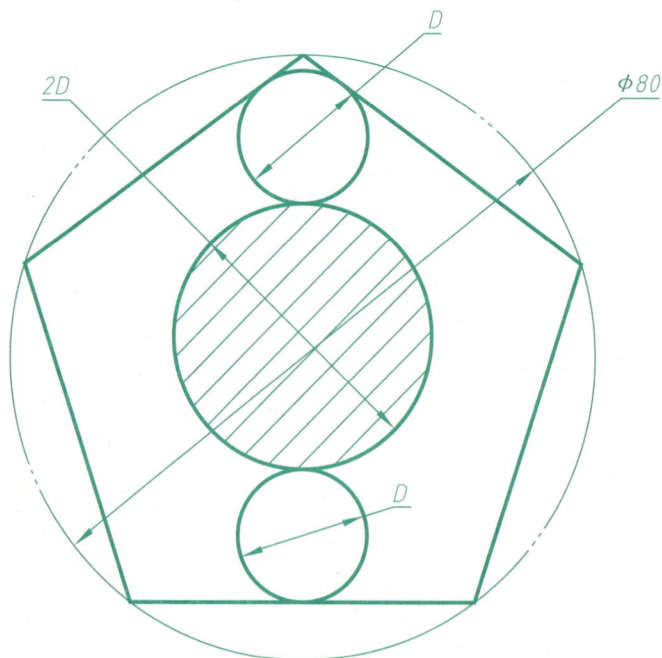

（2）

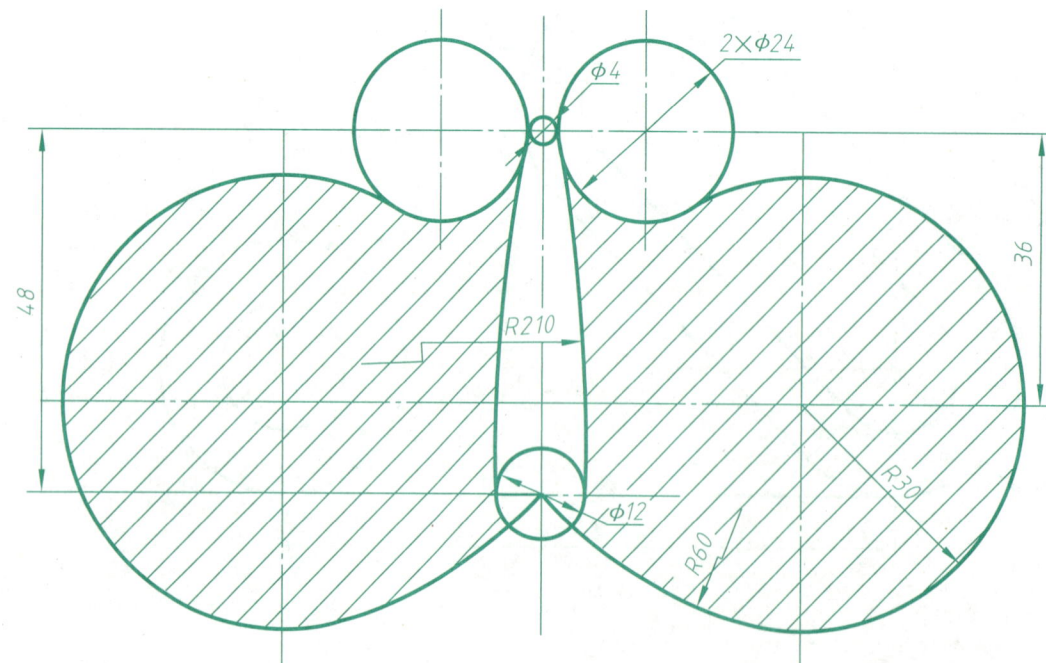

3. 按图示尺寸画出下列图形，并算出阴影部分面积（续）。

（3）

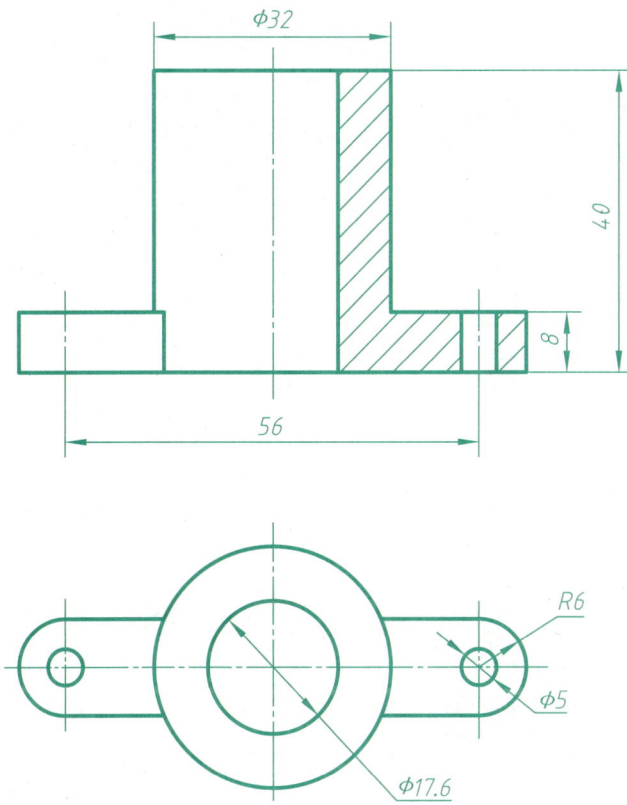

（4）

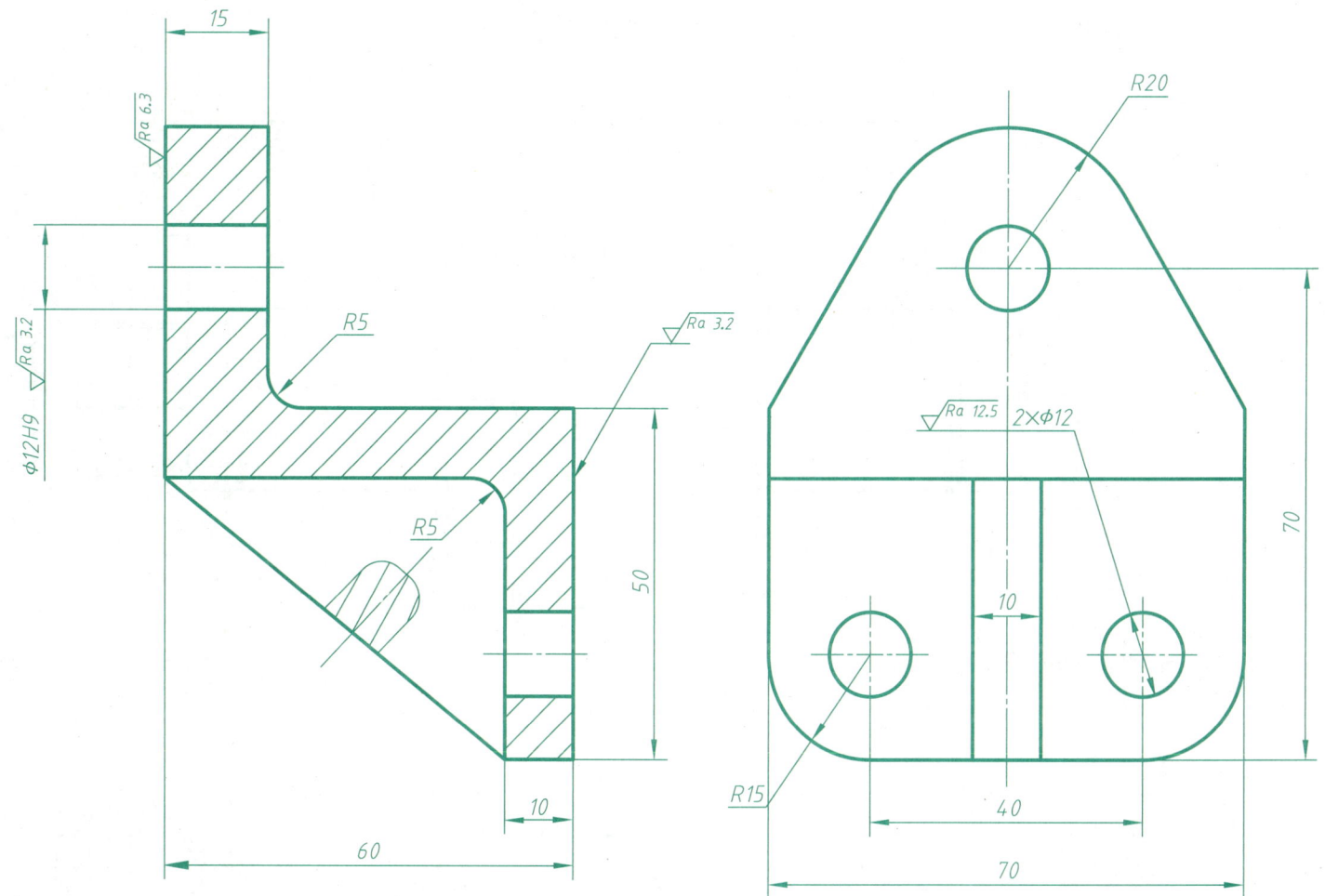

班级	学号	姓名

4. 画出下列零件图。

（1）

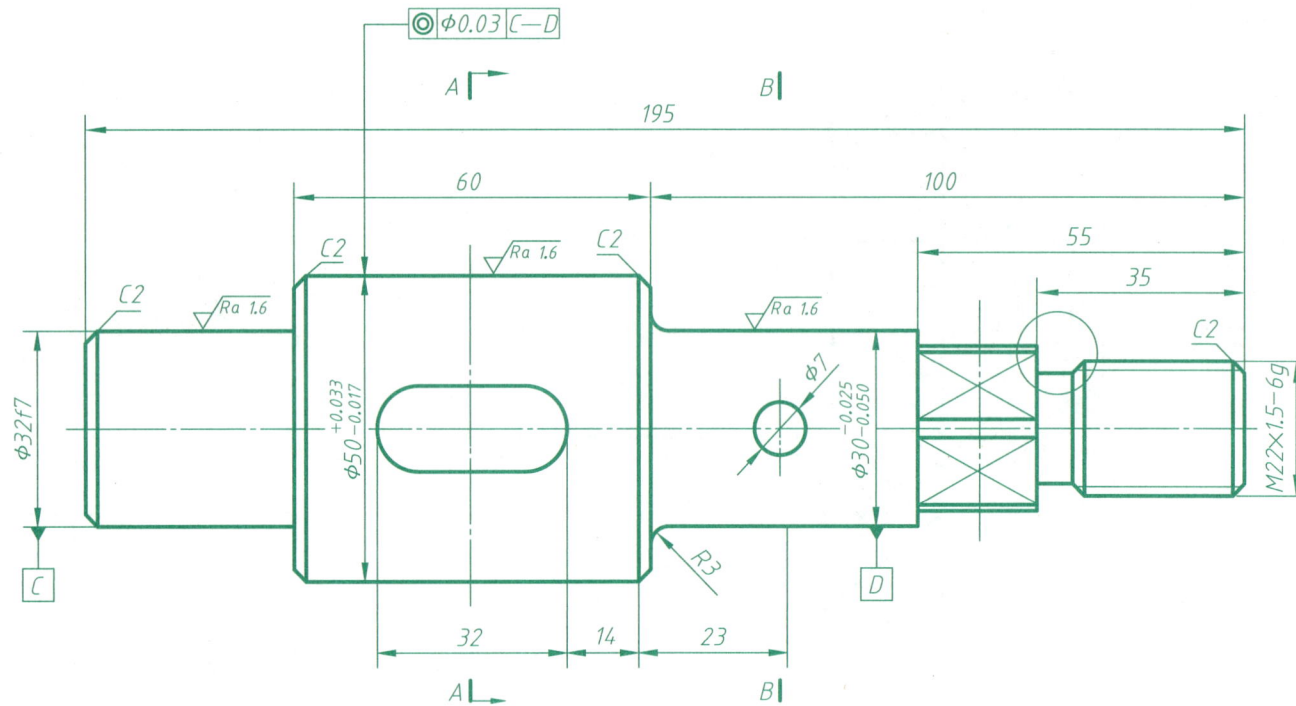

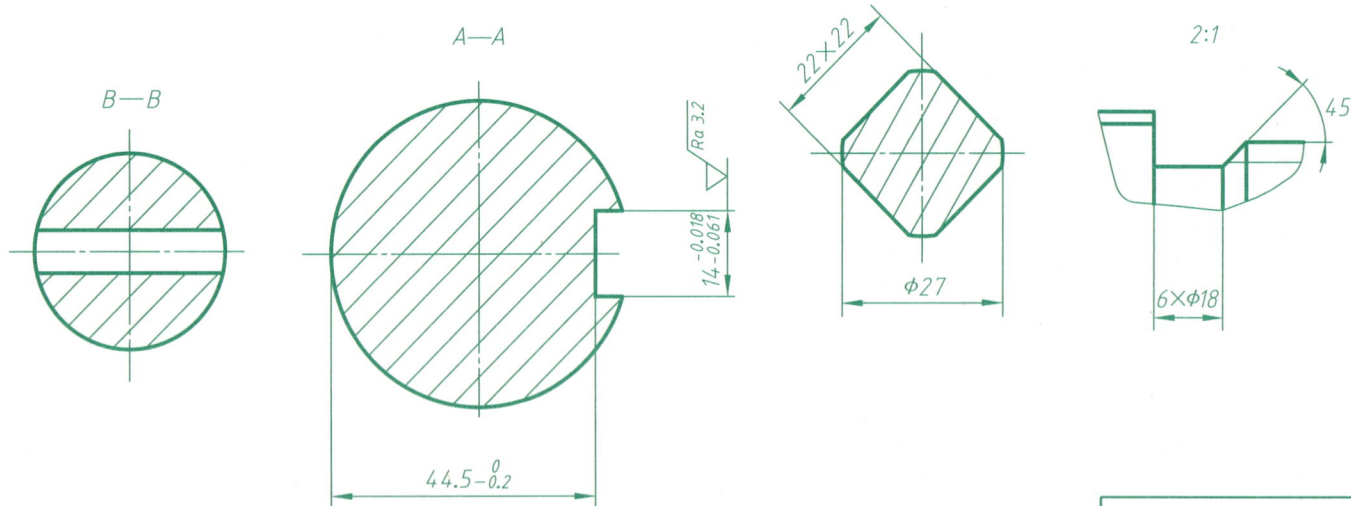

轴		材料	45	比例	1：2
		数量		图号	
制图	（签名）	（年月日）		（学校名称）	
审核					

班级	学号	姓名

4. 画出下列零件图（续）。

（2）

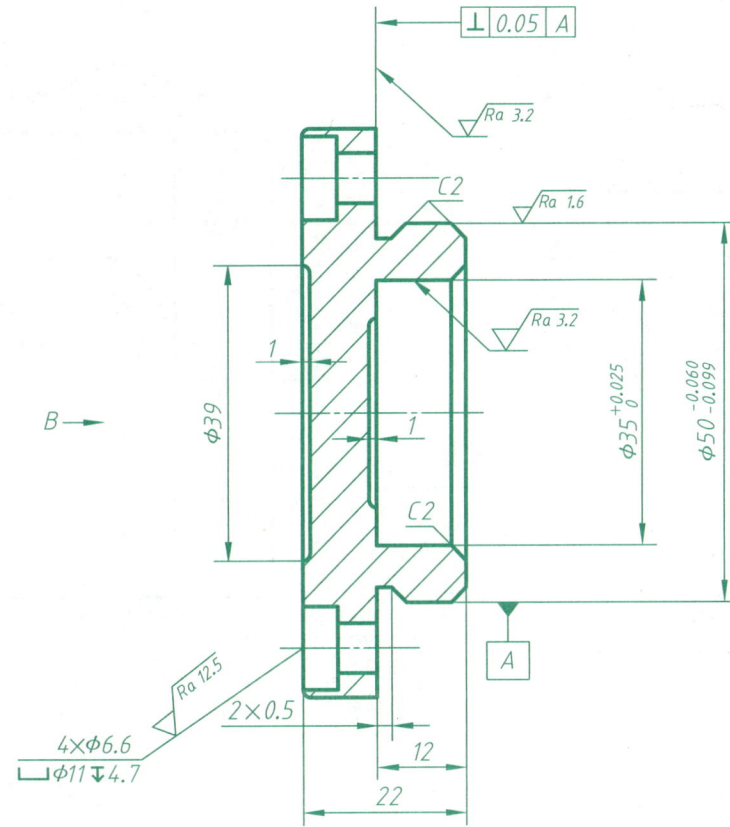

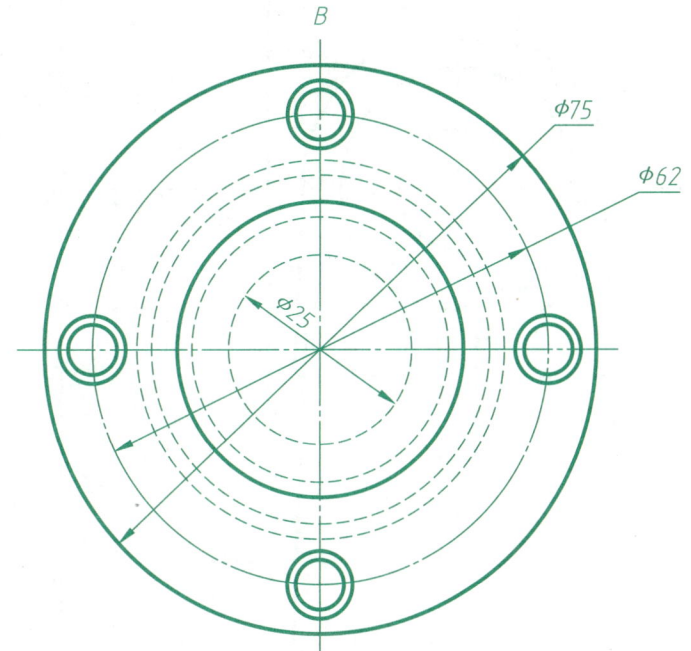

$\sqrt{Ra\ 6.3}\ (\sqrt{\ })$

轮　　盘	材料	45	比例	1：1
	数量		图号	
制图	（签名）	（年月日）	（学校名称）	
审核				

班级	学号	姓名

4. 画出下列零件图（续）。

（3）

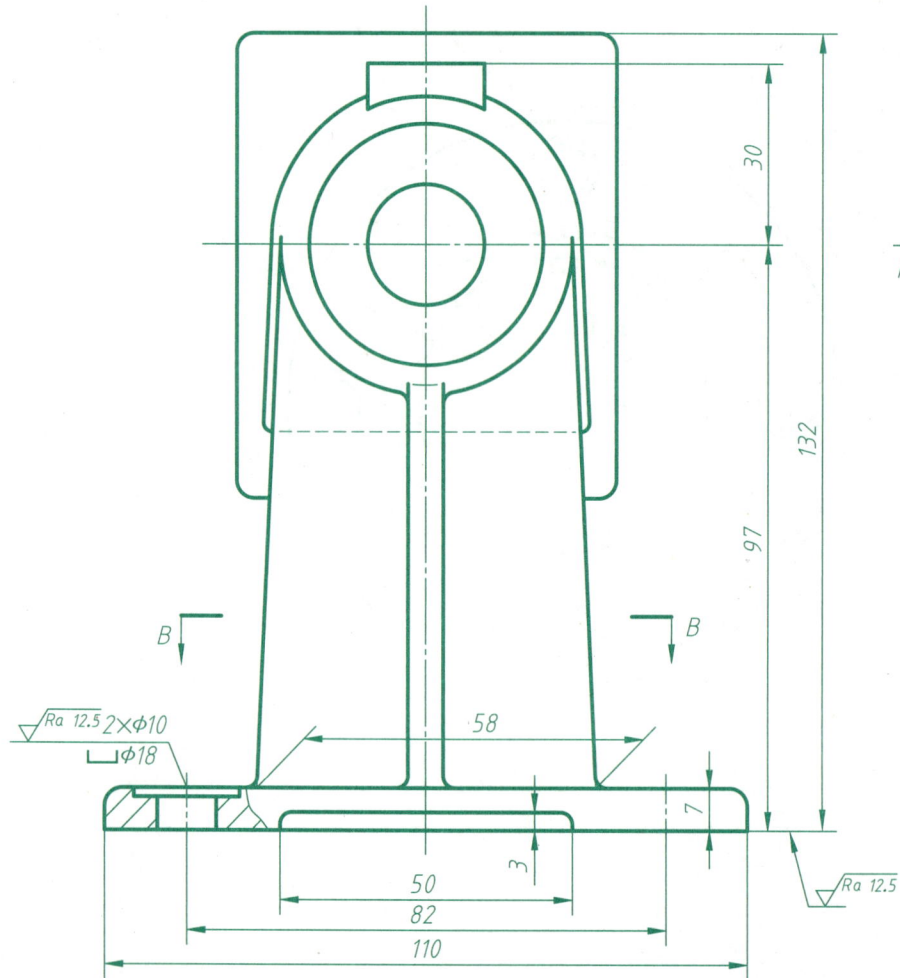

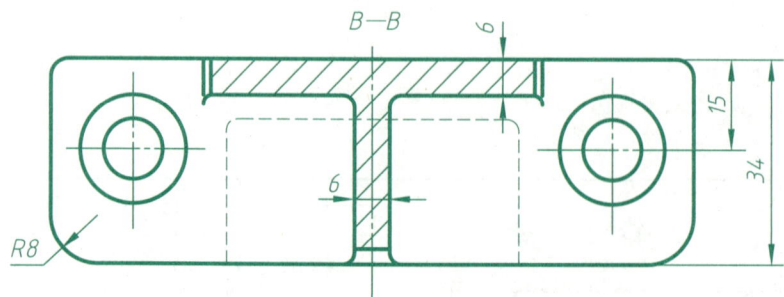

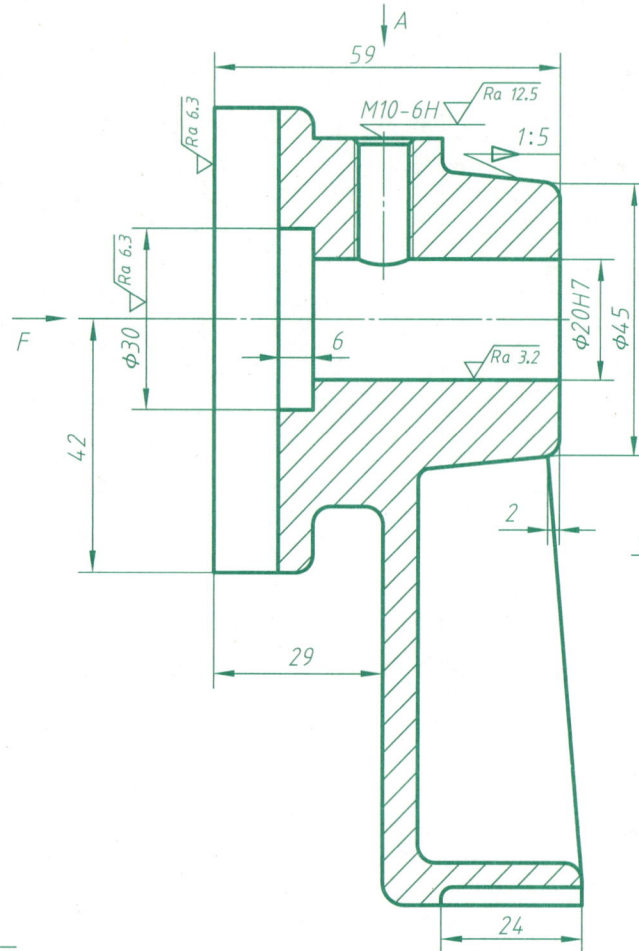

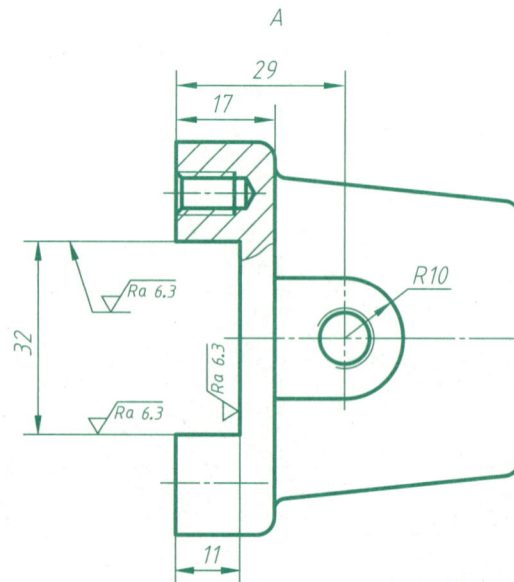

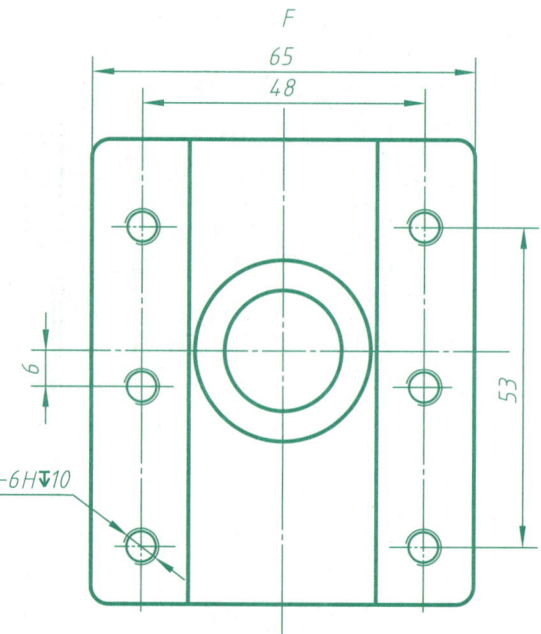

技术要求
铸造圆角为R1.5～R3。

		材料	HT200	比例	
支　架		数量		图号	
制图					
审核					

班级	学号	姓名

5. 由调位器的零件图绘制其装配图。

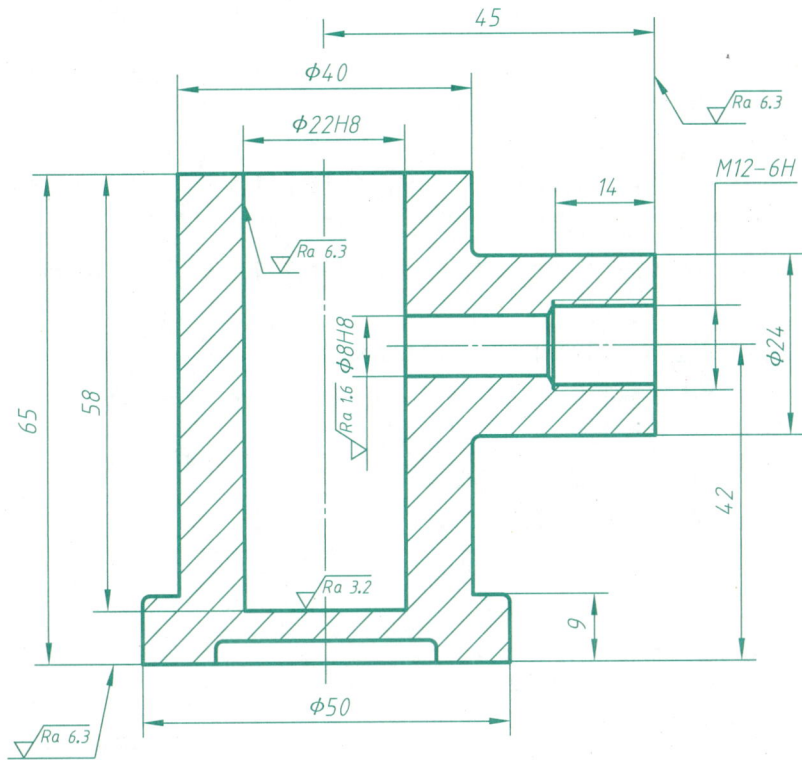

名称	滚子	材料	45

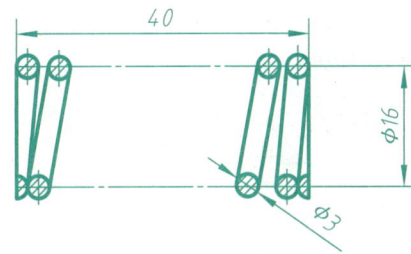

名称	弹簧	材料	65Mn

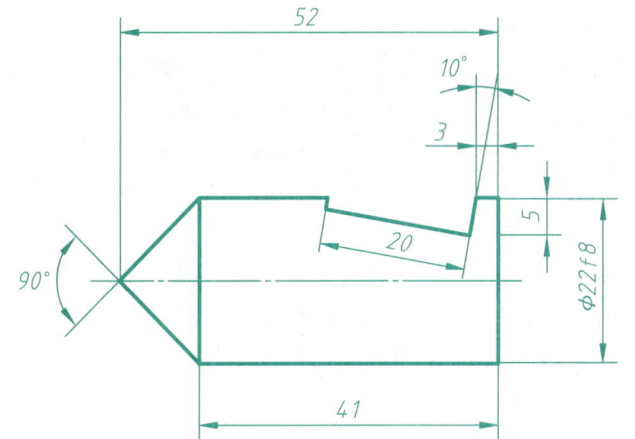

名称	顶子	材料	45

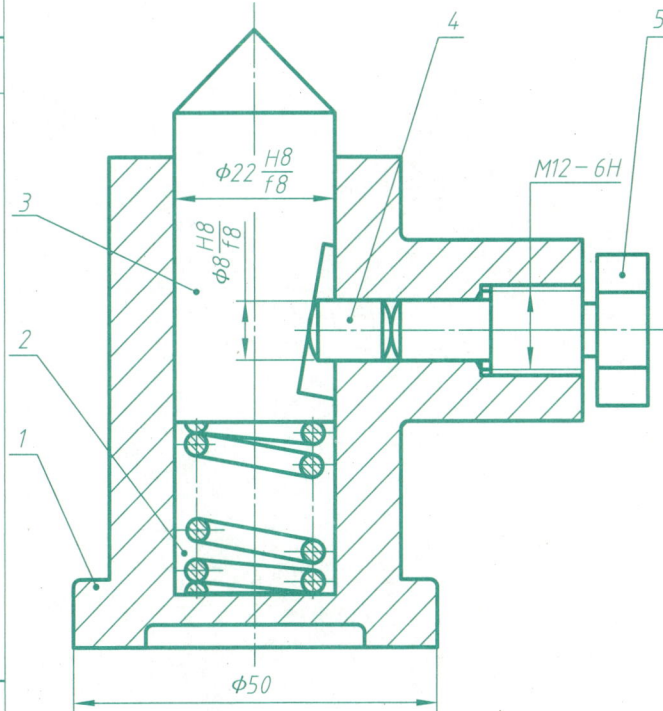

名称	底座	材料	HT200

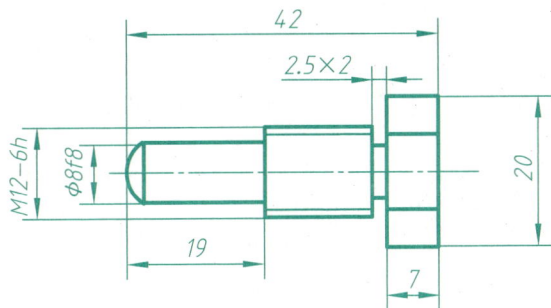

名称	调节螺钉	材料	Q235

5	调节螺钉	1	Q235	
4	滚子	1	45	
3	顶子	1	45	
2	弹簧	1	65Mn	
1	底座	1	HT200	
序号	名称	数量	材料	备注

调位器	班级		比例	1:1
	学号		图号	
制图	(签名)	(年月日)	(学校名称)	
审核				

6. 选择题。

（1）为了符合国家标准要求，Auto CAD 标注样式设置中新建了哪几种样式？（   ）

A. 半径标注   B. 角度标注   C. 直径标注   D. 以上均是

（2）样板文件的扩展名是什么？（   ）

A. BAK   B. SV$ C. DWT   D. DWG

（3）在给定直线的第一点后，下面哪一个相对坐标输入法能画出 45°线？（   ）

A. @0<45   B. @45<8   C. @8.8   D. @0<8

（4）建立文字"6 个 ϕ15 的孔"要输入的内容是（   ）。

A. 6-%%C15   B. 6×15%%D   C. 6-%%D15   D. 6×%%C15

（5）在插入块之前，必须先进行（   ）。

A. 确定块的插入点   B. 确定块的名称   C. 建立组成块的对象   D. 以上均是

（6）画一个圆与三个实体相切，应使用 Circle 命令的哪个选项？（   ）

A. 3Points   B. Tan, Tan, Radius   C. Tan, Tan, Tan   D. Center, Direction

（7）哪种坐标输入法需要使用@符号？（   ）

A. 极坐标   B. 绝对坐标   C. 相对坐标   D. 柱坐标

（8）建立文字"20±0.1"，可以键盘输入的内容是（   ）。

A. 20±0.1   B. 20%%P0.1   C. 20+-0.1   D. 20%%d0.1

（9）在构造选择集时，将以上选中的对象移出，应输入（   ）。

A. CP   B. L   C. A   D. R

（10）重复执行上一个命令的最快方法是（   ）。

A. 按 Shift 键   B. 按 Esc 键   C. 按回车键   D. 按 F8 键

（11）在给定了直线的第一点后，采用下面哪一个相对坐标输入法能画出 8 个单位长的垂直线？（   ）

A. @90<8   B. @8<90   C. @8<0   D. @0<8

（12）所谓外切多边形是指（   ）。

A. 多边形在圆外，多边形的各边与圆相切   B. 多边形在圆心

C. 多边形在圆外，多边形的顶点在圆上   D. 多边形在圆上

（13）进行单位设置时，若 0°为东，角度测量方向为逆时针方向，90°角将在何方向上？（   ）

A. 东   B. 西   C. 南   D. 北

（14）用三维基本实体命令创建一圆柱筒，其创建理念是（   ）。

A. 创建 2 个等长不等径的圆柱再求并   B. 创建 2 个等长不等径的圆柱再求差

C. 创建 2 个等长不等径的圆柱再求交   D. 以上均是

（15）绘制"6 个直径为 15EQS"孔的阵列方式是（   ）。

A. 矩形阵列   B. 环形阵列   C. 正六边形阵列   D. 以上均是

（16）操作镜像命令时，镜像线是（   ）。

A. 虚拟的   B. 现实的   C. 直线   D. 直线段

（17）调用旋转命令时，其基点指的是（   ）。

A. 中心点   B. 中间点   C. 中点   D. 旋转中心

（18）不能用于创建三维实体的二维对象是（   ）。

A. 面域   B. 多边形   C. 块   D. 二维多段线

（19）操作修剪命令时，第一批选中的对象可以是（   ）。

A. 被切边和延伸边界   B. 剪切边和延伸边界   C. 被切边和剪切边   D. 以上都是

（20）下列哪个命令能将块 Block 生成图形文件（   ）。

A. Save As   B. Explode   C. Block   D. Wblock

1. 已知直线 *AC* 为正平线，试补全四边形 *ABCD* 的水平投影。（8 分）

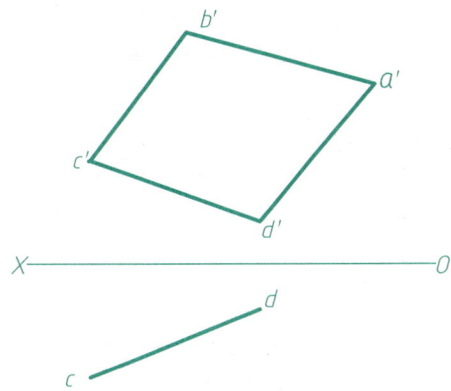

2. 下列四组投影图中，不正确的是（　　）。（8 分）

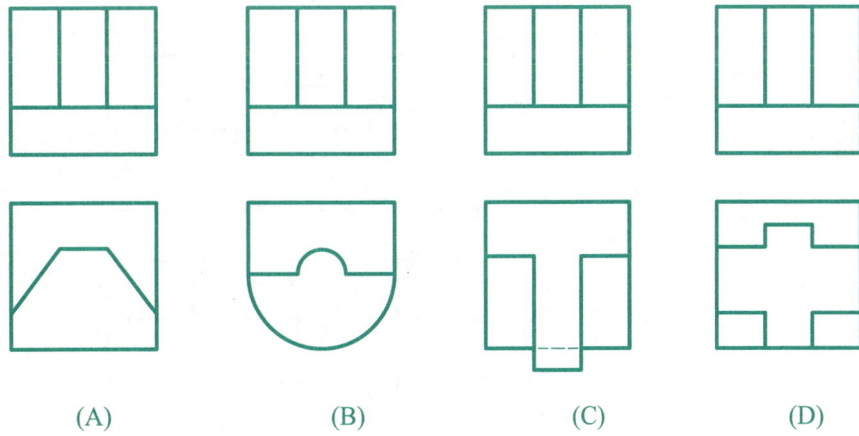

(A)　　　　　(B)　　　　　(C)　　　　　(D)

3. 补全视图中漏画的图线。（12 分）

（1）

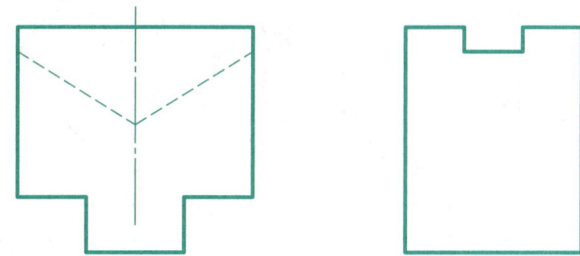

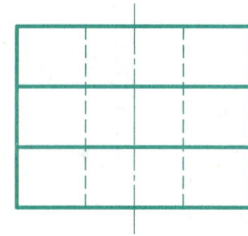

（2）

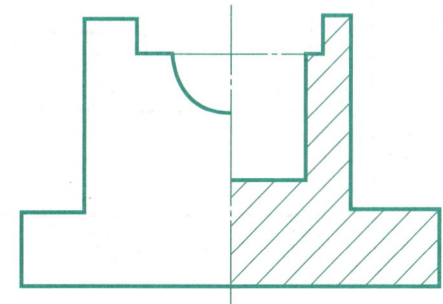

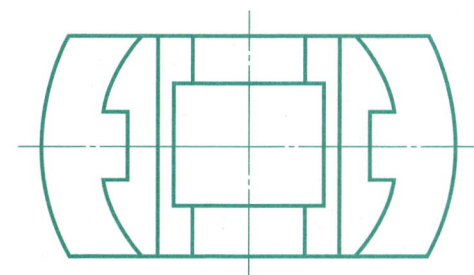

4. 标注尺寸（尺寸数值按 1：1 的比例从图中量取并取整数）。(18 分)

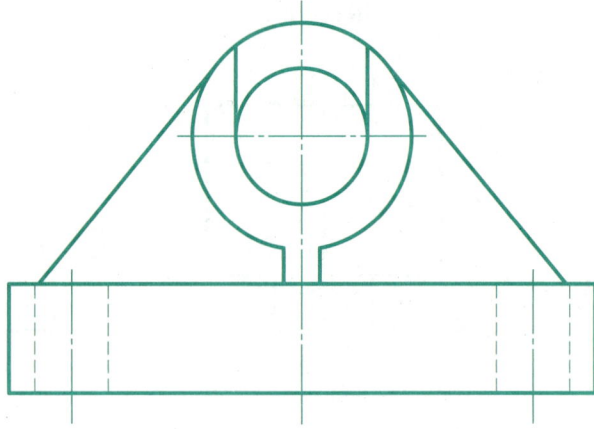

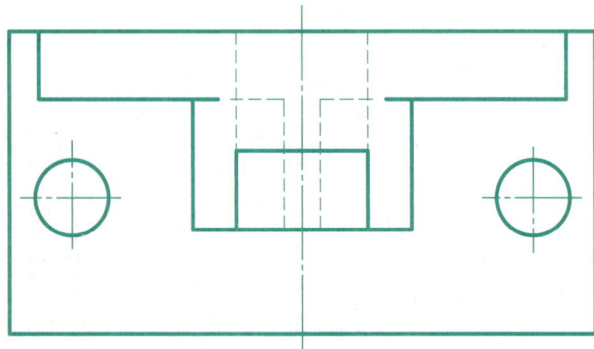

5. 补全俯视图。(16 分)

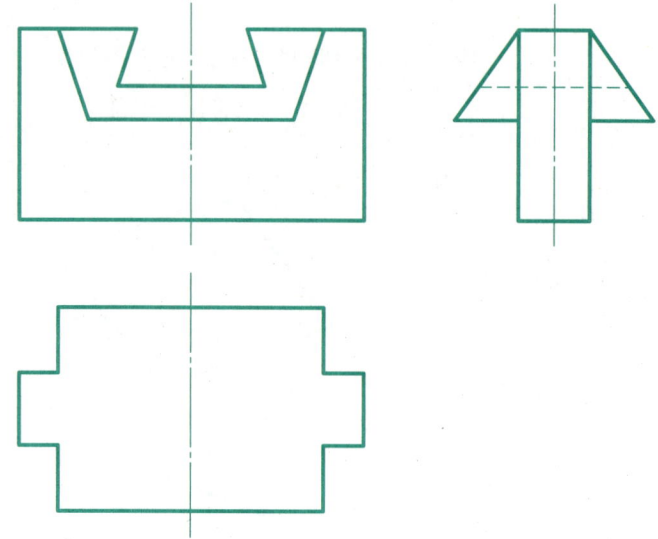

6. 补画左视图。(18 分)

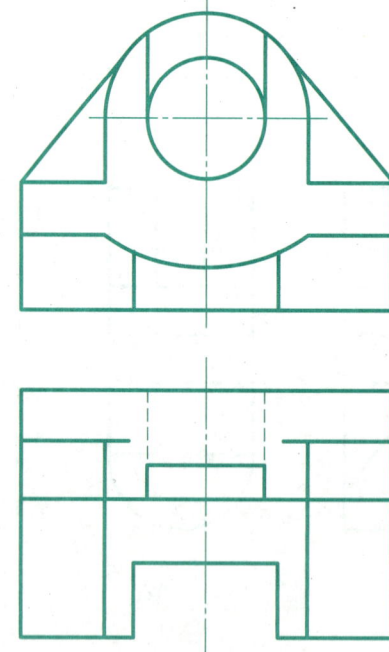

7. 将主视图改为全剖视图，并作 *A—A* 剖视图。（20 分）

A—A

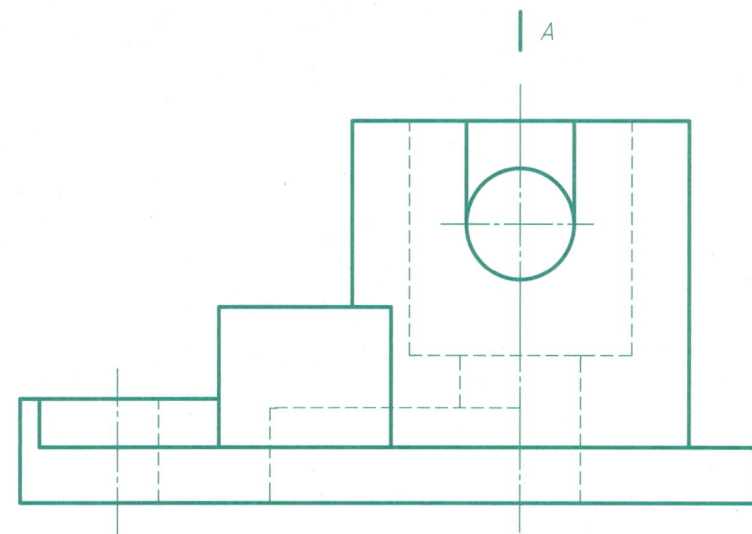

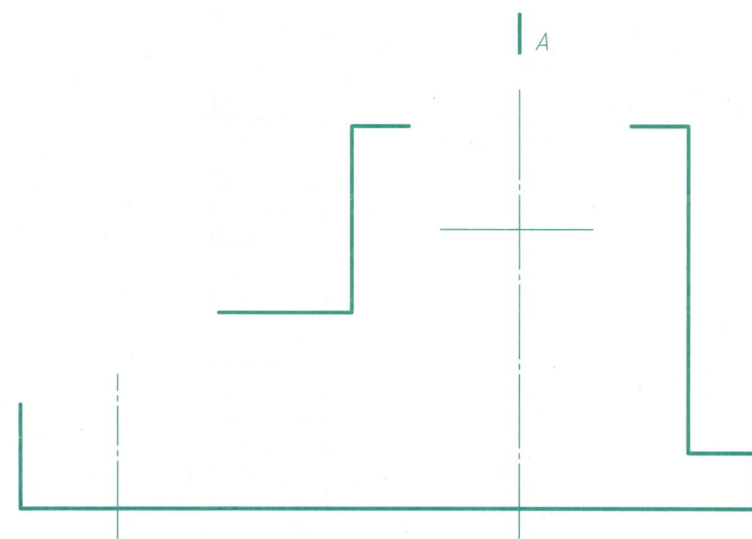

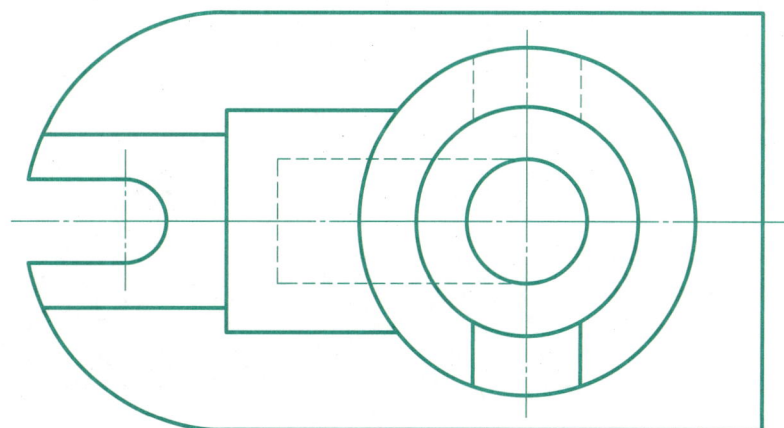

1. 找出螺钉联接图中的错误，在右边指定位置画出正确的联接图。（15 分）

2. 已知直齿圆柱齿轮模数 $m = 2$mm，齿数为 38，求齿轮的分度圆、齿顶圆和齿根圆直径，并画全齿轮的主、左视图。（18 分）

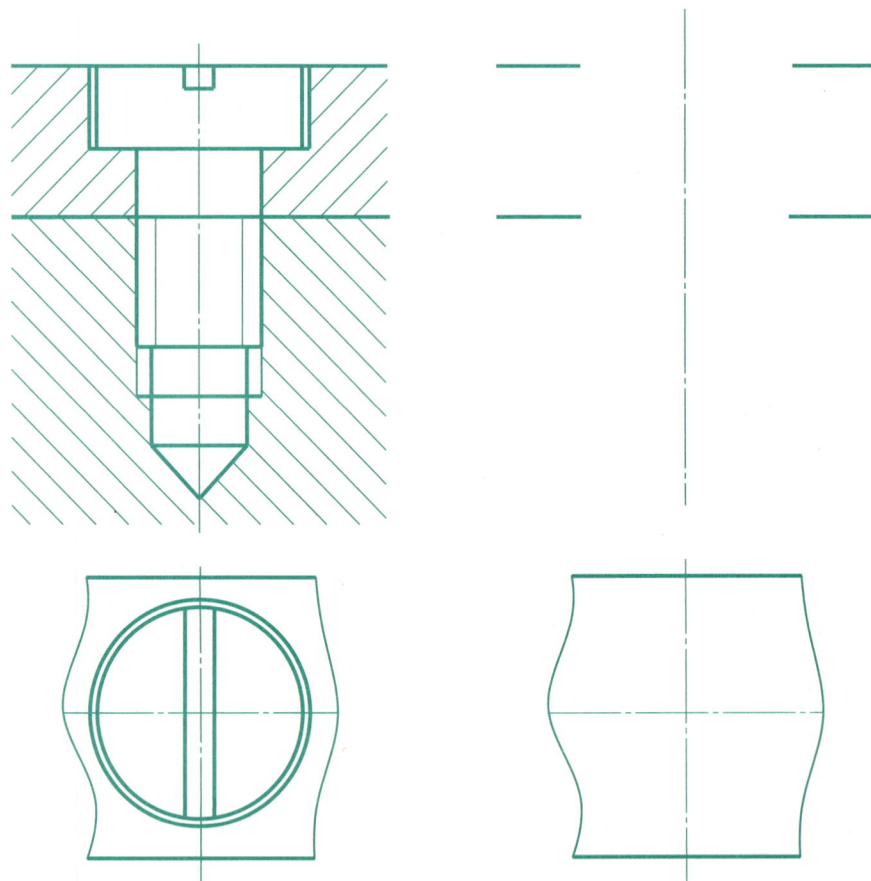

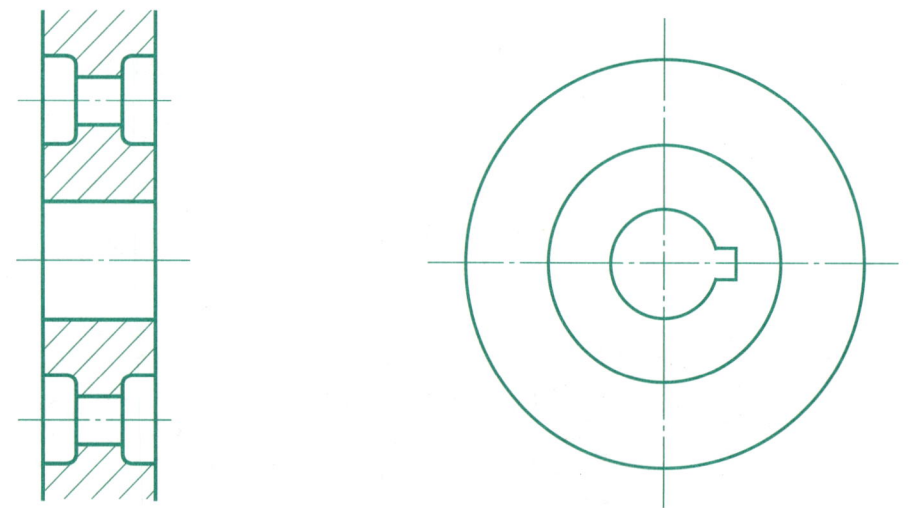

3. 读装配图，并回答下列问题。（34 分）
(1) 阀 2 零件上径向有几个小孔。
(2) 拆画阀体 1 零件图。

工作原理：
　　单向阀底部带沉孔的左右两孔与油路接通后，阀 2 在弹簧力的作用下向右关闭阀体孔。如有压力油注入右孔，当油压超过弹簧力时，阀芯被向左推开，则油液流入左空腔并经左孔输出。如果油液反向流动，则油液压力与弹簧力同时作用于阀 2，使得阀门关闭油路断开。因此油液只能单向流经该阀，故称之为单向阀。螺盖 5 底部装有外径为 20mm 的密封圈起密封作用。

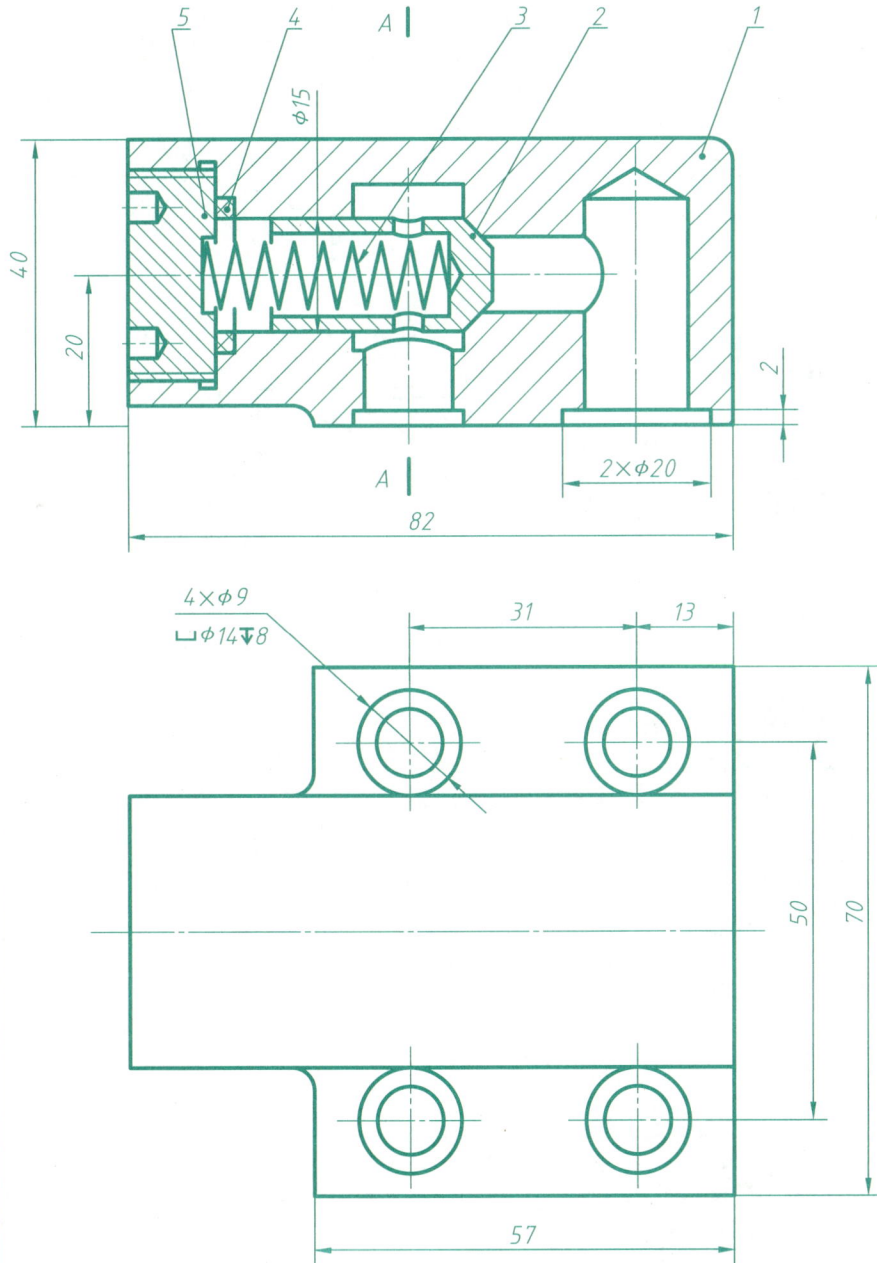

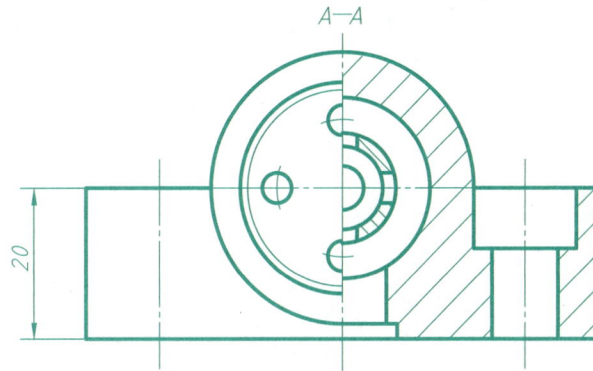

A—A

技术要求
密封处不得有泄漏。

$4\times\phi9$
$\sqcup\phi14\blacktriangledown8$

31　13

50　70

57

5	螺盖（M27×1.5）	1	35	
4	O 形密封圈 20	1	耐油橡胶	G51-2
3	弹簧	1	弹簧钢丝	$\phi0.8$
2	阀芯	1	40Cr	
1	阀体	1	HT200	
序号	名称	数量	材料	备注
单向阀		班级		比例　1 : 1
		学号		图号
制图	（签名）	（年月日）	（学校名称）	
审核				

4. 读零件图并回答下列问题。（33 分）

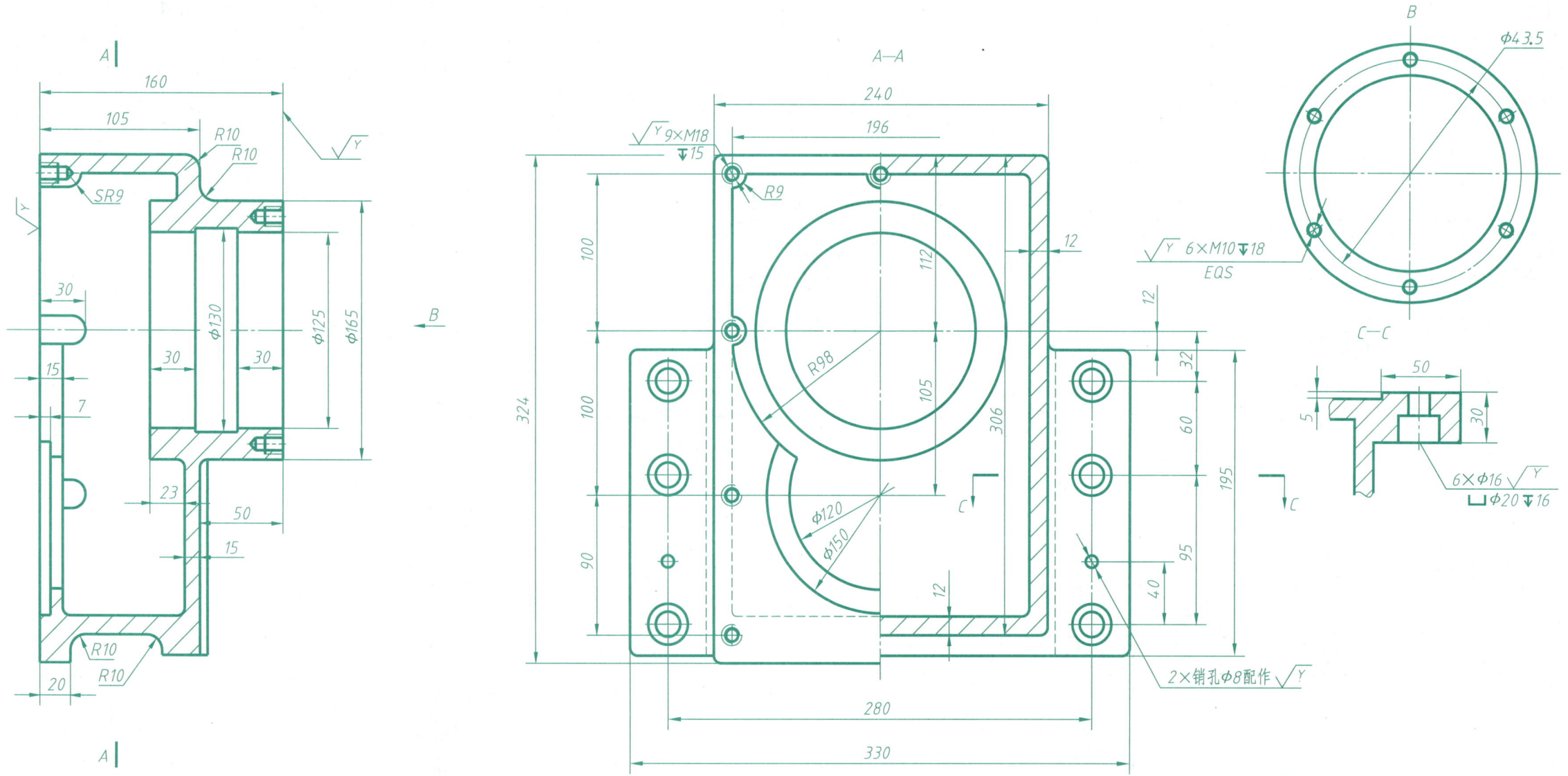

技术要求

1.未注圆角为R3～R5。

2.铸件不允许有砂眼、缩孔、裂纹等缺陷。

$\sqrt{Y} = \sqrt{Ra\ 6.3}$

（1）零件的名称是_____，材料为_____。

（2）主视图采用_____剖视图，左视图采用_____剖视图。

（3）C—C 视图中，尺寸为 5 的凹槽的作用是什么？

（4）零件右端面的表面粗糙度要求为_____。

（5）补画右视图外形。

齿轮箱	材料	HT200	比例	1：1
	数量		图号	
制图	（签名）	（年月日）	（学校名称）	
审核				

1. 已知俯视图，画出完整的主视图（包括不可见部分）。（8 分）

（1）

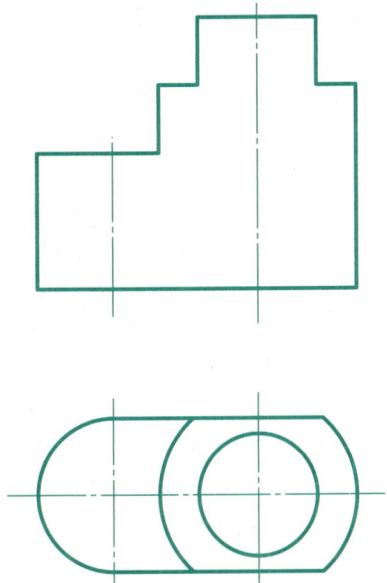

（2）

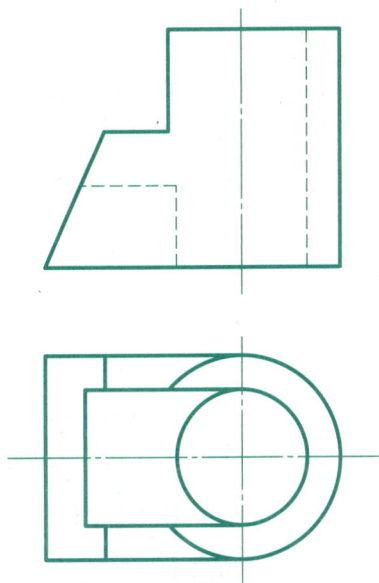

2. 已知主、俯视图，补画左视图。（5 分）

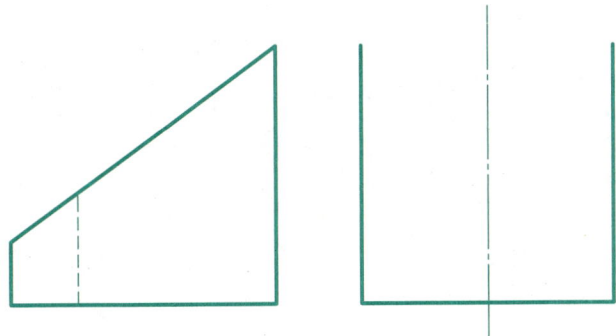

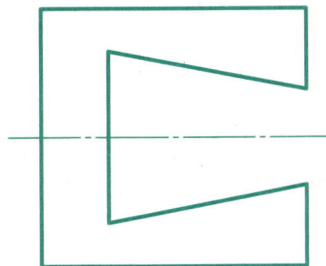

3. 已知俯、左视图，补画主视图。（8 分）

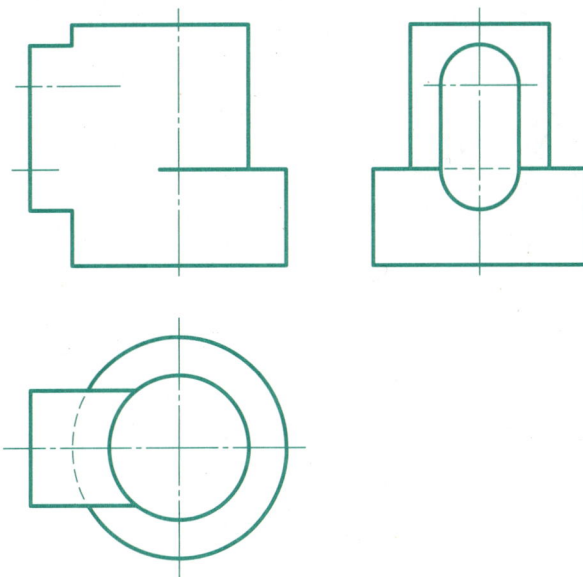

4. 选出正确的主视图。（6 分）

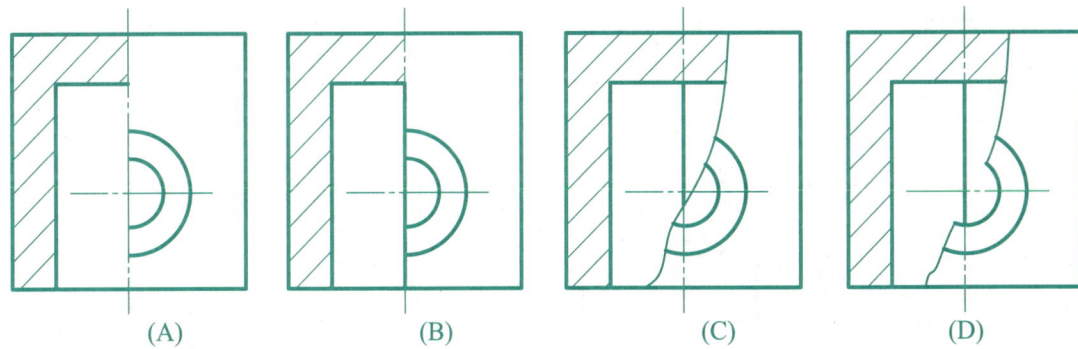

(A)　　　　　(B)　　　　　(C)　　　　　(D)

5. 标注尺寸（数值按 1 : 1 的比例直接从图上量出并取整数）。（15 分）

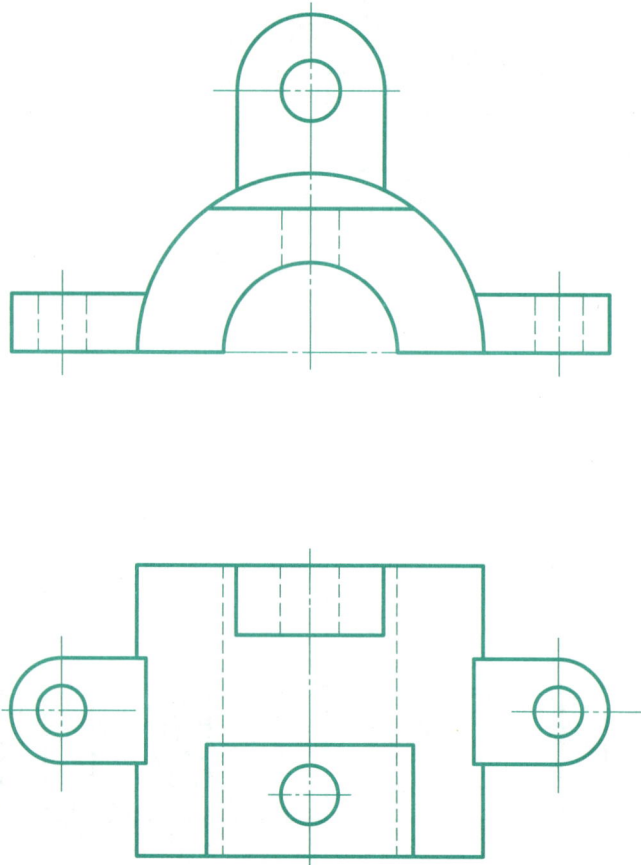

6. 将主、左视图画成全剖视图。（18 分）

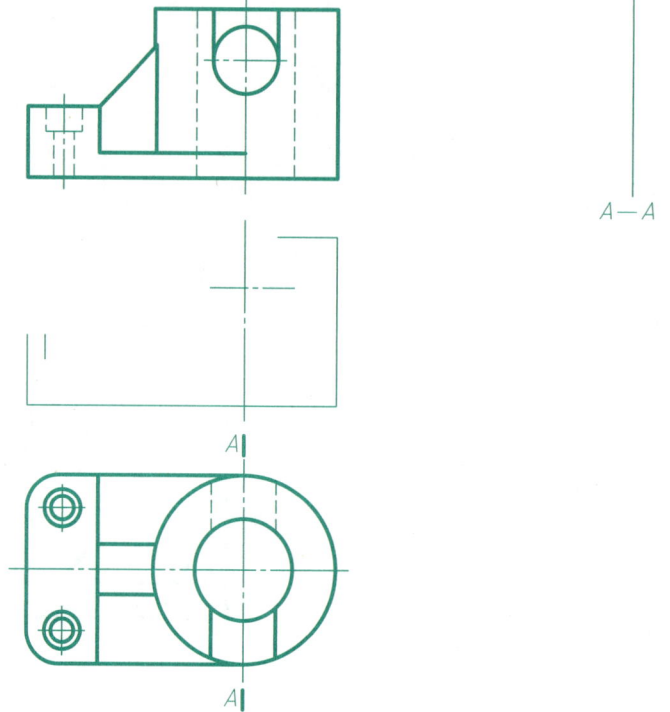

A—A

7. 分析装配图中的错误，并在下图中画出正确的图（15 分）。

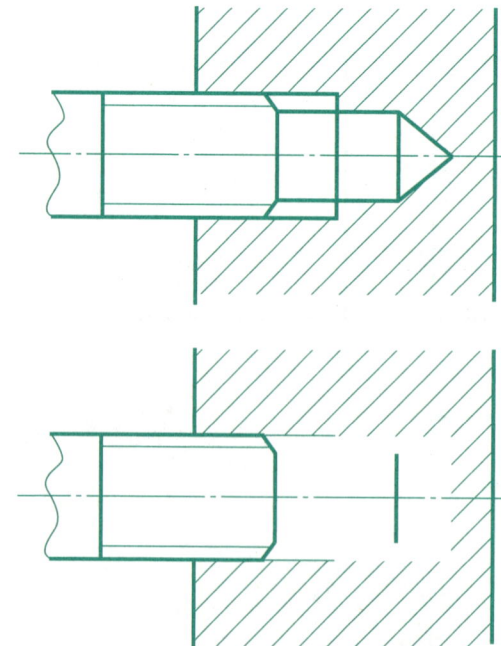

8. 读零件图，并回答下列问题。（25 分）

（1）该零件的名称叫_____，属于_____类零件。（2）指出长、宽、高方向的主要尺寸基准。

（3）说明 φ18H8 的含义：φ18 为_____，H8 为_____。（4）说明几何公差的含义。

（5）图中最高和最低的表面粗糙度要求分别为_____，_____。（6）画出 C—C 断面图。

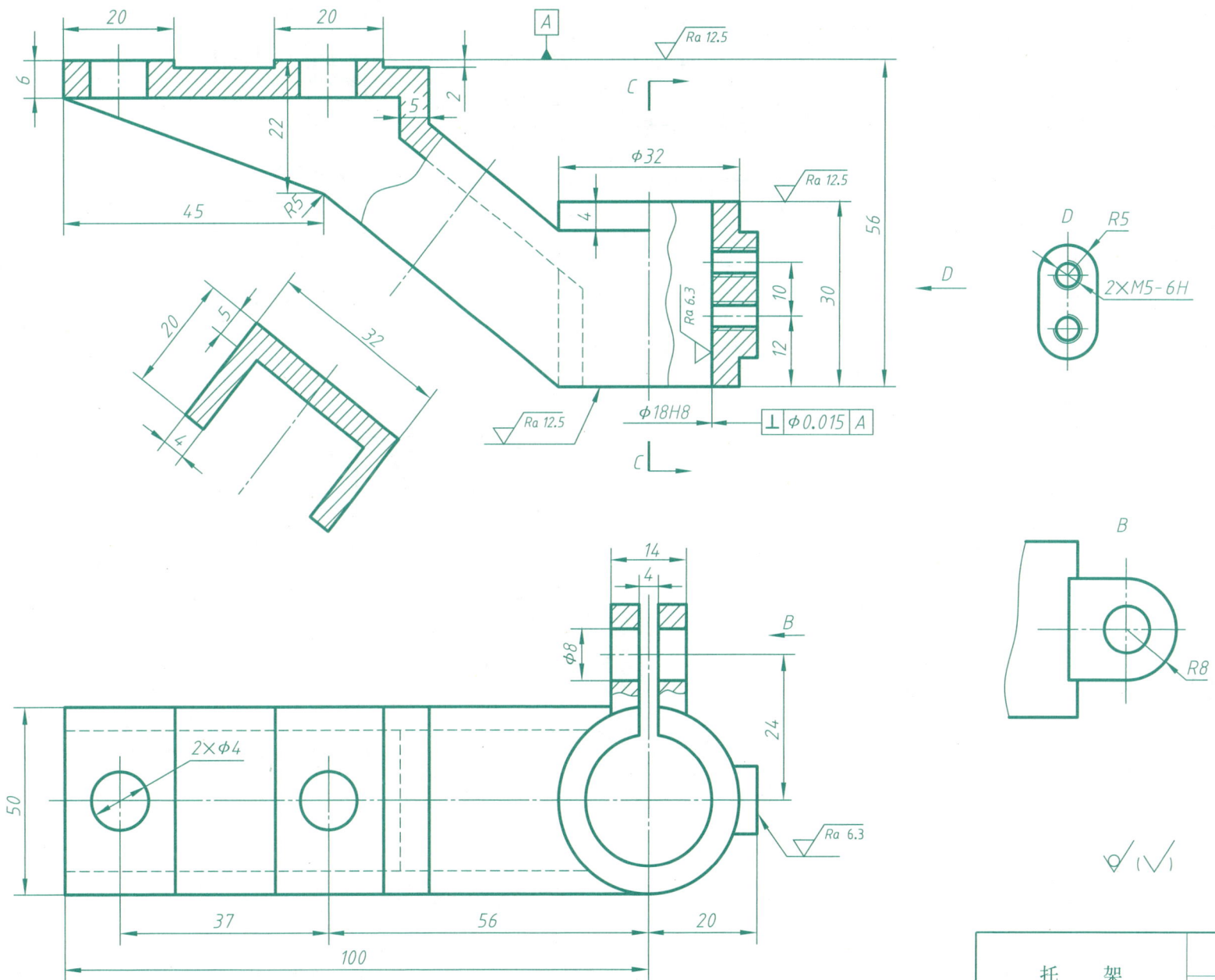

技术要求
1. 未注圆角为 R3～R5。
2. 铸件不得有砂眼。

托　架	材料	HT150	比例	1：1
	数量		图号	
制图	（签名）	（年月日）	（学校名称）	
审核				

一、填空。（12 分）

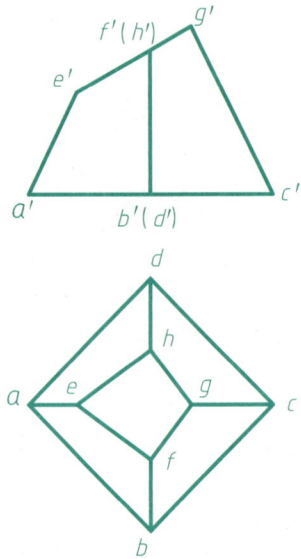

AB 是（　　　　）线。
AE 是（　　　　）线。
BF 是（　　　　）线。
EF 是（　　　　）线。
ABCD 是（　　　　）面。
EFGH 是（　　　　）面。
ABFE 是（　　　　）面。

二、指出图示断面的正确画法。（6 分）

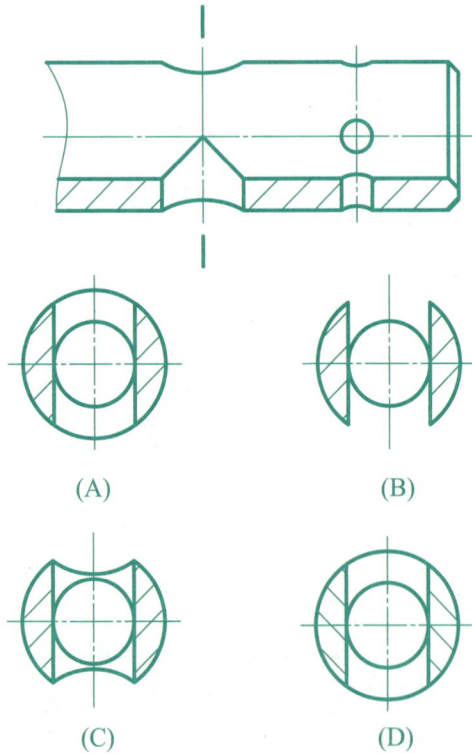

（A）　　　　（B）

（C）　　　　（D）

三、补画视图中漏画的图线。（20 分）

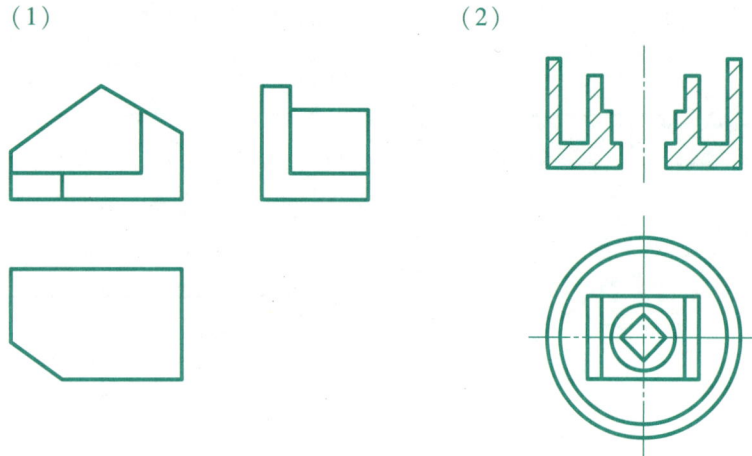

（1）　　　　　　　　　（2）

四、补画俯视图。（9 分）

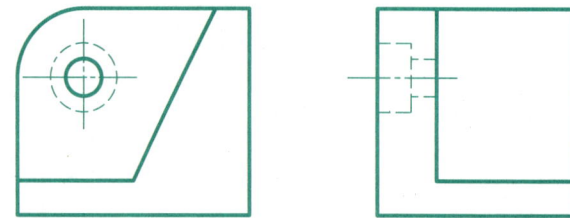

五、标注尺寸（尺寸数值按 1：1 的比例直接从图中量取并取整数）。（12 分）

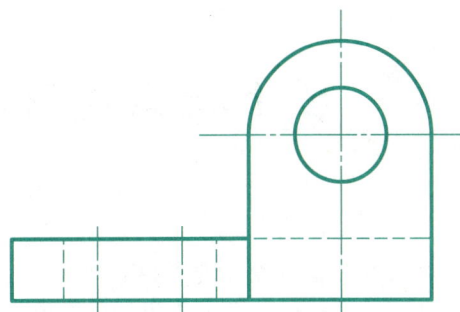

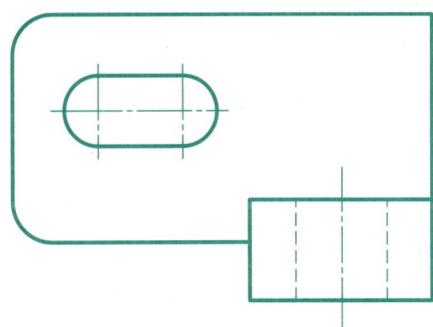

七、画出全剖的主视图和半剖的左视图。（25 分）

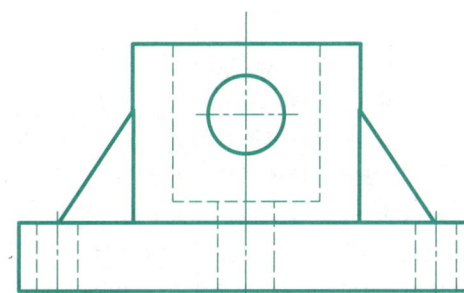

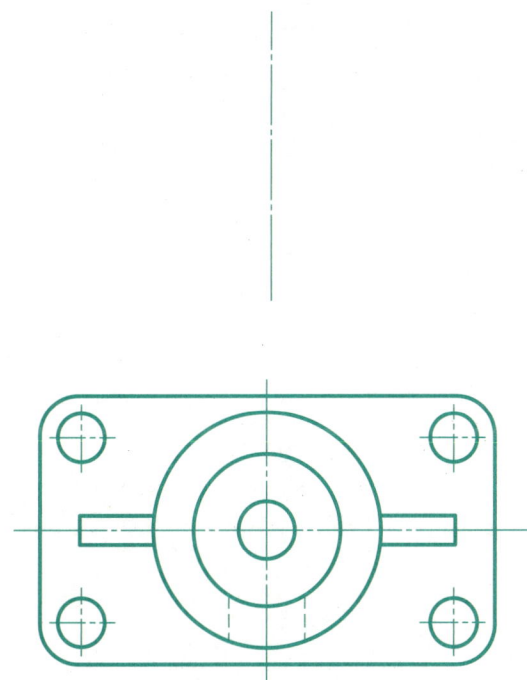

六、补画俯视图。（16 分）

参 考 文 献

[1] 鲁屏宇. 工程图学习题集 [M]. 3 版. 北京：机械工业出版社，2015.

[2] 张大庆. 工程制图习题集 [M]. 北京：清华大学出版社，2015.

[3] 许睦旬，徐凤仙，温伯平. 画法几何及工程制图习题集 [M]. 5 版. 北京：高等教育出版社，2017.

[4] 许纪倩，徐万静，杨皓，等. 机械制图习题集 [M]. 2 版. 北京：清华大学出版社，2016.

[5] 李文堃. 机械制图习题集 [M]. 北京：北京航空航天大学出版社，2010.

[6] 张艳，杨晨升. 机械制图习题集 [M]. 北京：北京大学出版社，2012.

[7] 蔡俊霞. 机械制图习题集 [M]. 北京：中国电力出版社，2010.

[8] 游险峰，翟彤. 工程制图基础习题集 [M]. 3 版. 北京：高等教育出版社，2016.

[9] 裘文言，瞿元赏. 机械制图习题集 [M]. 北京：高等教育出版社，2009.

[10] 王兰美，殷昌贵. 机械制图习题集 [M]. 2 版. 北京：高等教育出版社，2010.

[11] 大连理工大学工程画教研室. 机械制图 [M]. 7 版. 北京：高等教育出版社，2013.

[12] 冯世瑶. 画法几何及机械制图复习自测题集 [M]. 上海：同济大学出版社，1996.

[13] 张祖继. 机械制图及微机绘图软件应用习题集 [M]. 北京：机械工业出版社，2003.

《机械制图习题集》（第 2 版）

杨小兰 主编

读者信息反馈表

尊敬的老师：

您好！感谢您多年来对机械工业出版社的支持和厚爱！为了进一步提高我社教材的出版质量，更好地为我国高等教育发展服务，欢迎您对我社的教材多提宝贵意见和建议。另外，如果您在教学中选用了本书，欢迎您对本书提出修改建议和意见。

机械工业出版社教育服务网网址：http：//www.cmpedu.com

一、基本信息

姓名：_____ 性别：_____ 职称：_____ 职务：_____

邮编：_____ 地址：_____

任教课程：_____

电话：_____ — _____（H）_____（O）

电子邮件：_____ 手机：_____

二、您对本书的意见和建议

（欢迎您指出本书的疏误之处）

三、您对我们的其他意见和建议

请与我们联系：

100037 机械工业出版社·高等教育分社 舒恬 收

Tel：010-88379217   Fax：010-68997455

E-mail：shusugar@163.com